U0360222

Country Study
of State-owned Economy

Germany, America, Mongolia, Ethiopia, South Africa,
Saudi Arabia, India, Indonesia

国有经济
国别研究

德国、美国、蒙古、埃塞俄比亚、南非、
沙特阿拉伯、印度、印度尼西亚

薛健 周丽莎◎编著

清华大学出版社
北京

内容简介

本书利用经济合作与发展组织（OECD）、国际货币基金组织（IMF）、世界银行（WB）等国际组织关于国有经济的数据，以及各国官方统计数据等国有经济相关数据，搭建国有经济国别数据库，从国有经济的演变历程、发展现状、治理情况等方面分析代表性国家的国有经济发展情况。本书从多角度介绍和深入分析了德国、美国、蒙古、埃塞俄比亚、南非、沙特阿拉伯、印度、印度尼西亚 8 个国家的国有经济情况，以使读者增进对全球国有经济发展情况的了解和认识，同时为我国制定国有经济发展与改革的相关政策提供全球视野。

本书封面贴有清华大学出版社防伪标签，无标签者不得销售。

版权所有，侵权必究。举报：010-62782989，beiqinquan@tup.tsinghua.edu.cn。

图书在版编目（CIP）数据

国有经济国别研究：德国、美国、蒙古、埃塞俄比亚、南非、沙特阿拉伯、印度、印度尼西亚/薛健，周丽莎编著. — 北京：清华大学出版社，2024.8

（清华·国有企业研究丛书）

ISBN 978-7-302-65762-0

Ⅰ.①国…　Ⅱ.①薛…②周…　Ⅲ.①国有经济－研究－世界　Ⅳ.①F042.2

中国国家版本馆 CIP 数据核字（2024）第 056001 号

责任编辑：王巧珍
封面设计：李召霞
责任校对：王凤芝
责任印制：宋　林

出版发行：清华大学出版社
　　　　　网　　　址：https://www.tup.com.cn，https://www.wqxuetang.com
　　　　　地　　　址：北京清华大学学研大厦 A 座　　　　　邮　　编：100084
　　　　　社 总 机：010-83470000　　　　　邮　　购：010-62786544
　　　　　投稿与读者服务：010-62776969，c-service@tup.tsinghua.edu.cn
　　　　　质量反馈：010-62772015，zhiliang@tup.tsinghua.edu.cn
印 装 者：三河市东方印刷有限公司
经　　销：全国新华书店
开　　本：170mm×240mm　　　　印　张：14.25　　　　字　数：250 千字
版　　次：2024 年 8 月第 1 版　　　　印　次：2024 年 8 月第 1 次印刷
定　　价：158.00 元

产品编号：101837-01

作 者 简 介

　　薛健,清华大学经济管理学院副院长,清华大学中国现代国有企业研究院副院长,教授、博士生导师,曾获国家优秀青年科学基金、孙冶方金融创新奖。

　　周丽莎,清华大学中国现代国有企业研究院研究主任。有多年国资国企改革研究经历,主要研究方向为国有企业公司治理、国有企业股权激励、国有资本投资运营、国有企业市场化经营机制等。

出 版 说 明

　　本书是由清华大学中国现代国有企业研究院策划推出的"清华·国有企业研究丛书"之一。本丛书作为研究院的重要学术研究成果,旨在展现中国全面深化国资国企改革的理论与实践成果,构建中国特色社会主义现代国有企业制度理论体系。本书同时获得了北京水木现代国有企业研究院的大力支持。

　　"清华·国有企业研究丛书"立足于解决国有企业改革的重点、难点问题,丰富和深化中国特色现代国有企业制度理论体系,做到现实与历史相结合、理论与实践相结合,突出解决中国问题和总结中国经验的学术研究导向,专注于中国特色现代国有企业研究的现实性和可操作性,为中国国资国企改革实践建言献策。

前　言

　　"国有经济国别研究"是清华大学国家高端智库重点课题之一,由国资委国际局指导。该课题通过研究主要发达国家和新兴经济体国家国有经济发展历程、国有经济内外部治理模式、国有经济的功能定位、经济与社会绩效等方面内容,提出对我国国有经济发展的启示,对形成中国特色的国有经济发展观、运用国际经验为我国国有经济深化改革提供借鉴和支持,具有重要的现实意义。

　　本书主要对德国、美国、蒙古、埃塞俄比亚、南非、沙特阿拉伯、印度、印度尼西亚的国有经济进行分析,并提出对我国国有经济发展的有益启示。

目　录

第一章
德　国

第一节　德国国有经济演变历程

德国财政部门的相关文件、法律文件和大部分理论文章中,基本上采用"公共企业"(Öffentliche Unternehmen、Public Enterprise)而不采用"国有企业"(State-Owned Enterprise)的表述。对公共企业的界定主要取决于产权归属,若企业超过50%的股权或投票权为政府(包括联邦、州和市镇政府)所有,即可被视为公共企业。公共企业作为公共部门的一部分,受制于各级政府。本书所论述的国有企业,既包括中央控制和地方控制的国有企业,也包括政府直接持有和间接持有的企业。为表述方便,本章中使用"国有企业"指代德国的"公共企业"。

第二次世界大战之前,德国的国有企业并不多。战争开始后,希特勒采取国家社会主义政策,将大量军工企业及与国民经济支柱产业有重要关系的企业收归国有。这些企业在战争初期为希特勒提供了军事与经济上的保障,但在战争后期,大部分企业受到毁灭性的重创,一些战前曾是德国国民经济支柱的国有企业基本上在炮火中消失,许多城市基础设施的毁坏程度达到80%以上。1945年停战以后,作为战败国的德国,由战胜国美、英、法、苏分而治之。1949年,被美、英、法三国占领的区域联合成立了德意志联邦共和国(简称"联邦德国")。德意志联邦共和国秉承三个占领国的社会经济体制,形成了社会市场经济体系,以私有化为社会经济的主导。而被苏联占领的区域成立了德意志民主共和国(简称"民主德国")。德意志民主共和国则秉承苏联的社会体制,建立了计划经济体系,以公有制为社会经济的主导。自此,不同的经济体系使东、西两德走上了完全不同的经济发展道路。直到

1990年10月3日,民主德国按《联邦德国基本法》的第23条正式加入联邦德国,实现德国的统一之后,两国的经济才开始合二为一地沿社会市场经济的道路向前发展。在这样复杂的历史背景下,德国的国有企业沿着不断私有化的轨道发展,包括原民主德国的绝大多数公有制企业也通过一定的方式在较短的时间内进行了改造,走上了私有化的道路。

一、 德意志联邦共和国国有经济发展历程

二战结束后,联邦德国政府为恢复经济和解决社会问题,同时受福利社会思想影响,开始有规划地成立并发展国有企业,重点在汽车、钢铁等支撑国家经济命脉的基础性行业加大投资。大规模的国有企业对于重振国家支柱产业、带动战后经济恢复发挥了重要作用。到了20世纪80年代,为了提高国企运营效率和解决亏损问题,德国进行了私有化改革。

1. 二战后的国有化(1945—1960年)

第二次世界大战期间,希特勒为了保证国家的经济干预能力,采取了国家社会主义政策,有500家军工企业或其他支柱行业的公司在这一时期被国有化[①],庞大规模的国有企业成为法西斯政府发动战争的重要经济保障。

二战后,出于大规模的经济重建需求和稳定社会的需要,希特勒时期留下的国有企业得以壮大。战后的联邦德国政府继承了普鲁士国家和德意志帝国的遗产,接收了一些受到破坏又无人经营的国有企业。同时,政府为了落实经济政策,在一些支撑国家经济命脉的基础性行业建立了一批国有企业,对具有战略意义的经济部门实施国有化或国家控股、参股,其中既包括具有国家垄断行业性质的铁路、邮政、通信等大型公营企业,也包括在构建德国主体经济框架过程中扮演重要角色的大众汽车有限责任公司、电力矿山联营公司、汉莎航空公司、公共住宅建筑公司等国有企业。

与私人企业注重利润最大化不同,这些国有企业不仅要考虑经济效益指标,更要兼顾发展经济、维护社会稳定等公共职能,对德国战后的恢复重建发挥了重要作用。如面对毁坏严重的城市,政府必须投入大量的人力、物力、财力才可能恢复重建,这时通过公营企业来承担城市基础设施的建设,其作用显然是一般私营企业不

---

① R. J. Overy. *War and Economy in the Third Reich*. Oxford University Press,1994,p.16.

可比拟的。各自治州政府成立之后,也相继接收或建立了自己所管辖的公营企业,在本州的范围内承担那些公营事业的生产任务和私营企业不愿涉足的经济领域。在当时的联邦德国,大约 60% 的电力生产、96% 的电网和煤气生产掌握在国家手中。国企在煤、焦炭、石油、生铁和钢的生产以及汽车制造业领域所占份额均比较大。

第一,稳定了国民经济总体环境。以汽车工业为例。二战后,德国汽车制造业的恢复与发展相当迅速,当时还是国企的大众汽车公司起到了领军作用。大众在 1947 年平均每天只能生产约 30 辆"甲壳虫"汽车,而到 1960 年年底已达到 8 000 辆。[①] 除汽车外,在其他重要工业领域,国有企业均有力地促进了产业恢复和转型升级,使战后的德国再度成为欧洲工业的巨人。

第二,解决了物价上涨、失业率增加、住房紧缺等社会问题。战后的德国百废待兴,面临着众多社会问题,国有企业为解决这些问题发挥了重要作用。在这一时期,面对原材料和能源价格上涨,电力、煤炭、铁路、钢铁和通信等领域的大型国有企业都被用作平抑物价的重要工具,例如,国有大型企业普鲁士电力公司有意降低电价,国有煤炭企业保持煤炭价格平稳,国有萨尔茨吉特钢铁公司不跟风涨价。这些国有企业的经营和销售价格都受到国家的控制。正如德国经济学家托马斯文·哈尔茨所总结的,"没有这类规模经济生产的、价格相对低廉的公共商品,私人企业和整个经济的生产成本会大大增加,价格上涨将难以控制"。为解决战后的住宅紧缺问题,德国政府还出台了一系列政策来加大公共住房的建设,培育和规范房屋租赁市场,同时也建立起国有住宅建筑公司来建造价低质优的经济适用房,为解决二战后普遍的"房荒"问题做出了重要贡献。

第三,为促进科技发展发挥了良好作用。鉴于德国政府参股的大型工业企业主要是能源、化工和汽车制造企业,政府的科研经费主要用于提高能源利用、开发替代能源、核能利用和环保技术等领域。如国有企业萨尔煤矿在采煤成本压力下,最早开始转向化学、塑料、发电及煤炭液化等新领域,开发新工艺,及时开展生产多样化的转换,不仅稳定了生产结构布局,还维持了其煤炭生产在能源行业中的竞争力,有利于国家的能源多样化。

德国建立国有企业的首要目的并不是经济获利,而是希望国有企业能够以企

---

① 《德国国企对经济奇迹功不可没》,《光明日报》,http://epaper.gmw.cn/gmrb/html/2013-05/29/nw.D110000gmrb_20130529_7-08.htm,2013-05-29。

业行为实现政府的政策意图,以达到政府行政手段直接干预市场经济所不能达到的效果。因此,德国政府在较长时间内容忍国有企业的低效和亏损,并进行大量补贴。实践证明,德国国有企业在增加就业、引导投资、平衡各种社会经济关系、促进国家实现宏观经济目标等方面,确实能发挥独特作用。

2. 第一次私有化改革(20 世纪 60 年代前后)

二战后,德国国有企业主要经历了两次集中的私有化改革。第一次是在 20 世纪 60 年代前后,主要针对联邦政府所属的大型国有企业。随着德国经济的稳定发展,对国有企业作为经济调节手段的需求逐渐降低,出现了对其经营绩效低于私营企业的谴责。同时,公共部门也因为经营负担而债务高企。对国企绩效的谴责和对公共财政困境的担忧共同引发了对国企企业家精神的反思和对政府职能、定位的重新思考,认为政府应当更集中于"核心职能",将非国家性的职能剥离,这样也有利于降低国家财政状况与经济周期的相关性,保证在经济衰退期的财政调节能力。于是,这种思潮引发了第一波公共职能剥离、国企私有化和国企管理现代化的改革浪潮。

不同于英、法等国,德国对国有企业进行私有化的目标是建设社会市场经济的基础,而不是解决财政赤字或者进行宏观调控。正如 20 世纪 60 年代德国财政部的文件中所写:"私有化不是因为企业对国家财政是亏空或者盈余的需要,而是根据市场经济体制的基本原理,让国家退出非国家任务的领域。"[①]在该原则的指导下,政府对国有企业在不同行业中存在的必要性进行重新评估,凡具有竞争性质的领域,政府均应主动退出并让位于市场来进行资源配置。政府认为,民营化可以为公民和企业开拓新的活动领域,并且通过竞争强化成本意识,有助于提高效率和创新能力,从而最终提高整个经济效率以及德国经济在国际上的竞争力。

20 世纪 60 年代初,联邦德国政府对处于竞争性领域的四大国企(大众汽车公司、煤钢公司、电力矿山联营公司和汉莎航空公司)进行了私有化改革。为避免大量出售股票对资本市场产生影响,其私有化方法是逐步出售政府所有的股份、减少政府持股的比例。在将国有独资企业改革为国家和私人合资企业以后,德国在 20 世纪 70 年代改革的重点是减少政府的间接参股,使政府完全退出这些公司。通过私有化,政府也实现了国有资产行业布局的调整,退出了部分"非公共任务"的竞争

---

① 朱秋霞:《德国国有企业私有化的原则、方法及对我国的启示》,载《开放导报》,2005(2),49 页。

性领域,并在一些新的"公共任务"领域进行投资。特别是在 20 世纪 70 年代以后,政府在新能源、环境和生态等新兴领域建立了新的国有企业。

3. 第二次私有化改革(20 世纪 80 年代至 90 年代)

德国第二次集中私有化是在 20 世纪的 80 年代至 90 年代。20 世纪 80 年代初,世界经济不景气使许多德国企业陷入亏损的境地。德国联邦政府为此采取了"全盘私有化的方案",基本方法是对出现亏损的大型国有控股工业企业进行进一步整顿后,实行全部私有化。改革的目标是国家完全退出工业企业。这一阶段比较突出的是完成了大众汽车公司、萨尔茨吉特钢铁公司、德意志联合工业企业公司等几个大公司的完全私有化。

随着 1992 年欧盟统一市场的构建,自由化欧洲统一市场成为共识,在欧盟范围内掀起了私有化改革的浪潮。在这一时期,德国开展了大规模私有化改革,主要针对通信、邮政、铁路等国家垄断行业的国有企业。这类国有企业作为政府落实相应政策的工具,承担了较多的公共任务,盈利能力较差,长期以来享受公共财政的补贴。因此,这一轮改革的主要目标是在保证这些国有企业能够继续为社会公共事业提供更好服务的同时,提高效率,减少国家财政负担。这类企业直接关系到广大民众的利益和公共基础设施建设事业的发展,因此改革难度较大。德国对不同类型的企业采取了不同的方式:①对于联邦铁路、联邦邮电和联邦航空等大型国有企业,政府进行改组上市,并逐步减少政府的持股比例;②对于小规模的国有企业和不动产,政府主要采取直接出卖或拍卖的方法。

值得注意的是,尽管在私有化的过程中,很多国企降低了政府的持股比例,但仍通过股权结构设计等方式保留了政府对企业的控制权。以大众汽车为例,作为德国汽车产业的代表,其股权结构设置就十分特殊。根据 1960 年生效的《大众汽车法》,除萨克森州政府外,其他股东无论占有该公司多少股权,拥有的投票权都不得超过票数比例的 20%。该法还规定,所有需由股东大会做出的决议都必须获得 4/5 的多数支持,而萨克森州政府长期拥有大众 20.2% 的股权,因而对公司所有重大决策具有否决权。除此之外,在德国邮政、德国电信、萨尔茨吉特钢铁集团、莱茵集团(能源)、德国商业银行等重要企业中,联邦和地方政府至今仍以多种方式参股,很多仍是最大的股东。

经过了两次集中的私有化改革,德国国有企业数量大幅下降。在德国 500 个销售额最大的企业中,1982 年联邦政府参股的企业共有 45 个,到 1989 年只剩下 9 个。1991—2002 年,联邦政府直接参股企业和联邦特别财产企业的总数由 214 个减少为 120 个,重要直接参股企业由 136 个减少为 37 个。①

二、 德意志民主共和国国有经济发展历程

1990 年中期,民主德国、联邦德国的合并以及苏联和东欧政治、经济、军事联盟的瓦解,使民主德国国有企业的产供销体系陷入混乱。而且,原公有制下的民主德国国有企业存在冗员过多、设备老化、技术陈旧、效率低下等一系列问题,同时,与市场经济的长期隔绝导致其缺乏熟悉市场运营和竞争的经理人员和营销人员。正因如此,当民主德国经济并入联邦德国体系以后,原民主德国国有企业无法适应市场经济体制,也没有能力与原联邦德国企业竞争,其大部分企业在经营上陷入困境。在上述背景下,原民主德国遗留下来的国有企业的处置成为两德统一后的一项重要任务。

联邦德国资本主义制度的特性,决定了德国政府必然用私有制来改造原民主德国经济。1990 年 6 月,德国议会通过了《全民所有制企业的私有化和重组法》和《信托法》两项针对原民主德国国有企业的专项法律。依据这两项法律,德国政府建立了托管局,负责原民主德国企业的重组和私有化。尽管托管局隶属政府,但其组织结构不同于政府机构,而是类似于德国的国有公司,即建立由董事会和监察委员会组成的双层委员会结构。董事会的成员绝大部分来自联邦德国。监察委员会的成员分别来自德国的大公司、原民主德国企业的经理人员、政府财政和经济部门的官员,以及银行界和贸易部门的代表等。在对原民主德国企业进行重组的过程中,托管局发挥了四个方面的作用。

(1) 建立监察委员会,并由其监督企业的经营活动。监察委员会的主席一般由联邦德国的管理人员来担任,委员会成员既包括工人委员会选出的职工代表,也包括银行界、地方政府和其他公司的代表。尽管企业的日常经营活动完全由监察委员会负责,但托管局不仅可以通过更换这个委员会的成员对企业施加影响,而且可以通过提供企业资产变现和投资信贷来保持对企业经理人员的控制。在开始阶段,托管局为了防止企业破产不得不为一半贷款提供担保,但随着以后企业评估的进展,托管局提供担保就越来越严格了。到 1992 年 4 月,对没有希望生存下去的

---

① 朱秋霞:《德国国有企业私有化的原则、方法及对我国的启示》,载《开放导报》,2005(2),49 页。

企业,托管局不再提供担保。

(2)评价企业潜力,调整资产负债表。只有对企业的经营状况做出正确判断,才能确定该企业的重组方向。为了实现这一目的,托管局要求所有的企业都要以原联邦德国企业的资产和负债结构为标准,来重新制定资产负债表,从而对企业活力的评价可以有据可查。

调整和确认企业资产负债表是极其复杂而漫长的工作。托管局组织了一个由80名联邦德国高级经营人员组成的队伍,花费了4个月的时间来分析资产负债表和制订企业重组计划。对企业的评估主要遵循三个原则,即产品是否有市场、经营管理能力如何、企业是否有西方合作伙伴。根据这些原则,企业被分成6类:①企业盈利,无须进一步重建工作,可以很快实现私有化;②预计在近期可以盈利,需要小规模重建,可以很快私有化;③可以私有化,分为两种,一种是必须与购买者制定约束性合作协议,另一种是转化成第五类或第六类;④企业有能力获利,但缺少合适的计划,需要在特定的短期内得到可供选择的计划;⑤不一定能够获利,需要进行详细的调查;⑥不能获利,企业需要破产或清算。通过这样的评估,大约有70%的企业被认为具有潜在的生存能力,即属于第一至第四类,10%左右的企业将被关闭,剩下的企业还需要重新考察。

(3)重组和关闭企业。为了使资产转移和重组顺利实现,托管局将那些特大型企业分解成若干个小企业。例如,重型企业集团塔克拉夫公司拥有职工22 000人,附属企业25个,重新组建以后形成了5个核心公司、10个附属分支,建立了12个独立企业,关闭了2家工厂。这样,最初由托管局接管的232家大型企业集团中,28家已经完全私有化,52家在清理变现之中,剩余的企业有一半以上正在拆卸设备。确认关闭的企业转到托管局的有关部门,由托管局和联邦政府采取合作方式,设法开辟新的职业和就业机会,以减少失业问题。

(4)寻找和评估买主,并制定就业和投资目标。托管局通过公布即将出售企业的名称,直接向有意购买的公司寄送信息,以及通过在报纸上刊登招标广告等方式来吸引买主。对于一些需要国际合作者参与的产业,托管局就利用国际金融机构如国际投资银行来帮助寻找买主。企业监察委员会中联邦德国方面的成员也帮助企业与潜在的买主建立联系,然后由联邦德国工业协会和商会来制定具体的方法。

当潜在买主确定以后,托管局就要对买主的经营能力、购买和持续经营企业的实际财力情况进行考察和评估。买主必须提供一份经营计划,包括产品市场、投资和雇工计划,以及与地方供应商和客户之间的关系等内容。托管局根据买主的投资保证、就业人数保证以及进展速度等因素来调节售价。其中,就业人数保证更加重要,粗略估计,买主每保证一个就业机会,售价就会下降 2 万～5 万马克。一个典型的合同主要包括购买价格调整条款、风险条款以及未满足雇工和投资条件的罚则条款。

托管局成立之初拥有 8 000 家企业,包括 45 000 个工厂,职工总数大约为 410 万人,占原民主德国总就业人数的 45%。截至 1992 年 4 月,经过企业重组和私有化,原来的 8 000 家企业被分为 11 662 家,其中托管局占主要股权的有 42%,占次要股权的有 5%。约 1/3 的企业被私有化(主要售予私营机构),其余企业有的归还原来的所有者,有的转交地方政府或关闭。

在企业重组过程中,德国政府也付出了相当大的代价。一是高昂的成本负担。1991 年,托管局收支赤字为 200 亿马克,1992 年上升到 300 亿马克。这笔巨大的开支绝大部分是由联邦德国纳税人承担的,因而引起他们的抱怨和不满,也影响了联邦德国经济的复苏。二是失业率提高。在企业重组过程中,失业率超过了 30%,如不包括就业保证,则失业率更高。高失业率使国民经济负担沉重。三是生产下降。原民主德国经济大幅度下降,其工业产值仅为统一前的 1/3 左右。

第二节　德国国有经济发展现状

一、 德国国有经济的规模及结构布局

1. 国有企业数量

尽管私有化改革之后德国的国有企业数量大幅减少,但国际金融危机爆发以来,德国国有企业的数量不降反增。根据德国联邦统计局统计,2008—2019 年,德国国有企业总数从 14 704 家增加到 19 009 家。2019 年的德国国有企业总数占全部 335 万家公司总数的 0.58%。

德国的国有企业按照政府层级可分为联邦(Federation)、州(Länder)和市镇(Municipalities/Associations of Municipalities)企业,还有社保基金所有企业,其中大部分为市镇政府所有企业(见图 1-1)。2008—2019 年,德国的市镇国有企业

从 13 208 家增加至 16 634 家,增加数量约占全部新增国企的 79.6%。可见,德国企业的"再市镇化"是近年"再国有化"进程的主要推动力。截至 2019 年年底,德国市镇一级的国有企业占全部国企总数的 87.5%,其次是各州所有企业(占比 10.0%)、联邦所有企业(占比 1.5%),还有少部分为社保基金所有企业(占比 0.9%)。①

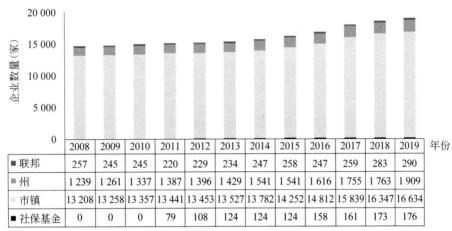

年份	2008	2009	2010	2011	2012	2013	2014	2015	2016	2017	2018	2019
■ 联邦	257	245	245	220	229	234	247	258	247	259	283	290
■ 州	1 239	1 261	1 337	1 387	1 396	1 429	1 541	1 541	1 616	1 755	1 763	1 909
□ 市镇	13 208	13 258	13 357	13 441	13 453	13 527	13 782	14 252	14 812	15 839	16 347	16 634
■ 社保基金	0	0	0	79	108	124	124	124	158	161	173	176

图 1-1　德国联邦、州、市镇国有企业的数量(2008—2019 年)

资料来源:德国联邦统计局。

从法律意义上讲,德国的国有企业又可分为两类。一类按照公法(Öffentlich Rechtlich)成立,这类国有企业的主要职能是实现特定的政策目标,而不以盈利为主要目的,包括自营企业(Eigenbetrieb)或特殊目的联合会(Zweckverband)。其中自营企业广泛存在于市镇一级,主要提供当地民生服务,例如水电供应等。另一类是按照私法成立的典型的有限责任公司或股份公司,这类国有企业完全按照市场的方式管理运行,并由国家控股或参股,比如德国电信、德国邮政等。政府参股的国有企业按照政府拥有资本方式大致可分为两类,即直接参股企业和间接参股企业。联邦参股企业既可是联邦投资与私人资本合资的股份制企业,也可是联邦、州或者市镇联合投资的公共企业。2019 年,按私法成立的国有企业占国企总数的 71.6%,其中有限责任公司占国企总数的 60.0%,因而这是最常见的国有企业组织形式。

2. 国有企业经济规模

2008—2019 年,德国国有企业的总资产规模从 1.32 万亿欧元增长至 2.08 万亿欧元(见图 1-2),2019 年,联邦一级国有企业的总资产约占全部国有企业总资产

----

① 根据德国联邦统计局的统计口径,国有企业包括进行独立记账的公共基金、公共机构和企业。

的 42.5%。由此可见,虽然联邦一级国有企业数量占比只有 1.5%,但经济体量庞大。市镇一级国有企业的总资产约占全部国有企业总资产的 39.4%,州一级国有企业的总资产约占全部国有企业总资产的 17%。联邦国有企业的规模最为庞大,2019 年资产规模约为 0.88 万亿欧元,而州和市镇国有企业的资产规模为 0.35 万亿欧元和 0.82 万亿欧元。

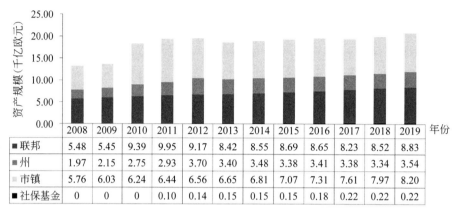

年份	2008	2009	2010	2011	2012	2013	2014	2015	2016	2017	2018	2019
联邦	5.48	5.45	9.39	9.95	9.17	8.42	8.55	8.69	8.65	8.23	8.52	8.83
州	1.97	2.15	2.75	2.93	3.70	3.40	3.48	3.38	3.41	3.38	3.34	3.54
市镇	5.76	6.03	6.24	6.44	6.56	6.65	6.81	7.07	7.31	7.61	7.97	8.20
社保基金	0	0	0	0.10	0.14	0.15	0.15	0.15	0.18	0.22	0.22	0.22

图 1-2 德国联邦、州、市镇国有企业总资产规模(2008—2019 年)

资料来源:德国联邦统计局。

从主营业务收入来看,2008—2019 年,德国国有企业的总营业额从 3.32 万亿欧元增长至 5.43 万亿欧元(见图 1-3),其中市镇一级国有企业贡献了约 70% 的营业额。联邦一级国有企业的营业额占全部国有企业的比重稳定在 15% 左右,州一级国有企业的营业额占比近年来有所增加。

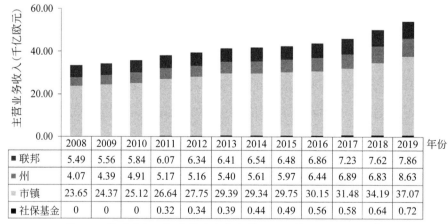

年份	2008	2009	2010	2011	2012	2013	2014	2015	2016	2017	2018	2019
联邦	5.49	5.56	5.84	6.07	6.34	6.41	6.54	6.48	6.86	7.23	7.62	7.86
州	4.07	4.39	4.91	5.17	5.16	5.40	5.61	5.97	6.44	6.89	6.83	8.63
市镇	23.65	24.37	25.12	26.64	27.75	29.39	29.34	29.75	30.15	31.48	34.19	37.07
社保基金	0	0	0	0.32	0.34	0.39	0.44	0.49	0.56	0.58	0.64	0.72

图 1-3 德国联邦、州、市镇国有企业营业额规模(2008—2019 年)

资料来源:德国联邦统计局。

3. 国有企业的行业分布

从行业分布来看,德国国有企业主要集中于能源供应、医疗和社会服务、运输和仓储、供水、金融保险等领域。德国联邦政府参股的领域侧重于交通运输、邮电、通信等公共领域;州政府参与的企业主要包括能源、公路港口等基础设施建设企业,也参与一些阶段性的产业政策先导投资;市镇地方政府参与的公共企业则主要投资于水、电、煤气生产等与居民生活相关的领域。

根据德国联邦统计局 2019 年对国有企业的统计报告,能源供应企业的营业额占全部国有企业的 40.9%,公共健康和社会服务企业占比 12.0%,运输和仓储企业占比 10.7%,三类行业占到了全部国有企业营业额的 60% 以上(见图 1-4)。

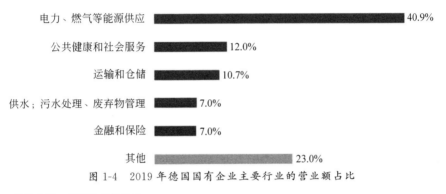

图 1-4　2019 年德国国有企业主要行业的营业额占比

资料来源:德国联邦统计局。

此外,德国政府在银行体系中占有较大份额。国有银行与合作银行、商业银行是德国银行体系的三大支柱。德国的储蓄银行主要由市镇一级的政府所有,而所谓的国有银行(Landesbanken)通常由地区储蓄银行协会和州政府所有。鉴于它们共同的市场份额,德国银行业大约有 40% 属于国有。相比合作银行或商业银行,国有银行在基础设施融资方面承担了更大的政府职能,这有效减少了公共预算压力,特别是在 2020 年德国平衡预算规则生效之后。

总体来讲,德国的国有企业占比很低,但国有企业是政府向公众提供特定公共服务和贯彻经济政策的关键角色,在国民经济中发挥远超于其经济体量的关键作用。

二、 德国国有经济的特征

1. 政府投资依法限定在特定领域和行业

为防止不公平竞争和效率损失,政府投资依法限定在特定领域和行业。德国国有企业的合法性主要基于对整体社会福利的优化,其定位是服务于"公共目的"。国有资本进入或退出某一领域是依据《联邦预算法典》第7条之"经济性与节约性"原则而确定的。具体而言,在涉及国家或地方重大利益的公共服务领域和关键行业,并且以其他方式(如市场机制或其他政府干预方法等)不能够更好地或者更经济地达到公共服务和行业培育目标时,国有资本才应当进入该领域形成国有控股企业,以此保持"精益政府"的高效服务职能。国有企业将被定期审查是否存在"重要的联邦利益",以及国家参股相关企业是否绝对必要。没有任何法律或规则旨在确保国有企业在某些部门或行业中发挥主要或主导作用。不过,德国经济事务和能源部于2019年11月起草的一份白皮书概述了国家产业战略的要素,其中包括将国家临时参与关键技术公司作为"最后手段"。

2. 政府不能利用国有企业的产品定价实施价格垄断

政府不能通过国有企业定价影响某种产品的市场价格,因为这正属于不公平竞争,是政府根据反垄断法需要控制的价格垄断行为。尽管整个国有企业部门的固定资产投资和总就业人数是德国国民经济的重要组成要素,但根据学者们对德国财政反危机政策历史的研究,德国国有企业在稳定经济等方面的作用十分有限,比较有效的财政政策工具是投资促进政策。其原因在于,国有企业与其他企业相比对投资活动的限制更为严格,这导致国有部门在危机时期裁员更多,固定资产投资总额的下降也快于一般经济部门。这是德国与其他欧洲国家的不同之处,在萧条时期,其他国家的公共企业固定资产投资总额和就业人数通常会增加。

3. 国有企业经营要遵循社会市场经济的基本原则

国有企业虽然不以盈利为主要目的,但也要用社会市场经济的基本原则来规范经营管理理念和行为。联邦政府有关部门认为,即便是承担公共任务的专门企业,也要符合市场经济的要求,尽力减少经营上的亏损,减轻公共财政的补贴负担。慕尼黑市市政府对城市交通系统的改革是一个典型案例。由于市内交通系统运行效率较低,长期以来依靠市财政补贴来弥补运营亏损,慕尼黑市市政府在20世纪90年代进行了必要的改革,在不影响市民出行的前提下对不合适路线做了整合,同时压缩管理成本,加强应收票款收入管理,将过去的全额补贴改为定额补贴,对交通票价也做了合理调整。这一举措使当年市内公共交通的亏损由上一年的750万欧元减少到530万欧元。在可能的情况下,国有企业要尽可能地走向市场,抵制低效率,杜绝浪费,逐渐扭转亏损的状况,依靠财政补贴毕竟不是长久的生存之路。

4. 私人企业对国有企业形成竞争和制约

私人企业对国有企业的竞争是社会市场经济原则得以贯彻实施的推动力量。在与私人企业发生竞争的领域,国有企业应让位于私人企业,这是社会市场经济的原则。在这一原则下,德国政府对国有企业的任务进行经常性的审定,及时将非公共任务从公共任务中清理出去,将不承担公共任务的国有企业私有化。私人企业(特别是大型的私人企业)经常以反垄断为由迫使公共企业退出竞争性领域。在手机和网络等新兴电信业务的发展初期,联邦通信行业的垄断地位就受到大型私人公司的挑战。随着新的电子技术不断发展,公共企业在这些行业的垄断不再具有必要性,因而不得不退出。

5. 国有资本由直接持股转变为间接投资

德国国有资本直接投资项目保持稳定,间接投资项目持续增加。对于联邦政府直接参与(包括持有少数股份)或间接参与大于 25%,并具有名义资本份额超过 50 000 欧元的公共基金、机构和企业,德国联邦财政部必须发布详细的年度报告。2000 年以来,德国政府直接投资的公共企业数量长期保持在 100 个左右,而德国政府投资项目由联邦政府直接投资企业逐步向通过国有银行、子公司间接投资过渡,导致联邦政府间接投资项目持续增加。德国财政部公布的数据显示,截至 2019 年年底,联邦政府直接投资的企业为 106 家,间接投资的企业为 401 家,其中持股份额较大的企业包括德国铁路(100% 的股份)、德国电信(32% 的股份)和德国邮政(21% 的股份)。

在 2008—2009 年全球金融危机期间,德国联邦政府为维护金融市场稳定实施了联邦财政援助方案,至今为止,联邦政府仍然在几家商业银行中拥有部分股份,例如,在德国商业银行 Commerzbank 中占有 15.6% 的股份。2020 年 Covid-19 大流行之后,德国政府收购了包括国际旅游联盟集团(TUI)和汉莎航空(Lufthansa)在内的几家大型德国公司的股票,以防止公司申请破产。此外,德国政府还收购了生物科技公司 Curevac,以帮助其进行疫苗研发。

第三节　德国国有经济治理情况

一、监管制度

德国国有企业的监管体系包括基于监事会的内部监管体系，以及包括财政部、主管部门、联邦审计署和联邦议会在内的外部监管体系。

1. 基于监事会的内部监督

德国公司设置股东会、董事会、监事会，分别作为公司的议事机关、执行机关和监督机关，形成彼此权责分明、相互制衡的公司治理结构。在该结构中，监事会是董事会的上位机关，由股东大会选举产生，代表股东行使决策权，负责董事会人员的聘任并监督董事会的活动。德国公共企业的最高领导和决策者是监事会，而非董事会。监事会由股东大会选举产生，监事会成员包括政府股东代表、私人股东代表和职工工会代表。德国通过立法对职工代表人数占监事会成员的比例进行了严格设定，针对不同规模的公司监事会规定了职工代表的具体占比，少则 30%，多的高达 50%。因此，职工对公司的监督作用不容忽视。董事会由监事会选举产生，设董事会主席，对企业具体经营负责。监事会和董事会分别发挥了决策监督和运营管理职能。

2. 以财政部为核心的外部监管

德国国有企业的外部监管体系包括财政部、主管部门、联邦审计署和联邦议会，其中代表国有出资人的财政部居于核心地位。

德国有关法律确立了财政部在国家行使国有资产出资人职能方面的中心地位。财政部在管理国有企业方面主要有 4 个司局，其主要任务是：制定涉及国有企业的财政政策和经济发展目标；推荐监事会主席并通过监事会确定董事会人选，选择审计机构及审计人员对国有企业进行审计；对国有企业财务状况进行监督检查；批准国有企业的设立、解散、合并、增资、出售以及联邦政府参股企业的股份买卖等重大资产经营决策；国有资产的处置和国有企业私有化改造等。财政部对国有企业的监督和控制通过监事会完成。财政部以股东身份选聘联邦一级的国有企业监事会成员。监事会成员包括股东代表和职工工会代表，双方代表人数相等。股东代表由财政部长决定，主要来自私人公司的董事或经理、银行家或者经济学专家等，政府官员较少。监事会主席由财政部长推荐，副主席由职工代表担任。

除接受监事会监督外,德国国有企业开展投资项目还要接受企业外部的三级监督。一是政府内部监督。由联邦建设部专门设立的国务秘书(即副部长)直接领导的内部监察处,主要以《联邦政府官员法》为依据,负责对政府官员、公职人员及参与政府投资项目的相关人员在决策过程中的行为进行监督。二是审计监督。德国政府设立独立的联邦审计署,不受政府和任何部门制约。联邦政府对国有企业的财务监督主要由联邦审计署负责。联邦审计署审计的法律依据是《联邦预算法典》,该法在规制国有企业方面发挥了非常重要的基础性作用。根据该法的规定,联邦的一切收支都应当编入预算案,国有企业的收支自然包括在内;股权比例在25％以上的联邦和州政府股权投资,以及联邦和州政府拨款或兴建的项目,都要列入联邦和州政府审计院的审计范围。但对审计中发现的问题,联邦审计署无权处置,只有报告权和披露权。三是联邦议会监督和公众舆论监督。联邦议会对联邦参股企业具有最高监督权。根据德国法律,联邦政府须告知联邦议会关于联邦参股企业的所有基本的和重要的问题。主管国有企业的财政部每年都要向联邦议会提交国有企业财务报告,并向外界公开公司经营情况。

二、 预算管理制度

通过对德国公共经济理论和公共财政职能范围的考察与分析可以看到,当代西方财政理论产生的基础是对私有经济的深刻剖析,即从市场失灵现象的出现,引出公共活动介入的必要性,产生出公共经济的理论,同时也证明了公共财政存在的合理性。而公共财政职能的界定,又限制了政府运用财政资金参与社会经济活动的范围。因此,在对联邦国有企业或地方公营企业的管理与改革中,德国的各级政府遵循公共财政的基本原则,严格执行预算管理制度,对应承担的政策性亏损补贴(如公共交通系统的经营亏损等)与企业改革成本(如相关人员的安置问题等),依法纳入预算支出,对历史遗留问题以及特殊事项的费用支出必须经过有关部门的严格审查,经议会批准后方可列入财政支出。

三、 财税优惠待遇

德国的国有企业在享受政府财税优惠政策方面没有更多的优势与特殊待遇。对于一般性或经常性的财税优惠政策,即用于协调区域经济发展、支持科技创新、扩大对外贸易、增加就业岗位以及促进环境保护等方面的优惠政策与补贴,国有企业均没有特殊享受的份额,而是与私营企业一样,必须完全符合各类政策标准才能获得应有的政策优惠和财政补贴。例如,区域差异企业扶助政策,原则上规定投资者在税收与综合财力低于国内平均水平的地区或经济结构不合理急需调整的欠发达区域建立新企业(包括彻底改造旧企业),可获得联邦政府和当地政府相关部门提供的该项目投资总额 30%~50%的补助资金。不论投资企业的所有制性质如何,只要此项目符合经济结构调整的总体目标,有利于欠发达地区综合财力的提高,均可享受这一政策性补助。这就从原则上排除了国有企业的特殊待遇。又如,支持科技创新政策,德国长期以来一直相当重视科学技术的发展,联邦政府和各州政府均投入大量资金用于科学研究与技术开发。近些年来,政府更加关注提高科技成果转化效率,因其认识到把研究成果转化为产品的速度将直接影响本国产品抢占国际市场的竞争能力,而这方面德国的竞争力的确逊于美国和日本。因此,联邦政府要求各部门为企业开展应用研究创造更为有利的环境,并为此建立起一整套科研技术转化渠道,制定了一系列鼓励和促进科技成果转移转化的政策和措施,尤其是鼓励中小企业积极吸收科研成果,努力提高本企业的科研能力。同时联邦政府经济部还对在中小企业从事研究和发展工作的科研人员发放补贴。这一优惠政策针对所有中小企业,无论是国有还是私营,只要符合条件均可获得这项补贴。

由此可见,政府的财税优惠政策一般都与国家大经济环境的总体目标紧密相连,国有企业的经营管理也必然要符合社会经济发展的总体目标。除直接服务于公共交通、公共设施等的政策性亏损补贴外,国有企业得到政府财税政策上的优惠仅与社会经济发展的目标方向有关,而与所有制性质没有太直接的关系。

第四节　德国国有经济代表性部门分析

一、 工业部门

1. 德国工业的困境

进入 21 世纪以来,随着第四次工业革命的兴起,以低成本优势嵌入全球价值链的新兴经济体依靠自主创新逐渐从全球价值链的最底端不断攀升,德国工业面临的竞争压力越来越大。

一是德国在创新和科技上的领先优势正在逐渐丧失。首先,德国没有抓住信息化时代的发展机遇,在信息产业领域与美、韩以及中国逐渐拉开差距;其次,在新生物和人工智能领域,德国虽然十分重视基础理论研究,但是投入实际应用的不多,商业化程度过低;最后,欧盟废气排放标准越来越高,自动驾驶、电动汽车革命以及智能出行的概念对德国传统燃油汽车行业造成巨大冲击。

二是贸易保护主义和跨大西洋贸易壁垒的风险加剧。德国是典型的出口导向型国家,2019 年德国出口总额占其 GDP 的比重为 38.5%,外贸依存度高达 70.54%。2016 年以来,在逆全球化浪潮影响下,全球贸易保护主义进一步加强,且手段更趋复杂、隐蔽。贸易保护主义对德国的出口驱动造成巨大的冲击,拖累了德国的经济增长。

三是新兴经济体的崛起和全球产业链的趋同性带来巨大挑战。德国的产业优势主要集中在汽车制造、机械制造、制药化工等传统高端制造业。正是依靠这些产业,德国成为全球经济强国和欧洲经济"火车头"。但最近几年,新兴经济体创新能力的提高以及在全球价值链上的不断攀升正在对德国企业形成竞争压力。

工业竞争压力的增加引发政府对产业政策的重视。作为应对,德国政府最近几年加大了对市场的干预力度,一是增加财政补贴额度,二是拓宽财政补贴领域。除了已有的改善宽带升级、能源绿色环保建筑和提高能源效率等项目外,还增加了取暖设施改良、电动汽车购买方面的补贴。在所有补贴领域中,工业和贸易领域占财政补贴额度的一半以上,2018 年,该比例达到了 53.1%。在此背景下,德国于 2019 年出台了旨在保护本国竞争市场的《国家工业战略 2030》。

2. 《国家工业战略 2030》和国有化趋势

《国家工业战略 2030》以确保德国经济与技术的国际竞争力和工业领先地位,保障德国经济、就业和民生的长期稳定和发展为战略目标,提出改善德国产业竞争力的三大支柱,即改善德国作为工业中心的政策环境、加强新技术研发和调动私人资本、在全球范围内维护德国工业的科技主权。不仅以"增长补短"的逻辑加强巩固德国原有强势产业,还强调培育扶持德国新兴现代化产业。该战略的出台是德国社会市场经济模式对德国国内工业变革需求和全球环境变化的一个最新回应,显示出德国政府经济角色转变为"直接干预经济"型、"主动革新战略"型、"局部贸易保护"型和"双向联动欧盟"型,即"大市场,大政府"。

(1)规范性、法治性框架条件被打破,政府干预经济活动手段增加。德国致力于实施《反垄断竞争法》框架条件下间接维护经济良好运转的政策。传统规范法治框架规定政府不得干预市场选择和企业决策,但《国家工业战略 2030》提出"国家参与制",国家可以国有化关键战略性企业参与关键领域部门的经济活动,以政府意志决定经济走向。《国家工业战略2030》明确提出给予"国家参与制"合法地位,要求赋权德国政府合法直接干预市场经济和企业决策,体现了执政框架从法律法规主导到政府自身主导的转变。

(2)建立政府性产业扶持基金,政府干预经济活动的能动性增强。《国家工业战略2030》提出,要求设立"国家基金",强调以政府的力量来国有化濒临破产但是具有战略创新潜力的私营部门,以防止有关国家安全的高新科技产业部门落入外国之手。例如,当国内战略性或涉及国家安全性的企业资不抵债时,可以使用"国家基金"率先收购,由政府部门重新整顿后再私有化。

(3)新政府经济角色理念被构建,政府干预经济活动的道德风险降低。在德国传统政治框架内,政府干预经济决策的行为通常被视为带有计划经济色彩的低效行为,但在《国家工业战略2030》中,"产业政策"一词重新回归德国社会,表现出德国政府一改传统奉行的"国家不干预"理念,明确强调"加强国家对经济的干预"等内容,政府经济角色也从传统的单一市场维护者转变为更加积极有为的经济参与者和市场维护者双重角色。

(4)摒弃固有产业优势,政府主动革新产业布局意识增强。为应对国际高技术迅猛发展的挑战和激发国内"创新精神",《国家工业战略2030》提出,既要巩固具有国际竞争力的"十大优势产业",也要扶持具有价值链颠覆性潜力的"七大新兴产业"。《国家工业战略2030》以"重夺工业及技术主权"为目标,产业部门的"增强补弱"策略所表现出的政府经济角色"主动革新战略"倾向凸显。从德国发布政府经济政策的历史来看,联邦经济部长从未如此公开地表达过限制竞争和将私人公司国有化的愿望。

3. 德国产业政策转向对我国完善社会主义市场经济体制的启示

《国家工业战略2030》提到要强化社会市场经济体制,对过于严格的补贴法和竞争法进行松绑,这些政策的主要基调是加强政府在工业发展和产业变革中的干预。事实上,政府加强对经济的干预成为近年来"逆全球化"背景下发达国家的一个政策趋势,不管是对补贴法的修改,还是提高外资审查力度以保护本国产业,都体现了政府对市场行为的干预。

《国家工业战略2030》中用大量的篇幅阐述政府与市场的关系,强调政府不能对企业的独立决策进行干预,包括企业的工资制度和投资策略。但这不意味着政府放手不管,而是要把该做的坚决做好。在新一轮全球化竞争和产业调整的进程中,德国政府认识到,要想在信息产业、数字经济、人工智能等高新技术产业有所作为,必须借助政府力量,通过完善政府的产业政策和监管政策,为企业提供有力的竞争环境。《国家工业战略2030》体现了德国政府的战略发展新方向和价值新定位。正如该战略的前言中所提出的,虽然社会市场经济崇尚自由竞争,但绝没有排斥政府采取有计划的管理行为。

德国市场经济道路的探索表明,在不同的历史发展阶段,政府干预市场的目标不同、方式不同,成效也是不同的。当今,全球产业竞争和贸易格局发生了新的变化,创新几乎决定了企业的核心竞争力,产业政策的范式也应当跳出传统认识,赋予其新的时代特征。一方面,要坚持产业政策有所为,有所不为。政府应该将产业政策的重点放在鼓励微观主体创新和解决企业经济行为带来的外部效应方面,并确保产业政策实施的目的是维护健康公平的竞争秩序。另一方面,要维持竞争政策的基础地位,坚持竞争中性原则和普惠性原则,全面实行准入前国民待遇加负面清单管理制度,为企业的市场经济活动创造公平竞争的环境。

以德国《国家工业战略2030》出台为典型代表的欧洲国家产业政策调整和国家战略转型,反映了西方国家对政府与市场的关系,以及市场经济实质的反思。德、美等国家都曾经质疑中国的市场经济地位,认为中国政府对市场的干预过多,纷纷对中国的产业政策予以批判,并将中国的经济体制误读为"国家主导型经济体制"。尽管如此,《国家工业战略2030》还是对中国的经济成就表示肯定。这反映出中国改革开放40多年以来,尤其是党的十八大以来在政府与市场的关系方面进行的开创性探索取得了瞩目成就。因此,我国应坚定制度自信,坚持和完善中国特色社会主义市场经济体制,与各国朝着建立全球范围内规范、统一、公开的市场经济秩序共同迈进。

二、 银行部门

1. 德国银行业发展简况

德国银行业的特点之一是商业银行、合作银行以及公共部门银行三者并存,这三类银行共同构成了德国银行体系的三大支柱。其中商业银行是属于公司性质的综合银行,是"全能银行"的典型代表。商业银行归私人所有,监事会由私人股东代表组成。

合作银行具有独特的治理结构。股东(通常是合作银行的客户)拥有独立于其股份的平等投票权。一般而言,德国合作银行均有明确的区域性。为克服结构分散的不足,德国成立了两家中央合作银行。除了其他银行业务外,这两家银行通常还为小型合作银行提供投资银行服务。

德国银行体系包含一个较大的国有银行部门。根据国有银行的地域范围,它还能进一步分为储蓄银行和州立银行。储蓄银行主要开展本地或地区业务,通常所有权归所在的市或县,这些银行通常不开展国际银行业务。州立银行在全国范围内开展业务,并参与国际业务的经营。州立银行最初成立的宗旨是提供区域发展融资,并对本地储蓄银行发挥中央银行的作用。自20世纪80年代以后,原本主要服务于公共事业和当地市政建设的储蓄银行和州立银行等国有银行逐渐拓展其经营范围,向全能银行的模式发展。特别是州立银行已经发展成为以获取利润为导向的综合性银行,在市场上与私有银行展开直接竞争,除州立银行之外,德国银行体系还存在几家特殊目的银行(如德国复兴信贷银行和德国IKB工业银行等),它们为联邦政府或州政府直接或间接拥有(有少数例外)。

州立银行、储蓄银行等公立国有银行一直受到政府的保护,享受地方政府的财政补贴,并且由于其债务得到政府提供的担保,因此可以得到远高于其实力的信用评级,获得低于市场水平的廉价资金来源。各级政府对州立银行、储蓄银行等公立国有银行的过度保护扭曲了国内金融市场的竞争,并阻碍了银行壮大实力、提高竞争力所必需的兼并收购进程。这种不平等竞争引起了私营银行的强烈不满和抗议。随着德国的公立国有银行逐渐向国外扩张,来自国内外银行业的抗议日益加剧,德国的私营银行绕过德国政府直接向欧盟的竞争委员会上诉,从而开始了后者对德国银行业中存在的不公平竞争的多次调查。迫于内外的强大压力,德国州立银行不得不实施改革。如西德意志州立银行率先于2000年12月宣布改革计划,将企业融资及批发银行业务剥离出去,对银行进行分拆并实行部分私有化。

20世纪90年代以来,德国国有银行的数量有所下降(见图1-5)。1990—2020年,州立银行从11家缩减为6家,储蓄银行从763家缩减为373家;商业银行的总资产规模显著增加(见图1-6)。储蓄银行虽然数量较多,但在资产规模上比商业银行要小,增长也较为缓慢。州立银行由于数量缩减,总资产规模有所下降。

截至2022年7月,德国商业银行的资产规模在银行部门中的占比为37%(见

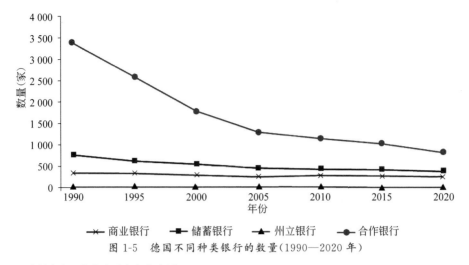

图 1-5　德国不同种类银行的数量(1990—2020 年)

资料来源：德意志联邦银行官网。

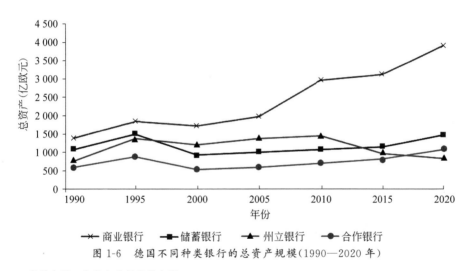

图 1-6　德国不同种类银行的总资产规模(1990—2020 年)

资料来源：德意志联邦银行官网。

图 1-7)。德国银行统计数据将同样属于私有银行(除少数例外)的住房抵押贷款银行单独列出,这类银行的总资产在银行部门的占比为 4%。合作银行的总资产占比为 9%,储蓄银行总资产所占比重为 12%,州立银行资产规模在银行部门中的占比为 7%。总体而言,国有银行的资产规模在德国银行部门中的比重为 32%。鉴于德国银行数量众多、竞争强度较高,国有银行并没有在市场上起到垄断作用。

2. 德国地方储蓄银行的运作经验

(1)储蓄银行和地方之间的所有权关系和担保责任关系。德国的储蓄银行是

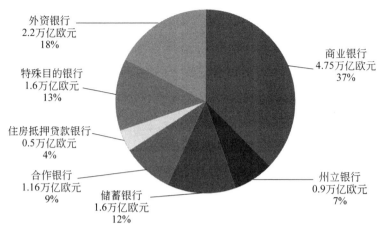

图 1-7　德国银行业资产比例(截至 2022 年 7 月)

资料来源:德意志联邦银行官网。

地方公共所有的全资银行。德国实行地方自治管理,地方自治管理机关(在我国等同于地方政府,后文也以"地方政府"指代地方自治管理机关)可以依据所在州的储蓄银行法建立储蓄银行。储蓄银行所属的政府要对储蓄银行提供资本金,并依法对其债务承担无限赔偿责任。正因如此,政府会加强储蓄银行的实力地位,提高其信用等级。这也是德国公共储蓄银行的筹资成本比私营商业银行低从而利润效率较高的原因之一。

(2)储蓄银行的内部治理结构。储蓄银行内部最重要的机构首先是管理委员会,其次是董事会。管理委员会既属于经营方针决策机构,又属于监事机构。业务活动是由董事会按照有关法律规定和储蓄银行的管理委员会确定的经营方针进行的。管理委员会只限于确定经营方针,如经营目标、经营方向等,具体的业务内容、种类或者条件由董事会负责。

(3)地方政府的影响范围及限制。地方政府作为义务担保人,有权影响储蓄银行,包括对关系储蓄银行生存的事务、主要事务和人事事务的决定。关于地方信贷机构生存的事务涉及地方信贷机构的建立、合并和解散,此类决策由地方政府按照各州专门的储蓄银行法来实行。但是,地方储蓄银行的业务活动不受地方政府的直接影响,即使是由地方政府聘任的银行管理委员会成员,也没有义务汇报其工作情况。例如,地方政府不能要求储蓄银行提供业务情况信息和进行业务核查。设置这些限制是因为地方储蓄银行同其他银行信贷机构处在竞争当中,有义务为它的顾客保守相关信息。地方政府对人事权的影响主要表现在对储蓄银行管理委员会和董事会成员的人选和结构的影响上。例如,地方政府代表常常是储蓄银行管理委员会的主席。储蓄银行董事会成员或者由地方政府提名,或者由地方政府批准。

(4)储蓄银行的普通存贷款业务和对政府贷款业务。地方储蓄银行成立初期旨在辅助贫困的居民,以此吸引居民存款,在出现经济危机或失业时为其提供保障。目前通过提供保险的存款条件促进居民储蓄仍然是储蓄银行的任务之一。但由于大银行也陆续开展了这方面的业务,吸收存款已不再是地方储蓄银行的特色。

地方储蓄银行具有对地方政府优先提供贷款的义务。为了防止因储蓄银行对地方政府提供条件优惠的贷款,以致削弱自己的竞争地位,许多州规定地方储蓄银行对其主办人或担保人(即地方政府)提供贷款时,要由专门监管机关(州长、州经济部长或者州财政部长)批准。但即使储蓄银行不能提供条件优厚的贷款,也要按有竞争力的条件对公共机构提供贷款。

(5)储蓄银行必须接受多重监督和双重监管。第一层(最低层)是银行管理委员会,即银行的监事机构,由它们对银行实行内部监管和监督。第二层是通过外部独立信用评级公司对银行的评级实施监督控制。例如,美国穆迪公司就是最有名的信用评级公司之一。第三层是审计部门的审计。德国在联邦层面有联邦审计署,在州层面有州审计署,它们对信贷机构实行审计监督。对储蓄银行的审计还由区域级储蓄银行及汇划中心属下的审计机构负责。第四层是通过联邦信贷监督局对所有信贷机构实行一般监管。此外,对储蓄银行还有一道专门监管,即州长、州经济部长或者州财政部长对其进行监管,从而体现了双重监管。储蓄银行之所以必须接受专门的监管,是因为德国遵循这样一种原则:每一种国家活动都必须受到一种特殊的法律监督。对储蓄银行的监管内容主要是考察储蓄银行的管理和经营是否符合法律、章程和储蓄银行的使命。第五层(最高层)是欧洲中央银行体系中欧洲中央银行提供监管信息、咨询、劝告和建议。随着欧洲经济和货币一体化,跨国资本流动和银行业务越来越多,这要求在欧洲中央银行层面承担上述职能。

3. 德国地方储蓄银行的效率探源

从其所有权权属角度看,德国的地方储蓄银行类似于我国的国有银行。作为州或地方公法企业,地方储蓄银行担负着在本地域范围内提供融资服务的任务,同时被允许保持一个较低的利润率。但是,州政府和地方政府无论如何无法擅自动用储蓄银行的资金。这意味着虽然储蓄银行不是"私人"经济单位,其实际运作方式却与纯粹的私人商业银行只有较小的差别。除此之外,储蓄银行效率还与以下原因有关。

(1)严格依法监督和监管。实行多重监督和双重监管,严格的审计制度和法律制裁措施有助于杜绝公款挪用等腐败现象。

(2)银行内部管理科学化。银行董事会成员与管理委员会成员职能分开,管理委员会负责监事责任,负责确定大而笼统的经营方向;董事会负责具体的经营事务。两者形成一种分权制衡的关系。

(3)严格限制地方政府对储蓄银行经营业务的干预。地方政府与地方储蓄银行之间的关系严格政企分开,两者的权利义务关系受法律约束。德国不存在地方政府领导人或者政治家兼任储蓄银行高级决策职位的现象。州和地方政府对储蓄银行决策的影响力只限于它们可以指派代表进入管理委员会(即监事机构),任命或批准董事会成员名单。但政府无权过问具体经营业务。

(4)银企关系之间存在预算硬约束机制。地方储蓄银行面对的公司客户大多为私营企业,只有极小部分为公共企业,无论是前者还是后者,其责权利都十分明晰,从而不存在诸如国有企业把债务负担转嫁给国有银行的问题。在德国,国有企业有资金周转问题,由政府提供辅助性资金支持,但不能免除国有企业对银行的债务。

(5)地方储蓄银行是地域性的,没有垄断地位,必须有经营效益。德国银行数量众多,存在许多其他所有制形式的银行和金融机构,行业竞争激烈。除了政策性银行之外,没有其他全国性的"国有银行"(这也是与我国国有银行的区别之一),这有利于维护一个平等竞争的环境,减少腐败带来的压力。

第五节 德国国有经济绩效分析

一、资产规模及结构

2008—2019 年,德国国有企业的总资产从 1.32 万亿欧元增长至 2.08 万亿欧元。我们将资产按照流动性划分为固定资产和流动资产,可以看到,2019 年,流动资产占比为 38.84%,固定资产占比为 58.65%,德国国有企业的固定资产占比高于流动资产占比(见图 1-8)。固定资产的特点是流动性相应较低,例如,使用期限超过一年的厂房、土地或生产经营相关的机械设备等,由于需要在较长时期内完成周转,存量过多将减少企业应对市场变化的灵活性。因而,在企业的财务分析中,同等条件下,固定资产占比越高意味着企业的经营风险越大。此外,固定资产的成本需要在经营期内进行摊销,抵扣经营利润,所以,同等条件下,固定资产占比越高,利润率越低。

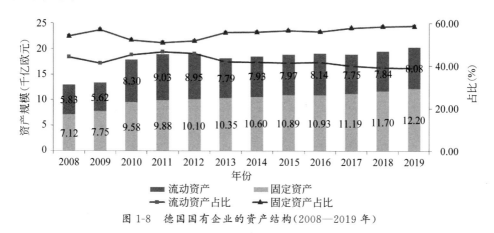

图 1-8　德国国有企业的资产结构(2008—2019 年)

资料来源:德国联邦统计局。

据统计,德国国有企业与私营企业在资产结构方面最大的区别体现在固定资本率上,德国私营企业的平均固定资产占比在 18%～25%,远低于同一时期的国有企业。这意味着在同等市场条件下,国有企业的经营风险高于私营企业,而创造利润的能力和应对市场变化的能力低于私营企业。

但应当注意的是,在国有企业的背景下,上述解读有一定的局限性。首先,国有企业大多集中在基本保障行业,例如,住房,水电气供应,废水、垃圾处理等。这些行业的资本密集度较高,存在较大的规模经济效应和自然垄断趋势。从不同行业的数据也可以看出,除了公共行政、国防和社会保障之外,大多数行业的固定资产率都高于 60%,其中废水处理的固定资产达到 90%。其次,私营企业出于经营风险和资金流动性考虑,通常会选择租用办公楼、厂房,而国有企业往往能够直接通过划拨得到相关的房屋或土地,所以固定资本相应较高。当然,这种差异也可能是由国有企业资本利用率低下造成的。

二、 负债及自有资本率

2010 年之后,德国国有企业的负债总额保持在 1.1 万亿～1.3 万亿欧元之间,资产负债率在 55％～65％ 之间(见图 1-9)。其中 1 年期以上的长期负债占比呈下降趋势,但仍占总负债的 60％ 以上。长期负债占比较高,可以抵减其债务结构的部分风险。

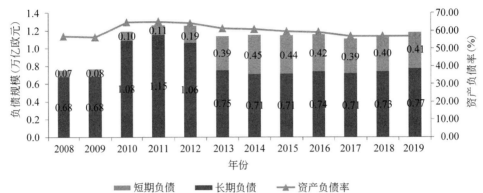

图 1-9　德国国有企业的负债规模、结构及资产负债率(2008—2019 年)

资料来源:德国联邦统计局。

自有资本方面,根据联邦统计局公布的数据,2010—2019 年,德国国有企业自有资本率呈现上升趋势,从 19.08％ 上升到 24.63％(见图 1-10),但仍低于德国企业的平均水平。

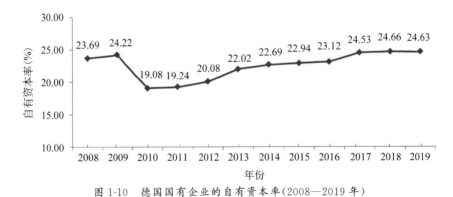

图 1-10　德国国有企业的自有资本率(2008—2019 年)

资料来源:德国联邦统计局。

自有资本率反映的是企业财务的可靠性和独立性,自有资本率高的企业通常负债率较低,因此同等条件下,自有资本率高的企业破产风险较小,经营更稳健。但在德国,企业负债融资的利息可以抵扣税款,因而自有资本融资比例的提高会导致企业利润率下降。所以对于私营企业而言,较高的自有资本率虽然意味着较高的财务安全性,但也造成利润率相对较低。此外,由于国有企业的财务状况与公共财政挂钩,所面临的破产风险相对较小,自有资金作为企业存在的安全性保障的作用和信号意义较小,这也可能是德国国企自有资本率较低的原因。

三、 政府补助

与私营企业现金流的对比表明,仅凭国有企业的财务状况很难独立获得新的融资或进行新投资。这表明,德国国有企业的经营和发展在一定程度上依赖政府的资助。首先是德国联邦一级的国有企业,虽然数量最少(占全部国有企业数量的比例不到 2%),但其得到的政府补助金额占全部国有企业政府补助金额的 40% 以上,这可能是因为联邦国有企业的经济规模庞大。其次是德国州一级的国有企业,其政府补助金额占全部国有企业政府补助金额的 35%~45%。最后是德国的绝大多数市镇一级的国有企业,其得到的政府补助金额占全部国有企业政府补助金额的 15%~25%。从相对规模来看,2019 年,联邦、州和市镇国有企业的政府补助金额分别占其资产总额的 2.71%、6.45% 和 1.43%。政府补助一方面对国有企业的独立性、经营效率有消极影响;但另一方面,这种牵连对于某些涉及民生但成本高昂的领域又是必要的(见图 1-11)。

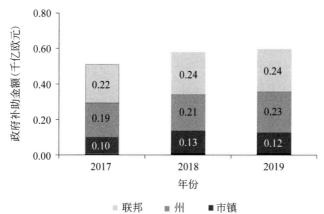

图 1-11 德国各个行政层级国有企业的政府补助金额(2017—2019 年)

资料来源:德国联邦统计局。

四、 盈利能力

一般来说,私营企业的经营以目标为导向,盈利能力决定了私营企业在市场竞争中的生存能力。但对于德国的国有企业,只要保证在服务于公共目的的情况下实现收支平衡或者亏损最小化即可。例如,对于医院或者经营短途客运的国企,经营目标就是在完成既定任务的同时最小化亏损额。从这个角度看,仅以盈利能力来衡量国有企业的绩效有失公允。然而,现实情况下,德国国有企业大多是集权时期留下的遗产,许多企业的存在本身可能并不完全符合公共目的,如果长期亏损,又有私营企业的竞争,则很可能面临被私有化的后果。因此,在自由化浪潮的席卷下,盈利能力在国有企业的目标中占有越来越重要的地位。下面从利润结构、费用结构和利润率等方面对德国企业的盈利能力做简要分析。

根据联邦统计局近几年的数据,德国国有企业近期的经营状况较为稳定,2008—2019 年,仅 2008 年为亏损,其他年度收支皆有盈余。近年来,利润率在3.5％左右(见图 1-12)。

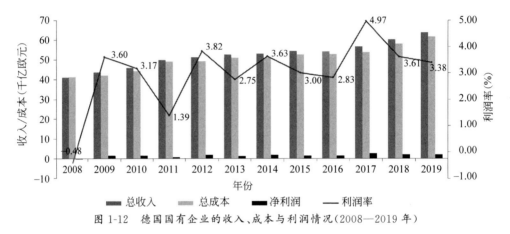

图 1-12　德国国有企业的收入、成本与利润情况(2008—2019 年)

资料来源:德国联邦统计局。

德国国有企业的利润可以分为三部分,分别为营业收支结余、财务收支结余和营业外收支结余。从国企的利润结构来看,正常营业活动对利润贡献最大(见图 1-13)。营业收支结余最高在 2011 年,是企业总利润的 1.6 倍。近年来,营业收支结余占总利润的比重有所下降,但基本保持在 50％以上。财务收支结余在大部分年份为亏损,因而抵减了一部分营业利润。这主要是因为国有企业背负着高额公共负债,每年需要偿付的债务利息很高。

从费用结构来说,国有企业的利息费用、折旧费用和劳动力费用在成本中的占比都要高于私营企业,而物料费用相比私营企业较低。劳动费用高说明德国国有企业平均劳动力密度高于私营企业,更容易受到劳动力成本变动影响;利息费用高主要是由于国有企业平均负债水平更高;而折旧费用高则是固定资产率高的体现(见图 1-14)。

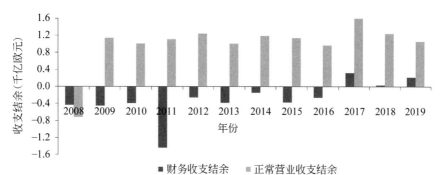

图 1-13　德国国有企业的财务收支结余和正常营业收支结余(2008—2019 年)

资料来源：德国联邦统计局。

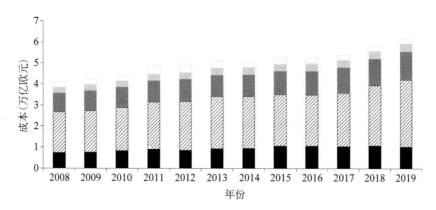

图 1-14　德国国有企业的总成本构成(2008—2019 年)

资料来源：德国联邦统计局。

第六节　对国有经济发展的启示

一、 优化国有企业布局及其经营管理理念

政府应当以公共经济的基础理论和市场经济体制的基本原则来界定国有企业的性质,并在此基础上确立国有企业存在与发展的必要性,也应根据社会发展的经济景气状况、宏观政策目标以及市场经济环境条件的变化来调整国有企业的规模数量和经营方向,而非一成不变。

在国有企业的经营管理理念上,不仅要建立和完善一整套与市场紧密相连的现代企业制度,还要积极培育企业管理者的市场竞争意识,打破垄断观念,为企业经营与市场逐步接轨打好基础。政府部门制定经济政策和财税政策对国有企业的改革和发展应起到引导其走向市场的作用,除对国企应承担的成本和必要的公益性补贴外,不再对国有企业制定其他特殊优惠政策。国有企业享受政策优惠必须符合相应条件,这一点与其他类型企业应一视同仁。

二、 创新国有经济的实现方式

在某些风险较高、创新性较强的领域,国有资本可以通过间接投资的方式实现商业化投资回报。创新是企业生存和发展的根本,但国有企业由于特殊的治理结构,其代理人天然具有风险规避的倾向。长期来看,国有企业的创新动能是缺乏的。因此,在大多数创新领域,当国有资本以直接经营性产权出现时,很难保证最高的投资回报率。如德国那样,当国有企业很难保证更高的效率时,可以退出直接经营,转而通过参股私营企业而获得投资收益。国有资本间接投资的优势在于进退自如,产权主体可以根据投资对象的经营状况决定增持、减持或退出。这既能够充分利用国有资本的资源优势扶持私营企业发展、引领产业结构优化,从而以有限的国有资本撬动更多优质社会资本,也有利于汲取私营企业在公司治理、市场化管理和创新方面的经验,提高国有企业自身经营的灵活性和效率。

三、 通过制度创新兼顾公共利益和商业利益

当前,我国正在推进国有企业混合所有制改革。改革的难点之一就是涉及公共服务和基础设施领域的国有企业,在引入社会资本之后,如何调和公共利益和商业利益的冲突。在此方面,可以借鉴德国针对特定国有企业的特别财产权制度,为处于少数地位的国有产权设置特别否决权。例如,对于运营港口、铁路、油气管道等基础设施的国有企业,在引入私人资本以后,为保障公共利益,可以特设拥有否决权的少数股权,即类似于"金股"制度的少数国有股权。这样既能保证产权主体清晰状况下的企业运行效率,又能防止公共利益受损。

四、完善国有企业的公司治理

在外部治理层面,应加强国有企业治理和监管的立法保障。当前,我国国有企业治理仍然依照《公司法》进行结构设置,但国有企业特殊的监管要求,需要相应的治理安排与之相适应。国有企业的治理体系不仅要保障经营的自主性,还要明确

分类治理和监管的原则和依据。而这些要求仅仅依靠《公司法》和监管部门的暂行条例是难以满足的。而且,我国国有经济体量巨大,改革涉及方方面面,可谓牵一发而动全身。无法可依导致改革边界不清,也容易招致对"国有资产流失"进行事后追责的担忧。德国的做法可为我国的国有企业治理提供参考,即通过立法和出台法规的方式,明确国有资本参股和退出的条件、国有企业员工参与治理的方式,以及外部监督和审计的制度安排。针对国有企业治理进行立法规范,是明确国有资本投资方向、明确监管责任、堵塞监管漏洞的根本保障。

在内部治理层面,应加强内部监督的权威性和独立性。在德国企业的治理模式中,监事会是董事会的上位机关,其成员任免由国有资本的代表机构财政部负责,监事会负责董事会人员的聘任和监督。在这样的层级结构中,监事会代表持股股东和职工,有权利、有动力对经营者进行监督。这样的内部监督与外部审计监督结合起来,能够较好地解决"内部人控制"问题。我国在推进国有企业治理体制改革中,需充分结合本国实际情况,通过将监事任期与董事任期分开等方式,提高内部监督和直接监督的有效性,而不是过分依赖外部监督。

第二章
美 国

第一节 美国国有经济演变历程

一、 美国国有经济发展历程

1. 国有企业初建时期: 19 世纪中叶—20 世纪 30 年代初

美国国有企业的产生可以追溯到 19 世纪中叶。联邦的第一个国有企业是 19 世纪 40 年代在华盛顿建立的国家博物馆。这个国有企业从立项、建设到运营,都富有传奇色彩。1826 年,英国科学家詹姆斯·史密森(James Smithson,1765—1829)以遗嘱的形式把他一生积蓄的 55 万美元捐赠给美国,指定用这笔款项在华盛顿建立一个旨在"增进并传播知识"的机构。经过长达 20 年的酝酿和争论,美国于 1846 年成立了一个委员会来执行史密森的捐款事项。这个委员会的成员包括美国总统、副总统、首席大法官和相关行政部门首脑,为了进行有效管理,还成立了董事会,由美国副总统、首席大法官、3 位参议员、3 位众议员及 6 位美国公民组成。这个国有企业经过 150 年的努力,获得了长足发展,其所包含的国家航空与宇航博物馆、肯尼迪文艺演出中心及国家动物园都已闻名遐迩。

美国的第二个国有企业是 1904 年建立的巴拿马铁路公司,第三个是 1905 年建立的阿拉斯加铁路公司。这些公司已经改变了慈善性质,是美国政府在慈善领域以外首开经营企业先河的佐证,且这两家企业都具有相当规模,是生产性企业。

第一次世界大战时期,为适应战争的需要,美国建立了不少国有企业,但这些企业在战后大都被撤销了。

2. 国有企业发展时期：20世纪30年代—20世纪70年代

美国国有企业的发展主要是20世纪30年代的大危机时期和第二次世界大战期间。在1929年"大萧条"开始以后，为解决国计民生的紧迫问题，按照罗斯福新政的要求，美国又建立了一些国有企业，包括财政公司、信贷公司、进出口银行、农作物保险公司、联邦保险公司等。美国迄今为止最大的国有企业——田纳西河流域管理局，就是这一时期开始建立的。

田纳西河流域管理局的建立，标志着美国国有企业的发展进入了新的阶段。美国人将田纳西河流域管理局的建立和发展称为"伟大的试验"。田纳西河流域方圆6万英里，覆盖7个州。在历史上，这是美国的贫困地区，特别是在1929—1933年的经济危机中，银行破产，工厂倒闭，洪水泛滥，农田冲毁，水土流失，疾病蔓延，森林乱砍滥伐，矿业破坏严重。当时，这一地区人均年收入只有169美元，1万户人家中只有3户可以用电。在这种情况下，经国会同意，罗斯福于1933年5月17日签署了建立田纳西河流域管理局的法案，从而建成美国最大的国有企业。

这个企业的经营范围主要有：一是根治水利，管理水利系统，在主流和支流上共建了54座水坝。这些工程使1984年特大洪水造成的损失减少到最低程度。企业还修有闸门等航运设施，使船只可以从田纳西河通过密西西比河航行到奥尔良河，到达美国12个州以至世界各地。二是在30个水坝修建了电站，向企业和居民供电，现在已有114个水电厂。企业还建了59座火力发电厂、5座核电站。1994年发电1 280亿千瓦时，售电收入54亿美元。三是对田纳西河流域进行水土综合治理，促进农业稳定发展，保持生态环境优化。企业建立了1 500多个示范农场，研究如何重新管理植被，防止水土流失，改善耕作方法，以提高生产效率。为促进户外娱乐，企业建立了200多个娱乐中心，最大娱乐场占地11 500公顷，被肯尼迪总统宣布为"全国环境保护示范区"。

二战后，美国陆续建立了一批新的国有企业，这些国有企业对当时美国经济的发展发挥了重要作用，同时也达到了美国国有企业历史上的最大规模。

3. 国有企业私有化改革时期：20世纪70年代至今

20世纪70年代，和其他资本主义国家一样，美国经济出现了"滞胀"的困扰。1981年上台的里根总统面对国有企业出现的种种弊端，开始了对国有企业的整顿和调整。进入21世纪之后，小布什政府将"竞争招标"私有化的新理念扩展到了国有企业和政府改革当中，美国国有企业进入私有化改革的新阶段。

总体来看,美国的国有企业是在特定历史条件下,为解决特定问题或在特定背景之下产生的。美国国有企业问世的一般原则是,私人无法做或做不好的,由国家或政府去做。美国的国有企业有建立,也有撤销,在 100 多年的发展史上,既有辉煌,也有挑战,成为美国经济发展史上不可磨灭的篇章。

二、 美国国有经济发展路径及其原因分析

1. 国有企业形成路径分析

在美国,按国有企业资本所有权构成的差别可将美国国有企业分为完全由国家所有的国有企业和国有混合公司两大类。

(1) 完全归国家所有的国有企业。这类企业的资本所有权完全由联邦政府或州、地方政府掌握,企业大多通过两条途径形成:一是政府直接投资所建立的,如国防部所属的军事工业企业等;二是把私有企业的资本所有权全部购买过来所形成的。例如,美国在战时对与战争有关的重要企业实行强行购买,对企业实行国有化;而在和平时期,出于维持经济稳定的目的,则对某些濒临倒闭的私有企业进行接手,买下私有企业,将其性质改为国有。完全归国家所有的国有企业是美国国有企业的主要形式,占全部国有企业的 85%。

虽然这些国有企业的资本所有权完全为美国政府拥有,但由政府直接经营的是少数。它们大多采取两权分离的经营方式,即政府保留所有权,企业经营权给私人资本家。

(2) 国有混合公司。这类企业的所有权由政府和私人资本家共同拥有。目前理论上对这类企业界限的划分还不一致。一般来说,在国有混合公司中,国家拥有的股份应占到 51% 以上;但也有人认为,如果国家控制了企业的经营,虽然国有股没有达到 50%,也可以认为这种企业是国有混合企业。在国有混合企业中,政府与私人资本家或资本家集团共同拥有一个企业的股份,因此其经营权主要是掌握在拥有股份的私人资本家或资本家集团手中。

国有混合企业的产生主要是由美国政府对一些有关整个经济运行的行业以及战略行业中的企业进行参股而形成的。它一方面有利于政府对这些行业的管理和调控;另一方面又可以使企业参与行业中的竞争,保留私有企业的一些特性。如 1974 年,美国政府就对美国东北部的 6 家铁路公司进行了改组,成立了新的联合公司,对公司委派管理人员,并掌握了新的联合公司的一部分股票,从而使联合公

司成为一个公私合营企业。在美国国有企业中,国有混合企业所占的比重不大,约为 15%。一些美国经济学家认为,因为国有混合企业比完全归国家所有的国有企业更易为美国垄断资产阶级所接受,因此,估计国有混合企业在未来一段时期内会有较大的发展。

2. "政府公司"自形成起便承担特定时期的政治任务

就发展路径而言,讨论国有经济的产生势必离不开其形成的背景和原因,这里需要引入"政府公司"的概念——某种程度上即指代表的是美国的国有企业。根据《美国法典》第 5 编(Title 5)的规定,"政府企业"是指"美国政府拥有或控制的企业",也即美国的国有企业 (Government Corporation)。美国政府公司在其曲折发展的百年历程中,一直处于一种特殊而复杂的行政模式。它既存在学坛上的争论,又面临现实中的考量;既拥有行政主体的"命令执行"元素,又拥有私主体"契约自由"的反映。它不是单纯意义上的行政机关或国有企业,却既承担了行政机关的行政管理职能,又掌握着部分事关美国国计民生领域的经济命脉,是一种特殊的行政模式。

在美国,这种行政模式承担了诸多产生重大影响的行政任务。美国作为世界上私有经济最发达的自由市场经济国家,国有企业是在特定历史条件下,为解决特定问题而产生的,其企业规模、涵盖范围、运营方式以及与政府的关系也随着国家整个经济环境和经济政策的变化而变化。例如,以缓解资本主义经济"大萧条"而组建的田纳西河流域管理局,不仅为解决美国经济危机发挥了巨大作用,而且至今仍在盈利;以专业化治理纽约港而设置的纽约—新泽西港口管理局,开创了政府对特定领域"专业化规制"的先河。一个世纪以来,美国政府公司以其灵活的机制、强大的效率、专业的规制、低廉的成本和良好的社会效果,得到了美国行政法学界和行政实务界的高度认可。

3. 崇尚自由市场经济,不断推进国有资产私有化

美国作为最发达的市场经济国家之一,始终坚持市场至上的原则,认为只要是市场能做好的事情政府就不应加以干预,这一想法也体现在美国对国有企业的改造过程中。美国国有企业虽只占国民经济较小的比重却具有较高的经济效率,正是经过多次以私有化和市场化为主的国有企业改造的结果。20 世纪 80 年代初,里根总统的改革措施开始了美国政府最近 20 多年来对美国国有企业的一次整体性改革和调整,后经过布什、克林顿和小布什 3 位总统进一步的私有化改革,从而

使美国国有经济比重达到了历史最低水平。

在美国近期的国有企业改革中,政府采取了各种各样的改革措施,但是每种改革措施的共同特点都是尽量减少国有经济成分的比重,将进行改革的政府机构和国有企业转由私人部门所有或经营,也就是说,私有化是美国经济改革的一个主要内容。

在第二次世界大战期间,美国政府投资建设了大量国有企业和国有军工企业。为了推动国有资产私有化,促进美国国有企业改革,联邦政府决定分期分批出售其控制的国有资产,其中在里根政府执政时期(1981—1989年)尤为突出。

从1981年里根当选美国总统开始,美国就已经向私人企业出售国有资产,当时提出的首家对象是联邦铁路货运公司。1982年,里根政府又提出拍卖联邦政府部分国有土地。20世纪80年代中期以后,出售国有资产的规模和力度明显加大。在1987财政年度总统预算建议中,里根政府提出了包括出售电力销售机构、全国铁路客运系统等在内的约12项出售和停止联邦补助计划。在1988财政年度总统预算建议中,又提出了七大项资产出售和取消补助金计划。

美国国有企业改革的另一种形式是放松市场管制,引入私人企业等竞争主体。在放松市场管制中,重点是取消对国有通信行业和公共汽车业的政府管制计划。到20世纪80年代中期,美国联邦通信委员会取消了绝大部分有线电视、无线电广播以及电信服务的管制。与此同时,联邦政府对国有公共汽车业的管制也有所放松。1982年,美国国会颁布"公共汽车管制改革法",一方面,联邦政府允许国有公共汽车公司自行改变运行线路,并根据市场情况调整收费标准;另一方面,政府同意私人汽车公司进入国有汽车业市场并与之展开竞争。

4. 美国国企私有化改革的主要路径

私有化是和国有化相对的一个概念,所以有时私有化也被叫作非国有化。狭义上的私有化一般是指所有权的私有化,在形式上表现为国有企业的出售或产权的转移。但在美国国有企业的改革中,私有化并不单纯是指产权的私有化,它还包括经营权的私有化,诸如特许经营、放松政府管制、强化市场竞争等行为也被引入了私有化的概念中。所以美国的私有化更多的是一个广义的私有化概念。

国有企业私有化就是向私人部门转移企业所有权或者管理权,以减少政府对经济的干预。围绕这一中心的私有化措施当然也是多种多样的,如出售资产、立约承包、特许经营、放松管制等方法,不同方法具有不同的特点并适合不同行业和部门（见表 2-1）。而上述这些私有化改革的方法，根据所涉及的所有权或者管理权的转让，又可以划分为所有权转让和非所有权转让两大类模式。

表 2-1　美国国有企业各种私有化改造的方式、目标和特点

私有化选择	私有化进行的目标	相关说明
1. 所有权转让		
（1）直接出售	公司	适合中小企业； 不需要在证券市场上进行
（2）战略伙伴关系	公司	从战略伙伴处获得新技术和管理经验； 政府仍占有一些股权
（3）提供公共股票	私人或机构投资者	适合大公司； 很多人参与所有权
（4）管理者收购	现有的雇主或者管理者	降低内部对私有化的反对
（5）凭证交易	所有居民	是一个快速过程； 所有居民机会平等； 克服国家储蓄不足
（6）清算破产	现有职员、管理者和投资者	快速私有化
（7）拍卖	个人或公司	适合大、中、小型国有企业； 是一个简单熟悉的方法
2. 管理权转让		
（1）特许经营	无（仍归政府所有）	政府保持对产出和价格的控制
（2）管理合同	无（仍归政府所有）	对政府是新的管理技巧
3. 重建或者商业化	无（仍归政府所有）	内部改进
4. 放松管制	无（仍归政府所有）	通过竞争来提高效率和经济收入

在美国国有企业改革中，作为所有权转让中最主要也是最彻底的私有化措施就是出售国有企业资产。美国政府曾相继制订了出售全国铁路客运系统、联邦铁路货运公司、电力公司等私有化计划。按上述计划，仅在 1988—1992 年间，美国联邦政府已出售的国有资产和所削减的各项补助金就达 250 亿美元。如美国浓缩铀公司，就是一个在 1990 年为重建铀浓缩工业而建立起来的政府公司，但是其在 1998 年通过美国证券交易市场（NYSE）进行了私有化改造。

应该看到，20 多年来，美国国有企业改革的不断进行使美国可以出售的国有资产越来越少，逐渐地，非所有权转让中的立约承包已经成为国有企业改革中最重要的一个私有化方式。所谓立约承包（Contracting Out），就是政府通过和私人公司签订管理合同，将国有企业、公用事业或者某一政府部门的管理权承包给私有投

资者,而政府仍然持有股权或所有权,对承包者所提供的服务类别和质量可以进行管理和政策上的控制,甚至可以替换表现不好的承包者。在过去的 25 年中,美国通过立约承包来提供公共服务已经变得越来越流行。《1994 年放松管制和立约承包法案》(*Deregulation and Contracting Out Act*,*1994*)对立约承包的具体实施进行了立法,于是这种措施越来越成为私有化改造的一种最重要方法和措施。

20 世纪末至 21 世纪初,美国政府又开始了以"竞争招标"(Competitive Sourcing)为中心的私有化新方法,主要内容就是通过一系列努力使联邦政府所有相关的商业性质活动都要通过竞争程序来实现。根据"竞争招标"原则,在《联邦活动资产注册改革法案》下,每一个政府企业或机构需要向联邦管理与预算办公室(QMB)提交一份活动清单,这份清单将所有联邦职工分成两大类工作——政府内部工作(只能由政府或应该由政府完成的工作)和商业活动(可以由私人部门提供的工作),这样很多政府公司中可以由私人部门完成的工作就通过私有化改造转移到了私人部门。

在美国各部门的"竞争招标"活动中,尽管美国航天航空局(NASA)和海岸警卫队(Coast Guaro)数量很大,但是最多的还是在美国国防部(DoD)的军工企业中完成的。1995—2000 年,美国国防部完成了 550 项私有化改造,平均降低了约 34% 的成本。从总体上来看,近年来,联邦政府完成的"竞争招标"以将近 16% 的速度在不断增加,所以这一方法越来越成为美国私有化改造中重要的方法之一。

5. 美国国企私有化改革的原因分析

美国国有企业私有化改革是美国经济步入滞胀危机后而采取的一个主要应对措施,其目的就是通过对国民经济的私有化改革,利用大规模削减国有经济的比重来减轻国家财政压力,减少政府财政赤字和缓解通货膨胀的危机,同时也为供给学派所提倡的减税政策提供便利条件。美国的私有化改革是内部原因和外部动力共同作用的结果,绩效不佳是美国国有企业改革的直接动因。国有企业是政府这一垄断者来组织和实施的,他们缺乏有效利用资源和节约成本的动力,且不会因绩效不佳而受到市场的惩罚。生产效率低下、产品服务质量低劣、持续亏损和债务增加、过度的垂直一体化以及违法经营和腐败等问题,在国有企业等政府涉足领域中普遍存在。正是这些症状导致了对政府退出和私有化改革的呼唤。在美国的里根革命中,获得公众支持的口号就是"让政府不再骑在我们的头上,让政府的手离开我们的钱包",主张"更少的政府"(Less Government),对国有企业实行私有化改造。从私有化改革的外部动力上看,私有化运动的主要推动力有现实压力、经济水平、意识形态、商业利益等方面以及平民主义的影响。在政府企业绩效不佳的同时,政府活动成本的上升、公众对高税收的抵制、公众经济水平的提升使之对政府物品和服务依赖的减少、私有化改革让渡的政府投资项目所蕴含的巨大商业机会以及意识形态和平民主义都对国有企业私有化改革起到了一定的外部推动作用。从具体措施和调查结果上看,节省开支是实行私有化的一个主要原因,另外,减轻企业外部财政压力、提高工作效率和服务质量、增加企业机动性、减少腐败等也是私有化改革的原因(见表 2-2)。

表 2-2　美国国有企业私有化的主要原因

预算制定者和立法者的观点		私有化国有企业的观点	
节约成本	68.4%	缺少专家和职员	50.7%
缺少专家和职员	53.9%	节约成本	36.6%
提高企业的机动性	32.8%	提高企业的机动性	27.1%
提高执行速度	14.4%	提高执行速度	20.6%
高质量服务	9.2%	政治领导权	13.5%
改造和革新	1.3%	高质量服务	9.2%

资料来源:2004 年度美国私有化报告. https//www.rppi org/,2004。

可以看出,节约成本和缺少专家和职员分别是政府和企业进行私有化改革的主要原因,而从根本上看,美国国有企业私有化的根本原因就是为了降低成本,提高经济效益。"节约成本背后的驱动力就是竞争",而通过市场是实现竞争的最好渠道之一,所以,美国无论是从政府还是企业角度都赞成对部分国有企业施行私有化改造。

第二节　美国国有经济发展现状

一、　美国国有经济规模及结构布局

美国国有企业的建立带有浓厚的军事化和反危机色彩,大多数国有企业都是为了军事目的和干预经济目的而建立,因此美国国有企业在整个国家经济中所占的比例不会太大。美国在第二次世界大战期间建立的国有企业在战后大部分都卖给了私营部门。据美国报刊统计,20 世纪 80 年代,美国经济中除邮政、公路属于

国有外,铁路的国有部分只占全国的 25％,电力只占 25％,国有企业的就业人数仅占全国就业人数的 1.5％。与西方其他发达国家相比,其国有经济所占的比例和国有企业就业人数所占的比例都比较低。

美国国有企业的数量不是很多,经营范围也仅限于国民经济中的少数行业和领域,美国的大部分国有企业归州和地方政府所有,地方政府拥有 75％ 的国有民用企业财产。其整体国有经济在西方发达国家乃至全世界所有国家中的比重最小,但是国有企业作为成熟市场经济中的公有经济成分,对美国社会经济生活,尤其是联邦政府为稳定社会经济而进行的宏观管理调控,有着重要的影响和作用。

若进行更细的类型划分,美国国有企业分别为联邦、州和市镇各级所有,国有企业往往通过政府机构来管理。

联邦政府管理的企业主要有 8 类,即部分电力、全国邮政、国土管理、运输、保险、医疗卫生、工业和环境保护。

州政府管理的企业有 8 个行业,即州范围内的保险、本州范围内的电力供应,以及州内的港口、公路、烈性酒类、医疗保险、彩票的发行和公共交通。

市镇政府管理的企业包括 9 个行业,即市镇内的公共汽车和地铁、自来水的供给和污水处理、垃圾的收集和销毁、部分电力供应,以及市镇内的港口、飞机场、小学和图书馆等文化教育事业、公园和体育场等公用设施、医院诊所。

目前,美国的国有企业产值占工业总产值的 5％ 左右,主要分布在邮政、军工、电力、铁路客运、空中管制、环境保护、博物馆和公园等行业。大多数行业属于基础产业和社会公益性产业等领域,具有代表性的美国国企如下:

(1) 商品信贷公司(Commodity Credit Corporation),1933 年成立,1948 年转化为全资政府公司。其主要职能是稳定、支持和保护国内农场的收入与农产品价格,同时协助维护大宗农产品的充足供应与有序流通。

(2) 进出口银行(Export-Import Bank),1934 年成立,是联邦出口信贷机构。

(3) 联邦作物保险公司(Federal Crop. Insurance Corporation),1938 年成立,全资政府公司,由农业部风险管理局管理。其主要负责为美国农场和农业企业提供联邦农作物保险项目。

(4) 联邦存款保险公司(Federal Deposit Insurance Corporation),1933 年成立,为商业银行储蓄客户提供存款保险服务。

（5）联邦融资银行（Federal Financing Bank），1973年成立，全资政府公司。它由财政部负责监督，主要负责为联邦机构融资，以提高联邦政府融资效率，降低融资成本。

（6）联邦监狱产业公司（Federal Prison Industries），1934年成立，全资政府公司，主要职能是为联邦监狱局囚犯提供有偿就业，并为其提供一定技能培训。

（7）融资公司（Financing Corporation），1987年成立，政府拥有部分股份。其唯一职责是处理联邦储蓄和贷款保险公司的不良资产与债务，为其提供再融资服务。

（8）政府国民抵押贷款协会（吉利美）（Government National Mortgage Association, Ginnie Mae），1968年成立，政府全资公司，主要职责是购买银行发放的住房抵押贷款，设计出结构性产品的过手证券后再打包出售，为房地产市场提供流动性。

（9）国家铁路乘客运输公司（National Railroad Passenger Corporation, AMTRAK），1970年成立，负责城市间铁路乘客运输。

（10）海外私人投资公司（Overseas Private Investment Corporation），1964年成立，主要职责是协助美国对发展中国家进行私人投资，为投资者提供融资、贷款担保、政治风险保险等。

（11）退休金收益担保公司（Pension Benefit Guaranty Corporation），1974年成立，主要为企业的退休金计划提供担保，保证退休职工能获得预期的退休金收益。

（12）旧金山要塞信托（Presidio Trust of San Francisco），1996年成立，主要负责管理旧金山要塞公园所属的内陆部分。

（13）重组融资公司（Resolution Funding Corporation），1989年成立，主要负责为重组信托公司筹措资金。

（14）圣劳伦斯航道发展公司（Saint Lawrence Seaway Development Corporation），1954年成立，政府全资，负责管理圣劳伦斯河出海的海路运输的安全与有效运转。

（15）田纳西山谷管理局（Tennessee Valley Authority），1933年成立，主要负责田纳西山谷的发电、洪水控制、导航、土地管理。

（16）美国邮政署（United States Postal Service, USPS），1775年成立，提供邮政服务。1792年升格为邮政部，1971年邮政部撤销，成为今天的邮政署。

（17）威列斯火山口信托（Valles Caldera Trust），2000 年成立，主要为了保护威列斯火山口国家保护区。

二、 美国国有经济的特征

1. 国有民营制度

美国在处理国有企业的国有性和市场性关系方面具有自身的独特经验。美国国有企业的建立和发展决定了其具有市场化特征。美国政府企业管理最突出的特点是其国有民营制度，该制度包括两种模式，即国有企业私人经营和国有资产私人使用。

（1）国有企业私人经营。在美国，政府如果想通过自行生产的方式获得所需商品，就会先投资建立企业并购买相应的设备，然后选择合适的私人企业并与之签订合同，把企业承包给私人经营。美国政府对承包企业的管理重点在：第一，选择合适的承包商并与之签订承包经营合同；第二，监督控制政府企业承包商的生产经营活动，目的在于提高政府企业的效率和实现广泛的政府目标；第三，根据合同规定向承包商收取租金；第四，政府收购国有民营企业的产品；第五，对国有民营企业进行财务审计。美国的军备生产往往采用这种方式，因此，这一类国有民营企业一般都是军工企业。

（2）国有资产私人使用。与国有企业私人经营不同的是，国有资产私人使用只是政府将零散的设备、厂房等提供给私人承包商使用，而不是提供完整的工厂企业给私人经营。通常，政府一旦决定通过市场购买所需商品，就会寻找一家私营企业来生产，并与私人企业签订合同，合同中一般会列明何种工具设备和设施要由政府提供。政府提供的设备是在合同签署以后作为合同条件的一部分而提供的，而不是在合同签署之前作为一个既定的前提条件而存在。政府提供设备只是私人承包商完成政府采购合同的必要条件之一，它无须为此付租赁费。这类承包商实际上是一种独特性质的公司混合企业，政府对这类企业主要是采取合同管理的方式进行管理，政府的主要职责就是与企业签订合适的合同和监督合同条款的执行。

2. 国有民营围绕严格的商业合同展开

国有民营制度是美国政府经营管理商业性工商企业的主要方式，尤其是对军工企业，基本采用国有民营的方式经营。1945—1965 年，美国私人资本大约利用了 450 亿美元的国家设备；到 20 世纪 70 年代初期，美国军火商正在使用的国有厂房、设备等的价值约为 133 亿美元。美国政府还通过签订合同方式资助各种科学研究活动,自第二次世界大战结束到 20 世纪 80 年代初期,美国政府支付了全国 60％的研究开发费用,但政府只承包 15％的研究开发活动,其余的由联邦政府委托私营研究开发机构来承担。

美国的国有民营和政府的研究开发资助都与私人企业签订严格的商业合同。通过合同,一方面,政府把部分国有企业和设备以出租的方式转让给私营企业经营管理;另一方面,政府对使用国有设施、资产而形成的特殊的公私混合企业进行管理。合同管理是美国政府发挥影响力的主要手段,政府只通过合同对政府企业进行管理,而不直接对政府企业进行干预。通过合同,政府既能够达到对政府企业的有效管理,又不至于对政府企业进行过度的干预,使得政府企业有较高的自由度和自主权,从而能较好地解决国有企业的市场化经营问题。

3. 美国国企私有化改革的特点

作为市场经济高度发达和国有经济比重很小的美国,其国有企业私有化改革具有不同于其他国家的特点。

第一,保持尽可能小的国有经济规模,并使国有企业充分参与市场竞争。美国始终相信"只要是市场能做好的事情,就要交给市场来完成",所以,尽管美国国有经济的比重已经很小,但是美国仍在一些诸如自来水、电力、煤气、国防等自然垄断行业推行私有化改革,甚至一些监狱和铸币厂都已转由私人经营。

第二,对不同类型的国有企业采取不同的管理方式和改革措施。在美国,首先,对属于公共服务和基础产业部门的国有企业,如邮政、电力、供水、铁路等行业采取集中管理与内部竞争并行的方式进行管理。国有企业经营的主要目标是为社会经济发展提供良好的服务,因此,国家大多采取集中管理、直接经营的方式,同时通过引入内部竞争机制来防止行业垄断经营带来弊端。其次,对其他竞争性或半竞争性产业部门的国有企业,则可放手让企业自主经营,用宏观经济手段实行间接调控,可采取国有民营、出售国有资产、放松管制等方式来进行改革。

第三,通过完善法律制度,从制度上实现对国有企业的管理和改造。美国国会对国有企业的管理首先是通过立法进行的,美国的很多国有企业是依据特别法律建立的,这些法律代表国会的意志,政府只是受国会委托,根据有关法律的规定对国有企业实行管理。同时以《谢尔曼法》《克莱顿法》和《联邦贸易委员会法》为主逐步建立的以宏观调控法为核心的经济法体系,使政府可以通过法律来监督和管制企业的活动。

第四,以非所有权转让中的出租承包为中心的国有企业改革措施。这种承包制度规定,在规定的租期内,承租企业有经营自主权,承租人可以利用国有企业的生产能力自行决定生产和销售,政府不得干预,承租方只要符合法律规定并定期向国家缴纳租费和税收即可。美国采取这一改革措施,一方面,是因为美国较少的国有经济成分大都集中在非竞争领域和公共事业上,完全由私人拥有产权将会导致垄断经营和公众福利损失;另一方面,美国市场发育成熟,私人资本实力十分雄厚,这一改革措施兼顾了政府所有和私人经营的优点。

4. 国有企业提供公共服务功能

美国的社会资产 90% 为私人拥有,有政府背景的国有企业无法与私人企业相提并论。国民资产性收入占总收入的比例颇高,因此 GDP 即使微幅改变(2%～3%),老百姓也能切实尝到甜头。由于国有企业占社会经济的比重极低,经济遇到险恶风浪时,政府则基本以旁观者而非局中人身份出面相救,能进也能退,绝不致牵一发而动全身,以至落个全盘皆输。

即使在非常时期,美国对参与国有企业也是有节制的,危机过后马上退出。从21世纪初发生并影响至今的美国金融危机来看,美国政府的确出手对企业实施了大规模援助,实际上成为通用、花旗等企业的大股东。但这些企业的危机过后,美国马上制定了退出方案,着手出售持有的相关企业的股份。尽管在救助中美国政府甚至得到了数百亿美元的"盈利",但美国并不把控制企业和"盈利"作为目标。在政府完成了充当"救火队长"的角色后,便主动退出这些企业,以便撇清与这些企业的关系,让其成为正常的市场主体进行市场竞争。

概言之,美国的国有企业存在的核心意义并不是盈利,不是为政府创收,而是提供公共服务。国有企业只允许从事私人无法做、做不好或者无利可图的行业。美国信奉自由的市场经济,美国人对"国有"有一种天然的敏感和抗拒,认为"国有"不仅效率低,而且易为少数人控制,不能反映全国纳税人的利益。所以,只要是市场能解决的,就不要通过国有企业来解决,甚至连美国的国防军工企业和很多监狱都是民营企业来做。为了保护投资者利益,美国甚至严禁国有企业进行上市融资。

第三节　美国国有经济治理情况

一、 美国国有经济的外部治理

1. 美国政府与国有企业之间的关系

美国的国有企业分别为联邦、州和市镇所有,与此相应地形成了分级管理的体制。联邦、州和市镇议会代表公民拥有产权,政府依法管理国有企业。

各级政府是国有企业的行政管理者。联邦政府管理的企业主要有 8 类,即部分电力(主要是田纳西河流域管理局的电力)、全国邮政、国土管理(包括森林保护和国家公园的管理)、运输(包括铁路客运、航天、军用航空运输和空中管制)、保险(包括受理房屋保险、航运保险、股票市场保险、老年人退休金保险等方面的业务)、医疗卫生(包括退伍军人医院)、工业(包括政府的印刷厂和军事工业)和环境保护。联邦政府管理的国有企业不多,但企业规模较大,且具有相当高的重要性。

州政府管理的企业也有 8 个行业,即本州范围内的保险(包括失业保险)、本州范围内的电力供应,以及州内的港口、公路(包括部分高速公路、桥梁、隧道的建设和收费)、烈性酒类、医疗保险(包括负责精神病人、老年人的医疗和护理机构)、彩票的发行和公共交通(包括地铁和公共汽车)。

美国各州管理的企业较多,且多通过设立政府机构的方式来进行,例如,往往以某某管理局的形式来管理企业。在纽约,设有桥梁、隧道管理局,电力管理局,污水管理局,公共交通管理局。这些管理局实际上都是政府管理的国有企业。

市镇政府管理的企业包括 9 个行业,即市镇内的公共汽车和地铁、自来水的供给和污水处理、垃圾的收集和销毁、部分电力供应,以及市镇内的港口、飞机场、小学和图书馆等文化教育事业、公园和体育场等公用设施、医院诊所。应该指出,这里所说的美国各级政府所管理的国有企业,除少数是全行业的之外,多数是该行业的一部分,即产权属于同级议会的那一部分。

议会通过立法来决定有关国有企业的一系列重大问题。联邦政府能否组建一个国有企业,必须经过美国国会的审议和批准。州和市镇政府的国有企业必须经同级议会的批准才能成立。议会通过立法来确定国有企业的经营范围,甚至包括市场准入和销售领域以及价格权限等。议会随时审查国有企业的运行情况,并可相应地做出重大决策,包括撤销、兼并和出售某一国有企业。国有企业的董事长由同级议会任命。当州和市镇的国有企业在执行政策法规上与上级政府有关部门或法律发生矛盾时,州和市镇议会针对所属国有企业提出的问题进行调查研究,并向上级议会申诉,以求调整政策和法规,保证所属国有企业的权益和运行。议会决定对所属国有企业是否给予财政拨款,给予多少拨款,拨款的无偿或有偿,以及有偿款项的偿付方式。

美国审计署负责对国有企业的经营状况、财务收支和债务前景进行监控。美国审计署是一个地位很高的机构,署长由国会任命,任期长达 15 年,工作向国会负责,预算由国会批准。在美国各地分 10 个大区,派驻办事处,共有工作人员 4 000 多人。审计署对国有企业的监控有三个机制:一是企业内部审核机制,要求企业按规定报送财务报表,说明财务情况,审计署对这些财务报表进行审计;二是在各级行政当局,包括联邦政府有关部门和州、市镇政府,也要设有一定的机构进行审核;三是任何公民觉得国有企业有舞弊现象,均可给议员写信,议员转给审计署,审计署则应进行调查,并得出相关结论。美国审计署每年大致审计 5～10 个国有企业。审计署将国有企业的审计情况和结论报送国会,一旦获批准,则须执行。

除此之外,政府有关部门还为国有企业提供服务,为其创造好的社会经济环境。首先,美国国有企业在运营上享有私人企业的权益,这意味着美国国有企业自身即具有一定的自主性。其次,在此基础上,有关部门往往通过提供信息、调整法规、规范市场、排除纠纷等,为国有企业的发展开辟道路。由此可见,美国政府对国有企业具有监管与扶持的双重作用。

2. 《政府公司控制法》

美国政府对国有企业的管理以 1945 年国会通过的《政府公司控制法》为基础。该法明确指出:"如果政府企业在日常的经营和决策方面没有合乎情理的自主权,则它作为一种公司形式在很大程度上也就失去了特定价值。"在这种思想指导下,美国国有企业的管理采取分类管理办法,分为完全政府所有制的政府公司和公私混合所有制的政府公司两类,对不同类型公司实施不同的管理。

对于完全由政府所有的公司,每年应提交商业性年度预算;总审计长每年应对其进行年度审计;公司预算计划经总统修改补充后作为总统年度预算报告的一部分提请国会审批;授权国会对公司资金的使用加以限制管理。但政府对这类公司的商业性预算只是对公司支出进行定性的而不是定量的评价,因此,留给政府公司的活动余地仍然很大。

对于公私混合所有制的政府公司,管理规定:一是只要接受政府资金,就要在一定时期内接受政府的商业性审计;二是总统在其提交国会的年度预算报告中,可以就公私混合所有制的政府公司向国库归还政府资本问题提出建议,由国会审议批准。

3. 政府投融资平台建设

如何在基础设施和公共服务等公共领域,以更加市场化的方式更有效地提供公共产品和服务,除了鼓励支持私人企业投资进入公共领域外,美国的答案是设立介于政府部门和私人企业之间的特殊目的载体 SPV 即政府授权机构或国有企业,并由其代替政府部门提供相关公共产品和服务。具体而言,有关政府投融资平台建设的美国国有资本外部治理主要涉及三个方面。

(1) 投融资平台公司专门立法。美国采用专门立法的方式,对政府授权机构和国有企业的治理结构、业务范围、预算约束、信息披露、监督机制和问责机制等重大事项做出明确、具体的规定。田纳西河流域管理局是美国众多联邦政府授权机构和政府企业中的成功典范。1933 年,美国国会通过《田纳西河流域管理局法案》,从法律层面明确了联邦政府与田纳西河流域管理局的责权利关系、田纳西河流域管理局的管理体制和运作机制以及投融资来源。1945 年,为加强对政府企业的监管和制约,美国还专门制定了《1945 年政府企业控制法案》(*Government Corporation Control Act of 1945*),为政府企业的管理和运作提供了基础性的法律制度框架。通过专门立法,美国实际上对这类机构和企业建立了政府授权投资制度。

(2) 明确投融资平台投资边界范围。美国联邦政府授权机构和政府企业都有严格限定的投资边界范围,仅在市场化方式不适宜或无效的情况下组建,同时与私营领域的公司竞争很少或根本不存在竞争。美国政府授权机构或政府企业在设立时都有非常明确的机构宗旨、发展定位和目标,为这类机构或国有企业专门制定的法案对其经营范围和投资边界范围做出了明确而清晰的界定。比如,《田纳西河流域管理局法案》明确规定,田纳西河流域管理局专门负责田纳西河流域的综合治理工作,承担田纳西河流域的防洪、航运、供水和发电等综合职责,促进区域经济社会发展。

(3) 健全投融资平台公司的信息公开制度。客观上,美国的政府授权机构和国有企业也存在内部人控制、预算软约束和外部监管不力等问题。为强化对政府授权机构和国有企业的监管,美国建立了经营计划、经营业绩和财务状况的定期报告与公开披露制度。美国对田纳西河流域管理局等政府授权机构进行强有力监管的做法表明,定期向立法机构及相关政府部门报告经营计划和经营业绩的完成情况,公开披露经营和财务等主要信息,有助于健全对政府授权机构和国有企业的监督机制,规范其投资、融资行为。

4. 制度层面: 放松管制

政府对国有企业的管制权,就是政府在进行商业活动时为保证政府或公众特殊利益所具有的垄断权。但是过量管制权的存在将导致国有企业缺少市场竞争机制的训练,使它们缺少市场竞争力和盈利能力,并降低了社会福利,因为政府所进行的商业活动并没有按最优效率来进行交易。政府对国有企业的管制既可以是法律上的也可以是经济上的,法律管制的例子有交通管制、税收管制、质量管制等;而经济管制的例子有职业许可证、专利、特许权以及国际贸易的配额等。

政府管制下的国有企业要通过和私人企业进行竞争来达到更好业绩就要放松市场管制,主要是允许私人企业进入原来由国有企业垄断的行业和领域,以营造公平竞争的格局,促使国有企业转换经营机制。在放松市场管制中,重点是把一大部分国有项目交给私人企业承包或进行经营管理,具体措施就是通过完善法律法规,为私有企业参与国有企业的改造提供更多的机会。

在美国,政府对一些国有企业(包括航空、电视电话等领域的国企等)通过鼓励其与市场进行竞争,而不是以管制者身份设置服务价格来达成放松管制的目的,这样有利于提高企业的经济效率并降低产品和服务的价格。

5. 租赁经营与承包经营

美国政府对相当部分的国有企业实行租赁经营。20 世纪 50 年代以来,相继被出租的国有企业有国防部的一大批军工厂以及国家投资兴建的造船厂、钢铁厂、合成橡胶厂和原子能工厂等。根据美国官方统计,被出租的国有资产在 20 世纪 60 年代末就已达 147 亿美元。近十几年来被出租的国有企业又有大量增加。

政府对公私合营企业主要采取承包经营的方式,美国政府对公私合营企业通常不采用部门管理方法,而是由政府作为产品计划的招标人,按照择优原则选定一家或数家投标公司为主承包商。一旦确定投标对象,主承包商就承担政府订货任务,然后将自己承担的部分订货任务转包给其他分包商。政府只和主承包商发生关系。

6. 按产品进行管理

美国政府对国有混合公司的管理,既不像对待直接管理的国有企业那样,也不是简单出租,更不像对待私有企业那样任其自由经营。美国对这类国有企业管理的指导思想是,宏观上由国家进行控制,微观上企业自主经营,力求使二者能够有机地结合起来。政府除委派代表参加这些公司的董事会外,主要还采取"按产品进行管理"的方法进行管理。由于这类国有企业多集中在军事工业中,所以大部分国有混合企业既生产军品,也生产民品,这是两类区别较大的产品。美国政府对国有混合企业不是采用部门归口的管理办法,而是按产品用途不同的原则,将国有混合公司的产品划分为军品与民品两大类,由企业分别成立"军品生产部"和"民品生产部"来进行管理。由于美国的国有混合公司都是股份公司和控股公司,如道格拉斯飞机公司和波音飞机公司等,生产军品和生产民品往往是由不同的子公司分别承担的,各自也都拥有法人资格。这样分产品进行管理不会引起交叉问题,也能较好地保证对公私合营企业的管理和控制。

二、 美国国有经济的内部治理

美国国有企业的内部管理体制并没有一个统一的模式,而是视具体情况,因地制宜地采用相应的内部管理体制。

一是独立经营型。该类型具有代表性的是田纳西河流域管理局。这个美国最大的国有企业其最高领导层设有 3 个董事,由美国总统提名,国会批准,总统任命,任期 9 年。3 个董事分别来自民主党和共和党,负责重大问题的决策投票表决。3个董事代表国会和联邦政府,全权负责整个企业的管理和经营,具有高度的自主权。为保证决策的民主性和科学性,企业设有顾问委员会,在做出重大决策之前,可向他们征求意见。这个国有企业目前除每年得到政府 1.3 亿美元的无偿拨款之外,还享有一些政府机构的权力,例如,按照美国法律,电价需由政府机构制定,在法案的政府机构序列里就载有田纳西河流域管理局。因此,这个企业与其他政府机构一样,享有电价制定权。田纳西河流域管理局的资金筹措主要是发行债券,其中政府债券占一半左右。政府每年拨款的 1.3 亿美元只能用在既定的社会事业上。这个企业不通过股票上市融资。

二是政府机构型。一些美国的国有企业,往往作为一个司或一个局来实行管理和经营。与田纳西河流域管理局不同,这些国有企业运营上更多地呈现政府机构的色彩。例如,圣劳伦斯海运开发公司开始时是作为联邦政府的一个独立公司来经营运作的国有企业,后来由于成本较高,就合并到联邦政府运输部里,作为运输部的一个司,以一个司的身份进行管理和运营。在美国各州,往往将州属企业的名称叫局,如纽约桥梁和隧道管理局,其实是经营桥梁和隧道的公司;纽约公共交通管理局,其实是地铁公司和公共汽车公司的联合公司;布法罗污水管理局,其实是一个经营污水处理的公司。政府机构型的国有企业采取多种形式融资。美国客运公司可以发行股票,但由政府定价,亏损则由政府补贴。

三是一般企业型。这种类型的国有企业的管理体制与私人企业的管理体制基本相同,即设有董事会,董事会任命总经理,由总经理负责管理和运营。不同的是,董事会的成员由政府提名,议会批准。在市镇政府里,这种类型的国有企业多一些。华盛顿所属一个县的水厂,共有 11 个董事,均由政府提名,议会批准。资金来源是政府拨款占 75%,另 25% 由处理污水厂向用户收费解决。

美国国有企业的运行机制是,在公平或优先的市场条件下和法制框架内,以高度的自我管理和自主经营保持企业的发展与成长。从市场条件来看,国有企业不仅享有一般的市场竞争条件,而且往往被允许有特定的销售市场领域或销售对象,在市场准入方面也仰仗政府而享有特权。从法制条件来看,一些国有企业往往被赋予法律法规的特许权益,包括市场控制权和价格制定权等,即使这个产品的定价权在政府,国有企业也可以政府机构的名义享有。国有企业必须与私人企业一样严格执法,否则将同样受到制裁。从管理和运营的条件来看,国有企业是享有充分自主权的,从决策到操作,国有企业像私人企业一样可以自行决定。国有企业的激励机制是利润和效益,例如,可以使个人收入增多;国有企业的约束机制主要是法律和法规,一旦违反规定、舞弊或失职,按照法律规定,不仅要坐牢,而且要罚款,罚款又必须由个人来承担。

第四节 美国国有经济绩效分析(以代表性企业为例)

一、 美国国有经济功能定位

美国经济中,私营企业占据绝大多数,但国有企业在其经济中仍发挥重要的作用。美国现行法律制度和行政管理制度中没有"国有企业"的概念和统一定义,各级政府对商业行为干预较少,高度依赖市场化体系。美国国有企业主要履行着非商业职责。

　　美国国企(联邦政府公司)的主要任务是提供市场化导向的产品或服务,并实现自身收支平衡及政府管理,保持社会经济稳定,提供公共产品和公共服务等。一个设计良好和正常运营的政府公司不需要每年拨款,因为它从提供商品和服务中获得收入。每个政府公司都可以被赋予实现其目标所需的行政灵活性,同时保持对国会和总统的响应。另外,政府通过其资助企业改善资本市场的效率来克服市场不完善,提供资本市场流动性,使资本从供应者处轻松流入具有较高贷款需求的领域。出于此目的,政府资助企业发行资本股票和长期及短期债务契约、住房抵押贷款支持证券,购买抵押贷款并置于其自身债券投资组合中,以及对其提供的担保及其他服务收费。政府一方面赋予它们私有公司所不具备的一些收益及特权;另一方面,也限定了政府资助企业的业务活动范围,并要求它们支持某些特定的公共政策目标。无论是联邦政府公司还是政府资助企业,它们仅在市场化方式不适宜或无效的情况下组建,同时与私营领域的公司竞争很少或根本不存在竞争。

二、　美国国有经济微观效率

　　由于美国的联邦政府企业涉及诸多行业,行业差异较大且美国政府并未提供关于该类企业的整体报告,这里选取其中的两家代表性企业——美国邮政服务公司与美国国家铁路客运公司进行分析。

1. 美国邮政服务公司（USPS）

　　从 2007 财年开始,美国邮政服务公司的支出开始超过其收入。这导致 2007 财年至 2020 财年的总净亏损达到 870 亿美元(见图 2-1)。截至 2020 财年年末,无资金准备的负债和债务总额为 1 880 亿美元。美国邮政服务公司有权向美国财政部借最高 150 亿美元法定上限的借款,以帮助支付其运营费用。2020 财年结束时,美国邮政服务公司无资金准备的负债和债务总额超过了其年收入的 250%。相比之下,在 2007 财年,美国邮政服务公司无资金准备的负债和债务约占其年收入的 99%。2020 年,美国邮政服务公司获得授权,再向美国财政部借款多达 100 亿美元,以支付与新冠疫情大流行相关的运营费用,而这笔钱不需要企业偿还。

　　另外,自 2009 年以来,美国邮政服务公司的财务可行性一直被列入美国政府问责局的高风险名单。美国邮政服务公司已经努力削减成本和调整业务,以适应

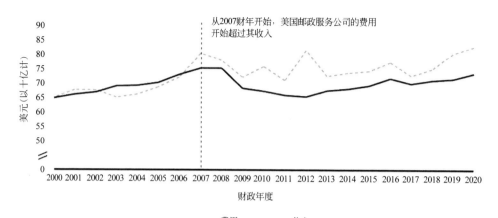

从2007财年开始，美国邮政服务公司的费用开始超过其收入

图 2-1　2000—2020 财年美国邮政服务公司费用和收入

资料来源：美国邮政局。

不断减少的邮件业务数量。近年来，这些努力已经不断节省了成本。但是美国邮政服务公司必须满足若干法定要求，并有各种各样的利益相关者，在利益相关者之间就进一步的变化达成妥协是困难的。该公司在年度报告中提到，美国邮政服务公司不断加深的财政问题可能会使其提供通用邮政服务的使命面临风险，以及威胁到其退休人员的福祉和提高偿还债务的风险。

美国邮政服务公司的主要成本与员工薪酬有关，员工薪酬约占 2020 财年美国邮政服务公司总运营费用的 77%（见图 2-2）。美国邮政服务公司预计在财务上自给自足，这意味着它应该通过销售产品和服务产生的收入来支付费用。然而，美国邮政服务公司的收入并不能支付其费用，而且费用的增长速度快于其收入增长速度，部分原因是薪酬和福利成本的上升，以及一级邮件业务数量的持续下降。美国

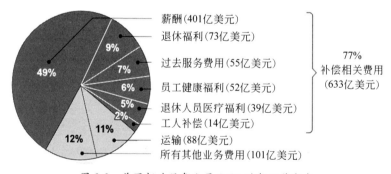

图 2-2　美国邮政服务公司 2020 财年运营成本

资料来源：GAO（美国国会下属机构美国政府问责办公室）美国邮政服务公司 2020 年 10 月报告数据分析。

邮政服务公司已经能够通过增加其债务和无资金支持的债务来继续运作——包括在 2020 财年期间不支付 632.5 亿美元的邮政退休人员健康和养老金福利——这种方法显然是不可持续的。如果美国邮政服务公司的开支继续超过其收入,其继续运营和提供通用邮政服务的能力将面临风险,并可能产生全球影响。此外,美国邮政服务公司可能无法偿还其债务,这可能会影响到邮政退休人员、邮政客户和其他利益相关者,包括纳税人和联邦政府。

在 2021 财年和前几年,美国邮政服务公司对各种占市场主导和有竞争力的服务实施了价格上涨,以保持行业内的竞争力,但这些价格上涨并没有完全抵消由于整体邮件业务数量下降所造成的损失。其收入主要包括:从销售邮资、邮寄和运输服务中获得的资金;护照处理;邮政信箱租赁;销售的收益或损失,以及租赁物业的收入;利息和投资收入。美国邮政服务公司 2021 财年的总收入为 710 亿美元,高于计划的 620 亿美元。

美国邮政服务公司的劳动力成本占总成本的 3/4 以上。与退休人员健康福利相关的成本等限制使得美国邮政服务公司控制员工薪酬和福利成本的能力十分有限。这些成本是由美国邮政服务公司的合同和政策驱动的,包括与代表大约 90% 美国雇员的工会谈判得到的集体谈判协议,以及管理美国邮政服务公司雇员工资和福利的法定要求。当美国邮政服务公司及其工会无法达成一致时,双方最终必须由第三方小组进行有约束力的仲裁。美国邮政服务公司与这些工会的集体谈判协议,其中一些是通过有约束力的仲裁建立的,已经制定了工资增加和生活成本调整计划。谈判协议还将非职业雇员的人数限制在协议所涵盖的雇员人数的 20% 左右,这些雇员没有获得职业雇员所获得的全部福利(如健康和退休)。此外,联邦法律要求美国邮政服务公司参与联邦雇员健康福利计划,该计划包括现任雇员和退休人员,以及联邦养老金和工人补偿计划。

自 2014 年以来,尽管美国邮政服务公司努力控制现有员工的薪酬和福利成本,但这些成本一直在增加。尽管美国邮政服务公司将其总劳动力(职业和非职业员工)从 2007 财年的 785 900 人减少到 2013 财年的 617 700 人,但在 2020 财年又增加到超过 64 万人。美国邮政服务公司没有支付 632.5 亿美元退休人员健康和养老金福利。美国邮政服务公司表示,在目前的商业模式下,其预计即使继续不支付所有这些所需的资金,也将耗尽手头的现金。然而,拖欠这些资金支付可能会对美国邮政服务公司的退休人员和他们幸存的家属产生重大影响,增加美国邮政服务公司已经庞大的无资金负债,并影响美国邮政服务公司在长期财务上更可行的能力。美国邮政服务公司的大部分收入都来自投递邮件和包裹。对于一些邮件产品,如一流的邮件和营销邮件,美国邮政服务公司提供了全部或大部分的服务。由于这种市场主导地位,美国邮政服务公司对这些产品实行监管价格上限,在这个上限下,价格上涨受制于很大程度上超出美国邮政服务公司控制范围的因素,如通货膨胀率和退休摊销付款等。

美国邮政服务公司已经表示,其通过调整其网络、基础设施和劳动力来提高效率和降低成本的战略目前受到法定、监管、合同和政治的限制。近年来,美国邮政服务公司减少成本的努力所节省的资金有所减少,美国邮政服务公司表示,在现有的法律框架下,进一步节省成本的机会是有限的,不足以消除其财政差距。美国邮政服务公司在美国的通信和商业活动中扮演着至关重要的角色,美国邮政服务公司的利益相关者包括企业、政府和个人家庭。国会将美国邮政设计为自给自足,然而美国邮政服务公司目前的商业模式不允许其在财务上自我维持,并导致了每年数十亿美元的损失,以及不断增长的无资金支持的负债和债务。如果不采取行动,这种财政状况将会恶化,美国邮政服务公司为国家提供的关键服务将面临风险。

为达到"美国交付计划"并扭转预计 1 600 亿美元的财务损失,在未来 10 年,美国将通过立法和行政行动提供支持,包括利用邮政管理委员会设立的现有和新的定价,在邮件处理、运输、零售、配送、行政操作方面提高管理层的效率等,希望该公司从 2023 年或 2024 年开始实现正的年净收入,并在剩下的 10 年里实现盈亏平衡。该公司运营计划的核心是投资刺激增长和更好地使邮政服务社会与抓住市场机会。美国邮政服务公司计划投资 400 亿美元资助一个新车队,进行处理设备自动化,设备改进、零售和交付操作升级等工作,以提供更好的信息技术、更多的能力及更大的可靠性。

法定要求和利益相关者的利益冲突限制了美国邮政服务公司处理其邮件量和相关收入下降的能力。如果不采取行动,美国邮政服务公司提供通用邮政服务的公益性使命和在财政上自负盈亏,是一种矛盾的商业模式。此外,由于美国邮政服务公司的财务状况随着时间的推移而恶化,因此,现有的应对不断动摇的商业模式的措施可能会变得更加有限。至少在过去的 10 年里,人们和企业越来越依赖于电子形式的通信和商业,导致邮件的使用大幅下降。例如,在 2008—

2020 年期间,美国邮政服务公司的邮件量下降了 39％,而相关的收入下降了
33％。预计这一趋势还将继续下去。与此同时,美国邮政服务公司的成本持续
上升,因为新成立的家庭和企业要求美国邮政服务公司扩大其配送网络,而美国
邮政服务公司现有员工的薪酬和福利成本也在不断上升。因此,美国邮政服务
公司的财务状况已经下降了 10 多年,复苏的可能性很小。

2. 美国国家铁路客运公司(Amtrak)

美国国家铁路客运公司没有盈利,意味着它不可能从内部产生资本投资需要
的资金,现存资产更新和新资产的形成一直依赖联邦赠款、联邦资本投资、州提供
的资本以及各种金融机制。但美国国家铁路客运公司没有形成稳定的资本来源,
年度联邦拨款取决于经营亏损和维持及改进其资产的需要,一年一议。从该公司
报告中可以看到,自 2018 财年开始,该公司每年提交的财政补贴预算不断上升,因
此,该公司目前实现收支平衡仍有较大压力。

美国国家铁路客运公司不断增长的客流量和收入表明,该公司正在运输市场
上提供有意义和有价值的产品。通过控制成本和提高生产力,该公司的财务业绩
得到了改善。自 2015 财年以来,截至 2019 年,该公司的运营亏损减少了约 2.76 亿
美元,减少 90％左右。近 2/3 的减少是由于美国国家铁路客运公司产生的收入的
增加,其余的 1/3 来自运营效率的提高和成本的降低。美国政府 2021 财年预算计
划向美国国家铁路客运公司拨款 9.36 亿美元,比 2020 财年规定的 20 亿美元水平
低 10.64 亿美元(53％)。此外,政府提议向美国国家铁路客运公司和各州的国家
网络转型拨款 5.5 亿美元,以开始重组长途网络。

截至 2019 财年年末,美国国家铁路客运公司的债务和资本租赁业务总额为
13.46 亿美元。根据美国国家铁路客运公司的财政管理计划,2020 财年计划支付
2.065 4 亿美元,并在 2021 财年从收入中偿还支付 1.416 亿美元的债务。除了计划
偿还债务外,410 万美元(2020 财年)和 2 210 万美元(2021 财年)将用于支付建立
美国信用风险溢价与铁路恢复改善融资资金(RRIF)。根据当前估计,美国国家铁
路客运公司将贡献 4 380 万美元作为 RRIF 偿债储备。所有的资金将来自收入,而
不是联邦赠款或联邦资本投资。

美国国家铁路客运公司计划到 2026 财年,总体债务水平保持相对稳定,平均
为 2.1 亿美元。尽管总债务支出水平保持稳定,但总额从 2022 财年开始下降,主
要由于联邦政府资助的遗留债务转向保留营业收入的 RRIF 债务。自 2001 年开

始,美国国家铁路客运公司债务总额持续减少,其经营状况持续向好,预测 2021 年及之后几年的债务总额上升应考虑到新冠疫情对公司运营造成的订单流失与运营压力。值得注意的是,美国国会通过了《关爱法案》,该法案为美国国家铁路客运公司和该公司的国家合作伙伴提供了 10.2 亿美元的重要紧急资金,旨在 2020 财年尽量减少新冠疫情的负面财务影响。

在 5 年规划范围内,调整后的经营业绩预计将从 2021 财年的亏损约 15.2 亿美元稳步改善到 2026 财年的亏损 3.23 亿美元(见图 2-3)。该计划假设 2024 财年需求恢复到新冠疫情之前的水平(客流量水平达到 105％,车票总收入达到 99％),2024 财年车票总收入加速增长,然后在 2026 财年稳定到平均增长 4％。这一增长主要是由客流量的增长推动的,因为平均票价在规划期结束时从未完全恢复到新冠疫情暴发前的水平。此外,可变费用也会跟随产能的增长而增长。

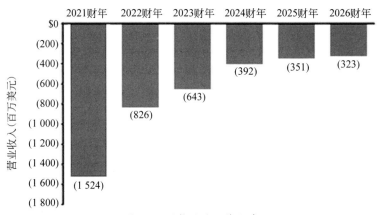

图 2-3　调整后的经营业绩

资料来源:美国国家铁路客运公司 2021 年度财务报告。

根据该公司的长期计划,美国国家铁路客运公司预测从 2019 财年到 2026 财年,费用以复合年增长率的 2.5％增长,而收入滞后 1.4％。基本运营计划表明,美国国家铁路客运公司在 5 年的规划内将无法实现盈亏平衡(单位收入将不会赶上单位成本)。然而,该公司管理层将继续采取成本升级缓解措施,因为该公司设定目标,以减少成本结构的关键组件(即减少劳动力增量影响,实现工作规则的完善,使用技术实现,以及优化支出的流程自动化),并继续在整个 5 年规划期间追求经营效率。

根据该公司的长期计划,美国国家铁路客运公司计划在 2021—2026 财年实现主要经营业务(车票与 NEC 项目)营业收入的持续高速增长,而对于联邦支持的资金需求则逐渐趋于稳定(见图2-4)。如果该计划能够成功完成,将是该公司实现从持续亏损到收支平衡的第一步。

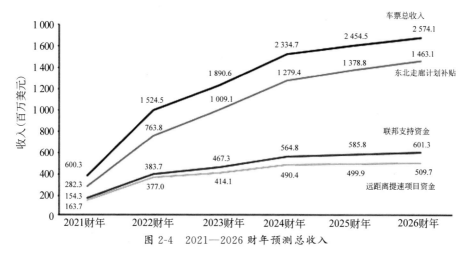

图 2-4 2021—2026 财年预测总收入

资料来源:美国国家铁路客运公司 2021 年度财务报告。

总体而言,美国国企的盈利能力偏弱,所以政府的敛财能力并不高,大量的资本都留在了民间,减轻了地方企业的债务压力,同时也保证了各个企业有更多的钱去保障民众的生活待遇和福利待遇。就其功能定位而言,美国国有企业的目的并非实现盈利,而是提供服务以保障民生,因此,我们也可以看到其盈利状况不佳,甚至难以实现收支平衡。

三、 美国国有经济社会绩效

1. 美国邮政服务公司（USPS）

美国邮政服务公司通过"USPS Blue Earth Federal Recycling Program"帮助客户减少浪费,增加材料的回收利用并改善他们的碳足迹。实现全国回收操作,将材料——主要是纸张、纸板和塑料——从邮局运输到回收中心枢纽,利用邮政服务车辆的可用空间。美国邮政服务公司鼓励整个组织的回收工作,提高回收性能,从而提高组织的环境效益。

美国邮政服务公司始终在完成其吸收社会就业的任务。它在 2019—2021 年持续吸收就业人员,尽管在 2021 年非正式雇员数量较前两年有所减少,但是正式雇员总数有所提升,实现了整体雇员数量的连续增加(见表2-3)。

表 2-3   美国邮政服务公司非正式雇员类别   单位：人

类　　别	2019 年	2020 年	2021 年
散工	188	10 261	849
邮政支援员工	31 346	25 778	26 251
非谈判临时工	332	341	339
农村兼职员工	54 110	58 747	58 224
邮政局长的救济和休假替代人员	1 838	1 959	2 021
城市运营商助理	37 652	38 079	42 121
邮政处理助理	11 064	12 927	6 369
非正式雇员总数	**136 530**	**148 092**	**136 174**

资料来源：美国邮政服务公司 2021 年度报告。

2006 年的《邮政问责和加强法案》(PAEA)建立了 RHB 基金，并增加了对美国邮政开始预付退休人员健康福利的要求。PAEA 制订了一个资金计划，包括 2007—2016 财政年度的固定美元资金金额，以及 2017 财政年度及之后的精算师确定的资金方法。这种标准的精算资金方法包括预测当前美国邮政工人和退休人员的未来福利(而不是任何尚未被雇用或尚未出生的工人)，并在很长一段时间内有序地为这些未来的福利留出资金。根据人事管理办公室(OPM)的说法，如果 RHB 基金耗尽，美国邮政服务将负责支付其应得的保费。一般来说，邮政退休人员有权继续参加其联邦雇员健康福利计划(FEHBP)。

从 2017 财年开始，人事管理局开始从该基金中提取资金，以支付美国邮政服务退休人员健康福利的保费份额。RHB 基金在当年的支出超过了该基金的利息收入，而 OPM 预计，基于现状，未来的支出将继续超过该基金的利息收入。RHB 基金支付美国邮政总局分担的邮政退休人员的医疗保险费份额。大约有 50 万名邮政退休人员领取退休人员的健康福利。根据美国人事管理办公室 2018 年的一项预测，邮政服务退休人员健康福利基金预计在 2030 年将耗尽。然而，对于应该采取什么行动来解决邮政退休人员健康福利日益严重的财政短缺，目前还没有达成共识。但按照已经提出的各种立法建议，一般要求邮政退休人员参与医疗保险，增加他们的参与水平，并减少美国邮政服务的成本。另外一个潜在的政策方法是将成本转移给联邦政府，并改变福利的融资方式。如果不采取行动，耗尽的 RHB 基金可能会对邮政退休人员、邮政客户和其他利益相关者，包括联邦政府在内的其他部门造成严重后果(见图2-5)。

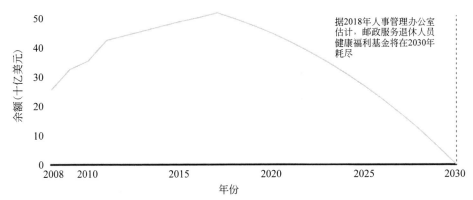

图 2-5　按财政年度分列的邮政服务退休人员健康福利基金的实际/预计余额

(假设不再向该基金支付)

资料来源：美国人事管理办公室对人事管理预测的评估。

2. 美国国家铁路客运公司(Amtrak)

2020 年度,美国国家铁路客运公司推出员工援助项目(EAPs),帮助员工解决由于新冠疫情带来的萧条。本财政年度,美国国家铁路客运公司的一个重点是促进其员工资源组的创建和运行。员工资源组(ERG)是基于共同特征、兴趣或生活经历组合在一起的员工组,以改善该公司的职业生态,增加员工职业发展中的性别平等与种族多样性。ERG 独立于任何部门,为员工服务,发展一个符合美国国家铁路客运公司的愿景、使命和价值观的多元化的包容性工作场所。ERG 通过确保团队成员在组织中拥有发言权来促进多样性、包容性和归属感。该公司今年推出了更多的 ERG,现在有 7 个 ERG 为美国国家铁路客运公司员工提供社区和学习空间。所有的 ERG 都有各自的使命,实现多样性、包容性和归属感,同时举办活动,进一步促进员工的专业发展。

2018 财年,美国国家铁路客运公司在可持续发展方面取得了重大进展。该公司实现了温室气体减排的目标,并从核能、水电和风能等能源中购买了 200% 的超过 2017 财年的无碳能源。该公司从运输服务部门的 CDP(原碳披露项目)获得了 B 分,在排放、治理和风险管理类别方面获得了高分。与其他运输公司相比,美国国家铁路客运公司的信用评级高于行业平均水平和北美地区的平均水平。2018 财年也是该公司可持续发展越来越常规地纳入日常商业实践的一年。公司周围的员工帮助实现了美国国家铁路客运公司的年度可持续发展目标,即增加循环利用、减少能源使用和减少温室气体排放。截至 2021 年 9 月 30 日和 2020 年,该公司的环境储备金分别为 1.541 亿美元和 1.781 亿美元。这些估计的未来环境成本的储备包括未来用于修复和恢复场地费用以及任何重大的持续监测费用。截至 2021 年 9 月 30 日和 2020 年,该公司的准备金分别为 1 210 万美元和 910 万美元。

美国国家铁路客运公司有一个合格的非缴款固定收益退休计划(退休收入计划),其资产以信托形式持有,包括某些非工会雇员和某些曾经担任非工会职位的工会雇员。自 2015 年 6 月 30 日起,退休收入计划对新进入者关闭,并冻结为未来的收益应计收益。美国国家铁路客运公司根据其退休后福利计划,为其合格的退休人员提供医疗福利,并为一些在有限情况下的退休人员提供人寿保险。为应对新冠疫情的影响,2020 财年该公司实施了裁员,导致公司削减了向非工会员工提供的退休后福利计划。这导致在 2020 财年的预计福利义务增加了 320 万美元。

退休收入计划所持有的资产的长期目标是产生投资回报,结合该公司的资金贡献提供足够的资产,以满足退休收入计划的所有当前和未来的福利义务。退休收入计划寻求维持或降低投资风险水平,除非资金资助状况显著下降,最终目标是能够消除养老金责任。从长期来看,预计资产负债管理战略将是养恤金资产所产生的回报以及回报和资金状况的相关波动性的关键决定因素。

总体而言,两家美国联邦政府企业的社会绩效较为出色,在吸收就业并保障退休人员福利,推进环境保护与可持续发展,以及职业环境性别与种族平等等方面均有不错的表现。就目前提出的计划而言,两家公司均提出了各方面的长期计划与保障措施,以达到持续提升国有企业社会绩效的非商业职能。

第五节　对国有经济发展的启示

一、 国有企业的产业布局

美国国有企业问世的一般原则是,私人无法做或做不好的,由国家或政府去做。美国国企只负责国民经济的"兜底"工作。美国与中国不同,其对市场的维护是由联邦政府的授权法案进行的,而非由国企稳定国家经济。和中国国企一样,美国的国有企业分别为联邦、州和市镇所有,与此相应地形成了分级管理的体制。联邦、州和市镇议会代表公民拥有产权,政府依法管理国有企业。美国国企被称为联邦公司,向美国国会、地方各级议会负责,规模不大,只占美国全国 GDP 的 5%。

联邦政府管理的国有企业不多,但企业规模较大,且具有相当的重要性。

美国国有企业主要布局于盈利难,或投资大、回报慢的行业,比如,邮政系统、公园、博物馆、航天、自来水等等行业。这类企业普遍盈利情况不佳,靠着财政补贴生存下去。联邦政府管理的企业主要有8类,即部分电力(主要是田纳西河流域管理局的电力)、全国邮政、国土管理(包括森林保护和国家公园的管理)、运输(包括铁路客运、航天、军用航空运输和空中管制)、保险(包括受理房屋保险、航运保险、股票市场保险、老年人退休金保险等方面的业务)、医疗卫生(包括退伍军人医院)、工业(包括政府的印刷厂和军事工业)和环境保护。

对于我国国有企业而言,美国国有企业为其产业布局提供了借鉴。我国国有企业应重点布局关系到保障民生的行业与重要战略部门,通过国有经济的非商业职能提供市场化服务,以保障国民的基本生活需求与国家战略安全。此外,我国应在保持国有企业一定数量和规模的基础上,适当降低竞争性行业国有企业的数量,通过混合所有制改革,使国有资本在竞争性领域有进有退,从而促进整个国民经济效率的提高。

二、 国家的产业政策与推动创新的方式

美国产业政策的核心内容是创新政策。美国政府通过出台一系列创新法案,在战略部署上逐渐将政策重点聚焦于发展先进制造业,形成了以提升产业核心竞争力为主要目的,以创新政策为核心的现代化产业政策体系。

21世纪初,小布什政府陆续出台了《创新美国》(2004)、《超越风暴》(2005)、《美国竞争力计划》(2006)、《美国竞争法》(2007)等产业政策,将这些政策作为提升美国创新能力的行动纲领,重视基础科学研究的战略地位,通过产业政策引导教育培训机构设计完备的培养方案以大力培养高技术人才,旨在最大限度提升国家竞争力,保证美国在全球范围内的产业优势。奥巴马政府先后出台了《美国创新战略:推动可持续增长和高品质就业》(2009)、《美国创新战略:确保经济增长与繁荣》(2011)、《美国创新法案》(2014)、《美国创新战略》(2015)等产业政策,将产业政策视为美国创新驱动经济发展的纲领性行动计划,旨在抢占全球科技制高点,保证美国经济发展的繁荣昌盛与安全稳定。经过多年发展,美国已拥有较为成熟的创新制度环境,如关于健全专利诉讼程序的《专利程序法》、激励中小企业创新的《小企业技术创新进步法》;军用技术成果加快转化,美国国家实验室和美国国防高级

研究计划局(DARPA)多年来已成功推动因特网、GPS全球定位系统、机动机器人等多个军事技术的商业化应用;形成富有活力的产学研协同创新模式,硅谷孕育了谷歌、苹果等世界知名企业。

美国政府富有前瞻性地将人工智能、量子通信、新材料、生物技术作为下一阶段发展的关键行业,不断增加其研发投资。同时,美国政府把重点放在创新资源上,解决产业发展中遇到的问题,实现新技术的产业化应用,利用新技术改造传统制造业。除此之外,美国产业政策的前瞻性主要体现在其先进制造产业发展规划上。比如,《美国国家创新战略》(2015)提出,要加快前沿领域的新突破,注重加大先进制造、精密医疗、汽车、计算机等九大先进技术领域的研发投入。《先进制造业美国领导者战略》(2018)指出要提前布局新一轮工业革命需要优先发展的先进技术,如人工智能、大数据、新能源、新材料、生物医药等,旨在保证美国制造业大国的地位,引领全球科技革命与产业技术变革。

目前美国产业政策体系主要由产业技术政策、产业组织政策以及其他产业政策组成,此三者在美国产业政策体系中长期积极存在,持续贯穿指导着美国成为制造业强国的发展道路。其中,产业技术政策是产业政策的重点,产业技术政策以技术创新和研发为核心,旨在为企业发展创造依靠市场机制无法创造的条件,关注如何将一项新技术引入产品研发过程,通过商业化渠道来提升产业整体的竞争优势。针对发展潜力巨大但研发经费不足的企业,以及创新的投资回报率周期过久,私人企业不愿涉足的技术领域,美国政府将出台相关政策予以扶持,旨在提高企业吸收先进技术与突破核心科技的能力。除此之外,美国的产业政策涉及多部门联合执行,例如,国防部、国立卫生研究院、能源部、国家航空航天局、国家科学基金、农业部、商务部等机构推行产业技术政策,联邦贸易委员会、司法部以及各级司法机构实施产业组织政策,联邦小企业管理局、经济发展局等机构实行其他产业政策。

由于美国的经济发展奉行新自由主义,且较少颁布直接的产业政策,因此,大部分学者认为美国不存在指引产业发展的政策。事实上,美国建立了一套具有间接性特点的"隐蔽"产业政策。其主要特点在于在美国独特的市场机制下,政府出台的产业政策往往作为一种兼具服务性和功能性的工具作用于产业发展,鼓励高校、企业、科研机构、中小企业的研究成果在市场机制的导向下在更大程度上得以扩散,筛选有潜力与竞争力的技术推行产业化,并主导多边和双边贸易协定,以投资、商业贸易、产品分工占据与瓜分市场。具体来说,一方面,美国政府以每年1 000多亿美元的开支补贴美国制造业企业在研发方面投入的短缺,督促企业大力投入研发经费;另一方面,美国政府通过一系列关于企业并购重组的法律制度,对企业并购重组活动进行干涉,为美国提升创新水平、打造技术创新的"规模经济效应"以及推进市场结构的完善创造了有利条件。

因此,对我国产业政策的启示是关注战略重点领域与高发展前景产业,积极出台政策,加强对新兴行业企业的扶持;多部门联合执行产业政策,全方位推动政策落实,提升实施效果;建设高校、企业、科研机构、中小企业与市场的对接机制体系,加快技术筛选与产业化速度,提高产品市场匹配以加速占据市场。

三、 国有企业的公司治理

美国对国企管理非常严格,除了有固定拨款以外,没有任何其他特有的权利,甚至不能够通过登录股市来获取资金。

美国政府直接管理和经营的企业,首先,确定身份,即它们不是政府的行政机构,更不是公共事业单位,而是独立的商品生产者和销售者,是独立的法人;其次,国家承认和维护企业有着自身的经济利益,既然是企业,就有盈利的要求,所以这类企业在生产经营中有生产、销售、决策等方面充分的自主权。

美国政府对企业的规范和约束,主要通过应用经济杠杆如价格、补贴、税收等方式进行,特别是政府通过经济合同来约束企业。美国政府在给予实行直接管理的国有企业相当的自主权的同时,为了保证政府的意志得以贯彻实行,美国政府保留了对国有企业的监督权,企业有义务向政府提供财务报告,接受政府的财务检查,政府派人参加董事会或者其他管理机构,以有关法律法规为依据,监督企业执行政府的合同和企业的重要经营举措。美国还对每家联邦层面的国有企业单独立法,规定企业相关的经营方式、经营范围、法人地位、高管产生办法等。

美国政府对国有企业进行直接管理和经营的主要形式是,直接任免国有企业的领导人,对国有企业的董事长、总经理等任职资格和条件给予审批,规定其工资标准和权力范围;直接决定企业产品的价格、利润分配、设备处置、亏损处理、补贴范围和额度,直接确定企业的投资规范和产业范围等。

美国在1982年修订了GCCA,规定每个全资政府公司应在总统根据预算计划规定的日期之前,准备并向总统提交一份"商业型预算"。本预算计划应包括对公司当前和以后财政年度的财务状况和经营情况的估计数,以及上一财政年度的经营状况和结果。此外,它应既包含财务状况报表、收入和费用、资金来源和使用、盈余和赤字分析,以及额外的报表和信息以了解公司的财务状况和操作,也包括估计操作的主要活动、行政费用、借款。

美国国有企业对我国国有企业治理的启示主要可以分为以下几部分。首先是关于如何管理中国数量众多的国有企业。现在国有企业的范围太广、战线过长,因为数目太多,事实上很仔细地监督是办不到的,因此必须缩短战线,减小范围。以美国为例,应该将同一行业的公司进行整合,对数量较少的公司进行更好的管理。其次是如何提高经营效率。应当加强国家与民营企业的合作,通过出租出售资产提高国有企业的效率和活力,通过项目外包制度增加国家项目的成功率,降低项目成本。推动制度改革,在国有企业中建立现代公司制度,形成具有科学性、权威性的企业管理层,将国有企业的日常运作纳入科学轨道,提高国有企业的工作效率和投入产出比。最后是如何加强国家对国有企业的监督。从美国国有企业通过国会立法监督国有企业中得到的启示是,应当以法律形式规定国有企业的运作、监控等活动,将国有企业的日常活动纳入国家强制力的范围之内,减少国有企业的非常规行为,从而减少由国有企业导致的损失,提高国有企业的盈利率。同时,做到有法可依,减少国有企业之间以及国有企业与其他形式企业之间的纠纷,保证经济秩序。加强审计监督,完善企业监控的法律体系与预算管理体系。

第三章
蒙　古

第一节　蒙古国有经济演变历程

一、蒙古国有经济发展历程

1. 国有企业扩张期: 20 世纪 20 年代—90 年代初

　　1921 年 7 月,蒙古人民革命党成立"临时蒙古人民政府"后废除了土地私有制,实行土地国有,废除国外商业高利贷者的债务和僧俗封建主的捐税,没收了封建主的财产。1925 年,蒙古的第一个企业"蒙古建筑公司"是苏蒙合营企业。20 世纪 30 年代,苏联向蒙古提供食品(如谷物等)、轻工业品,蒙古向苏联提供矿产品和畜牧业产品。1940 年,蒙古开始"国家援助劳动牧民自愿建立合作社",实现了畜牧业合作化,并建立了一批国营牧场,同期发展了国营商业和开展商业合作化。第二次世界大战期间,苏联对蒙古的食品轻工业品输出骤然减少,造成蒙古商品短缺,刺激了蒙古轻工业和食品工业的发展,蒙古政府组织开荒发展农业,并逐步实现了粮食自给。1941 年全国耕地面积为 27 万公顷,1960 年为 26.6 万公顷,1985 年为 79 万公顷。蒙古的农业、畜牧业生产完全是国营集约化生产,农民、牧民实际上是拿工资的农牧业工人。

　　第二次世界大战之后的 50 年代,苏联、东欧国家和中国都对蒙古的建设事业给予了大力支持,发展农牧业机械化,部分工业、运输和文化教育事业。1962 年,蒙古加入由苏联建立并主导的"经济和互助委员会"(即经互会),与东欧各国建立了贸易与经济合作关系。苏联与东欧各国在蒙古兴建了 200 多个大型工程,使蒙古的工业产值逐年增加。蒙古开始从一个纯畜牧业国家向一个轻工业、种植业与畜牧业并举的多元经济转化。但是经互会强调的"社会主义经济一体化"和"国际分工论"使苏联和东欧国家的援建项目偏重矿产品和畜产品的粗加工,所以蒙古的日用品工业十分薄弱,也没有发展机械制造、钢铁冶炼和国防工业。自 20 世纪 20 年代起直至 90 年代,蒙古的经济始终与苏联和经互会的经济密切结合,在经互会的"经济一体化"发展模式下偏重畜牧业和采矿业,因而蒙古的经济缺乏独立性和自我发展能力。

1940 年,蒙古的工业产值占社会总产值的 12.5%。经过半个世纪的发展,1990 年的工业总产值达到 87.7 亿图格里克,占社会总产值的 49.4%,同期农业总产值在社会总产值中的比重则从 1940 年的 88.5% 下降到 14.3%,实现了从纯粹牧业经济向"牧业—种植业—工业"多元化经济的过渡。1921 年,蒙古人口的 90% 从事畜牧业,只有 10% 的人从事商业、运输业和手工业。1990 年,工业劳动力达到 12.3 万人,农牧业劳动力占全部劳动力的 29.3%。

在蒙古的前身——蒙古人民共和国初建时期的 20 世纪 20—30 年代,它是一个以传统的粗放型畜牧业为主,几乎没有任何工业基础,商品流通和商业行为非常缺乏的经济发展极其落后的国家。到 90 年代初期国际形势发生急剧变化之前,蒙古在以苏联为核心的东欧各国的帮助下,经过近 70 年的艰苦努力,已建立起了以畜牧业为支柱,工业建筑业、种植业、交通运输、邮电通信、商业服务业等产业门类较为齐全的国民经济体系。在长达 70 年的社会主义制度下,蒙古一直沿用着传统的苏联产品经济模式和计划经济管理体制。

在生产资料公有制形式下,90 年代以前的蒙古有企业因为产权不完整及产权关系的模糊,在生产经营运作中形成了以下主要特征并引发了一些相应的问题。

(1) 政企不分。因蒙古国有企业基本上是由国家财政集中拨款或者是由地方预算拨款设立的,企业是政府的天然从属物,企业所创造的利润绝大部分上交国家财政,不能合理地兼顾各方面的利益,形成了国有企业即一级行政单位并套用行政级别、企业领导人的委派制度等。

(2) 产权主体的多元化和无责任化。这种状况导致政出多头,管理混乱。20 世纪 90 年代以前,蒙古国有企业国有资产的所有者职能由各级政府的计划、物资、财政、税务和银行等经济、行政管理部门多家行使,各家都是国有企业的管理者和所有者,对企业都有某一方面的所有权和指挥权,使企业无所适从。

(3) 企业以上级主管部门指令性计划为经营目标,产品不能适应市场需求,企业生产经营效率低下。至 90 年代初期,蒙古国有企业的劳动生产率已呈逐年下降趋势。

(4)国有企业国有资产所有权的不明晰致使"财产与主人分离",企业职工无财产依附感。同时,分配过程中严重的平均主义倾向使得国有企业职工劳动积极性受挫,对企业缺乏责任感,国有企业中普遍存在着人、财、物的严重浪费,国有资产不能充分发挥运行效率。1990 年每一图格里克固定资产创造的国民收入仅为 1960 年的 31％。20 世纪 80 年代末—90 年代初,蒙古国有企业已面临迫切的产权变革要求。

2. 国有企业私有化改革期: 20 世纪 90 年代末至今

早在 1986 年 5 月,蒙古人民革命党"十九大"就提出了对中央集权的经济体制改革的设想。1987 年 6 月,蒙古人民革命党十九届三中全会就"提高生产效益和质量、改革行政管理、强化市场机制、增强多种经济成分的活力"等内容进行了讨论。1988 年,蒙古正式进行经济改革,改革的基本方向是:企业实行经济核算原则,自筹资金、自负盈亏;企业及个人收入与产品的最终成果挂钩;扩大企业自主权,减少国家下达的指令性生产指标,企业可根据国家任务与市场需求自行制订年度计划和 5 年计划;扩大集体、家庭和个人租赁承包制度等,并制定了许多有关的经济改革法规。

进入 90 年代,受苏联和东欧各国社会、政治、经济形势急剧变化及国内诸多因素的综合影响,蒙古社会经历了前所未有的历史性嬗变,放弃了遵循长达 70 年之久的传统的计划经济模式和生产资料公有制形式,经济改革也由温和的改良转入向"自由的市场经济"全面过渡的进程。

市场经济需要塑造市场主体,非公有制企业因其自负盈亏的机制,同市场经济有着天然的联系,本身就是市场的主体。为了将国有企业真正塑造为市场经济不可缺少的市场主体,蒙古在开始进行财政、金融、物价、税收等宏观环境配套改革的同时,选择了以国有资产私有化为经济体制全面转轨的突破口,并以此拉开了市场经济条件下蒙古国有企业改革的序幕。

1990 年 4 月,蒙古人民革命党特别代表大会通过了《蒙古人民革命党纲领》,明确了改革时期的经济方针:"建立能够灵活适应世界经济发展和国际劳动分工及现代科学、技术进步,以多种所有制形式作为支撑的,具有扩大再生产能力,以社会集体、个人利益为依据的国家调节的高效市场经济综合体。"另外,提出了实行多党制、改革所有制、发展市场经济、兼顾个人利益、走向世界市场的改革思路。之后不久又将国名从"蒙古人民共和国"正式改为"蒙古"。

1991年5月31日,蒙古小呼拉尔(蒙古的国家最高权力机构为大呼拉尔,大呼拉尔的常设机构称为小呼拉尔)通过了《财产私有化法》,决定对除铁路、能源、矿山、民航、银行、邮电等国民经济核心部门以外的绝大部分国有企业和全部农牧业实行私有化。

蒙古私有化的主要内容包括:小私有化——对国有商业企业和小型工业企业的私有化;大私有化——对国有大中型工业企业的私有化;农牧业私有化——对农牧业合作社及国营农牧场的私有化。

蒙古农牧业私有化途径与国有工业企业的私有化有所不同。蒙古私有化法规定,农牧业合作社的私有化方式须根据全体社员的意见和《企业法》等有关法规的内容由各农牧业合作社自行选择,并由政府有关部门进行协调。1992年10月8日,蒙古农牧业私有化的工作宣布结束,原有的255个农牧业合作社转化为350个股份公司及8个股份合作社,这些公司拥有原农牧业合作社70%左右的牲畜和财产。国营农牧场也相继分解为各种类型的公司和少数合作社及私营企业。但大多数新建公司因缺乏必要的运行机制和经营能力而宣告破产,公司所拥有的牲畜和财产分给了农牧民。1993年11月,蒙古总统奥其尔巴特在全国农牧业个体业主代表大会上说,蒙古全国80%的牲畜已归农牧民个人所有,"还畜于民"的私有化目标已基本实现。

但该项政策在实施过程中,由于过于仓促、盲目冒进,同时大多数农牧民对私有化缺乏必要的心理准备,导致蒙古农牧业私有化进程混乱无序。

1991年,蒙古开始实施财产私有化,合作社和国有牧场的绝大部分牲畜作价归牧民所有,由于体制变动,牲畜总头数在1991年曾略有下降,之后出现回升,1994年达到26亿头(只)。在蒙古,由于担心牧民之间因争夺牧场发生矛盾与冲突,畜牧业的牧场私有化始终没有进行,大多数牧民仍然保留着传统的游牧生产方式。这种体制势必鼓励牧民无限制地增加牲畜,在未来将会对人口密度较高地区的草原生态产生消极影响。

与畜牧业相比,蒙古国营农场在私有化过程中遭受了沉重的打击,至今未能恢复。私有化的第一个后果是40%~50%的原国营农牧场工人流失,几十年来习惯于集约化、机械化作业的农业工人缺乏经营个体农业的兴趣和能力;第二个后果是原来在农业部门工作的 1 000 名毕业于国内外高等学府的农艺师也大部分流失到其他行业,1995 年只剩下 247 人,而且仍在继续流失;第三个后果是在组织瓦解、技术人才和劳动力大量流失的同时,几十年投资建设的农业基础设施遭到破坏,大量农田弃耕荒芜,造成粮食、土豆、蔬菜的产量逐年下降,由过去粮食自给有余、略有出口变成了 50％ 靠进口的状况。

种植业的这种局面到了 1995 年也没有得到扭转。1994 年,政府向农业投资 74 亿图格里克,结果是农作物产量下降 30％,有 46 亿图格里克投资无法收回。1995 年,蒙古全国从事农业生产的 235 家公司中有 74.5％的公司亏损,共负债 51 亿图格里克。

与此同时,蒙古仿效苏联的做法,向人民群众无偿分发了国有资产的"股份有价证券"(也译作"民营化凭证"或"私有凭证"),希望人们用这些证券来购买国营企业的股份,从而实现国有企业的私有化。根据蒙古政府的核定,1989—1990 年,国家总资产大约为 500 亿图格里克,蒙古政府把其中的 44％(220 亿图格里克)分给个人,按当时总人口 210 万人计算,每个国民无偿地分到 1 万图格里克的"股份有价证券"。这些证券分为两种:一种可以通过买卖变成现金;另一种只能在交易所转让所有权。

但是由于实行改革之后绝大多数的国营企业经营很不景气,大多数工厂生产滑坡,甚至处于停产状态。所以只有小部分人合股购买了一些经营较好的中小型企业,大部分"股份有价证券"(财产所有权证书)仍然滞留在个人手中。1991 年,蒙古政府曾经宣布把 1 100 个大中型企业和 2 600 个小型企业实行私有化。1995 年 7 月,政府宣布这些企业的私有化已经完成 80％以上。从"股份有价证券"的情况分析,实行了私有化的很可能主要是小型企业。

为了集中这些滞留在个人手中的"股份有价证券",蒙古政府于 1995 年 7 月决定设立有价证券市场。但是有人估计,有价证券市场的活动很可能会将大部分证券集中到少数操纵证券市场的富人手中,从而进一步加剧蒙古的贫富分化。

按照原来的计划,蒙古应该在 1993 年内完成私有化,但是只有 70％ 的国有财产转为私有财产。私有化实施进度较快的是畜牧业、农业、服务业和小型企业。实际上,大型国有企业的私有化还没有真正开始,工业的私有化进度也大大慢于政府的期望与计划。

由于迅速私有化造成了全国的生产混乱和经济滑坡,人们希望恢复经济秩序。

1992 年,蒙古人民革命党在选举中占据了 90％的席位,组成了以扎斯莱为首的政府,把挽救经济危机作为主要任务,提出了在两年内控制经济滑坡、实现经济社会双稳定的目标。

1994 年 10 月中旬,蒙古政府进一步决定,在 1995 年第一季度以前完成对包括蒙古最大的工业企业——额尔敦特铜铝矿选矿厂在内的 102 家国有大型工业企业、含有国有股份的 215 家企业的国家资产及 8 家小型国有企业的私有化。但该项工作难度较大,进展缓慢。直到 1995 年 4 月底,仅有 38 家企业制定出了比较完整的私有化方案。

1995 年 8 月,蒙古证券二级市场——股票市场的开始运行改变了原来因为蒙古私有化进展较快导致的证券一级市场较为发达、二级市场相对沉闷的状况,使得包括私人在内的股民能够真正进行股票买卖,标志着蒙古私有化进程新阶段的开始。至 1995 年年底,蒙古已有 6 万人开设了私人股东账户,参与二级市场交易。该年,蒙古股票交易所通过统一的程序网进行二级市场交易,共形成成交合同契约 28 000 多手、股数 780 万股的股票交易。蒙古进入二级市场交易的股票平均价格介于 150～200 图格里克之间,日交易股数为 6 万～8 万股,其中商业、运输和建筑行业股票价位较高。

二、 蒙古国有经济发展路径及其原因分析

1. 通过国有企业股份认购展开私有化进程

参照俄罗斯依照西方产权理论采用的私有化方式和途径,并根据本国的实际情况,蒙古采用了通过向每个蒙古公民发放产权证书的途径对国有资产实行私有化。即凡在《财产私有化法》颁布之前出生的蒙古公民均可得到价值 1 万图格里克的产权证书。产权证书分为面额为 3 000 图格里克、用于小私有化的"粉卡"和面额为 7 000 图格里克、用于大私有化的"蓝卡"两种,作为购买企业股份的支付凭证。

蒙古的小私有化通过拍卖程序进行。1991 年,蒙古宣布通过小私有化途径拍卖的企业共有 2 670 个。参与拍卖企业的职工在拍卖中可享受到九折的价格优惠。

小私有化进程中,大部分国有商业网点和小型工业企业是通过本企业职工集中小私有化产权证书,并按优惠价格认购所在企业股份的途径拍卖的。尤其是已

经实行租赁合同制的企业职工,可以不通过拍卖程序即可按拍卖底价优先认购所在企业的资产股份。据统计,蒙古70%的小私有化是通过以上途径完成的。

蒙古从1991年9月底开始实行对国有大中型工业企业的私有化,当时宣布大私有化的国有工业企业共1 100个,占全部国有工业资产的44.2%。大私有化通过蒙古公民用"蓝卡"购买企业股票成立股份公司的途径进行。

1991年1月18日成立的蒙古证券交易所承销私有化的企业股票,根据公民手中的产权证书配售企业股票。公民须委托证券代理商买卖企业股票,购买到企业股票的公民即成为企业股东,有权参与企业的经营活动,分享企业利润,获取股息和红利。股东也可视企业经营状况变化将股票在证交所出售变现或在企业破产前抛售出所持企业股票。蒙古《企业法》和《企业破产法》规定,破产企业必须将清偿债务后的剩余资产按股份比例分给股东。

蒙古经过历时近3年的私有化运作,截至1993年年底,100%的国有商业企业和服务业企业以及小型工业企业通过拍卖方式,以及50%以上的国有大中型工业企业通过蒙古公民用国家发放的私有化产权证书认购企业股票并组建股份公司的形式,完成了国有企业中国有资产产权的分割和转移。形成了以下经济类型的企业:①国有独资企业;②国资控股企业;③私人控股企业;④私人独资企业;⑤与外国的合资企业。90%以上的农牧业生产组织也实现了私有化并组建了大量公司,进而分化为数量众多的农牧业个体户。

据蒙古1993年的统计,完成私有化后的蒙古企业数目的90%以上已为私营企业和股份制公司,但国有企业的注册资金仍约占全国企业总注册资金的64%。

通过大私有化,蒙古的大中型国有工业企业相继改造为股份公司。1995年年底,在蒙古证券交易所上市的股份公司已达470家。1991年10月,蒙古司法部、财政部颁布了《股份公司规范章程》《有限责任公司规范合同制度》等有关法规,将企业的股份制改造纳入规范的运行轨道。

2. 私有化改革伴随着经济滑坡

1991年开始实施私有化和全面经济体制改革后,蒙古的经济出现了全面的生产滑坡。1991年工业总产值仅为65.6亿图格里克,是1990年工业总产值(87.7亿图格里克)的74.8%,出现了大规模滑坡。全国商品零售总额从1990年的96亿图格里克降到1991年的88.1亿图格里克,减少了8.3%。长期在许多种类商品的供应上依赖苏联和经互会,使得这种供应一旦中断,蒙古便面临严重的商品短缺。国家财产私有化和由计划经济向市场经济的转变速度过快,缺乏中间的过渡阶段和协调措施,造成劳动和生产秩序的混乱,国有资产的流失,各个部门的生产全面滑坡,有 60% 的企业开工不足或半停产。

工业部门的生产滑坡最为显著,如萤石产量从 1990 年的 45.6 万吨减少到 1991 年的 25.1 万吨,同期木板材产量减少 4%,水泥产量减少 48.5%,毛纺织品产量减少 47.5%,地毯产量减少 29%,肥皂产量减少 74%,油脂产量减少 42.6%。相关数据显示,1989 年是蒙古工业发展的顶峰,1990 年即开始了改革的酝酿和社会的动荡,1990 年的工业总产值比 1989 年下降了 20%。1991—1993 年,工业生产大滑坡,到了开始有所恢复的 1994 年,工业总产值也仅有 1989 年的 51.9%。1994 年,蒙古各个工业部门的产值中,除了煤炭和有色金属有所增长之外,建林、纺织、缝纫、皮革、食品各部门的工业产值与 1990 年相比都有大幅度的下降。

种植业生产随着国营农场的解体而全面滑坡。改革之前的 1989 年也是蒙古农业发展的最高峰,生产了 83.9 万吨粮食和 21.5 万吨土豆、蔬菜。1990 年的粮食总产量为 71.8 万吨(其中小麦为 59.6 万吨)、土豆为 13.1 万吨、蔬菜为 4.2 万吨,人均粮食占有量为 346.1 千克,人均土豆、蔬菜占有量为 83.3 千克,完全可以满足国内消费需求。

由于私有化过程中管理混乱、人员流失,导致 4 340 眼水井报废,许多机器设备分解报废,25 万公顷农田荒芜。1994 年的粮食产量只有 33.7 万吨,为 1989 年产量的 40.2%;土豆、蔬菜产量为 7.7 万吨,只有 1989 年产量的 35.8%。而同期人口从 214.9 万人增加到 230 万人,所以主要食品的人均占有量明显减少。1990 年的播种面积为 91 万公顷,1994 年减少到 43 万公顷(其中土豆、蔬菜为 1.25 万公顷),1995 年又减少到 35.3 万公顷。

全国牲畜总头(只)数从 1990 年的 2.59 亿头(只)下降到 1991 年的 2.55 亿头(只),减少了 39.58 万头(只)。而这一年牲畜的私有化程度却有大幅度的提高,私有牲畜增加了 570 万头(只)。1990 年私有牲畜占全国牲畜总数的 31.9%,1991 年上升为 54.6%。但是与工业和种植业相比,畜牧业经过私有化之后的恢复还是比较快的,牲畜总头(只)数在 1994 年回升到 2.6 亿头(只)。

1994 年与 1989 年相比,除了人均肉和肉制品占有量从 93.1 千克提高到 102 千克之外,其余主要食品均大幅度下降,如奶和奶制品从 120.7 千克降为 109 千克,鸡蛋从 26.9 千克降到 2.9 千克,面粉和面制品从 105.3 千克降为 60 千克,土豆从 27.4 千克降到 6 千克,蔬菜从 21.5 千克降到 3 千克,水果从 12.1 千克降到 1 千克,糖类从 23.6 千克降为 10 千克,植物油从 1.4 千克降到 0.6 千克,鱼类从 1.3 千克降到 0.2 千克。日用生活物品基本数量的大幅减少,反映了蒙古种植业的滑坡,并直接影响了城乡市场的物资供应。

商品短缺必然会造成物价上涨,1991 年日用品价格平均上涨 87.2%,其中肉和肉制品价格上涨 24.6%,奶制品上涨 56%,衣服和鞋上涨 92%,房租和电费上涨 15.5%,运输、通信上涨 37.3%。物价大幅度上涨引起群众的不满和社会的不稳定。与此同时,蒙古也出现了贫富两极分化的问题。

经济滑坡、供应紧张和贫富差距扩大造成了社会动荡和治安恶化,1991 年全国犯罪案件比 1990 年上升 8.5%,其中伤害人命案件增加 65%。国家、合作社财产案件增加 50%,盗窃公民财产案件增加 24%。娼妓成为一种公开的职业,贩黄贩毒这些一度在蒙古绝迹的活动也迅速发展起来。由于政府财政困难,蒙古的许多省不能按时发放工资和退休金,据 1994 年 12 月的统计,累计的失业者人数已达 7.5 万人,这也增加了贫困人口和加剧了社会的不稳定。

3. 分割私有化

蒙古对产品具有垄断性,集中程度过高的国有大型工业企业采取了分割私有化,即对大型企业下属的生产企业分别进行私有化,进而根据生产协作的需要和专业化分工原则,组织数个企业成立股份制集团公司的办法。

蒙古以产权私有化为核心的国有企业产权变革,造成了对蒙古原有联系性很强的产业体系的任意分割,破坏了企业的规模效益和技术经济联系。目前,蒙古全国注册企业数达 40 000 多家,其中 96% 为中小型企业,它们大部分仅能从事商贸业务。蒙古国内的有关反馈表明,产权变革后的蒙古许多国有企业效益并未明显好转,经营状况反而趋于恶化,除了其国民经济目前正处于发展的低谷时期等原因外,上述状况也是重要原因之一。

第二节　蒙古国有经济发展现状

一、蒙古国有经济规模及结构布局

20 世纪 50—60 年代,蒙古通过对农牧业、商业、工业等经济部门的公有制改造,确立了以全民所有制为主、集体所有制为辅、个人所有制为补充的生产资料所有制形式,并于 1973 年在《宪法》中对公有制为主的所有制形式给予了明确的规定。可以说,到 90 年代初,国有企业一直绝对控制着蒙古国民经济的命脉,对其国民经济的稳定和发展起着举足轻重的作用。据蒙古国内的有关统计,80 年代末,蒙古农牧业中,以种植业为主的国营农牧场的粮食和经济作物的播种面积占全国播种面积的 76%,所生产的谷物、土豆、蔬菜分别占全国生产总量的 86%、76%、74%,是蒙古农牧业机械化程度最高的农牧业生产组织。此外,国营农牧场的牲畜头(只)数占全国牲畜总头(只)数的 6% 以上,同时还承担着全国畜种改良和良种繁殖的重要任务。而国营饲料场则通过种植和储备饲料,保证了全国大部分牲畜饲料的供应。商业活动中,国有商业企业所完成的商品零售额占蒙古全国商品零售总额的 95% 以上。同时期,蒙古国有工业企业所完成的工业产值几乎达蒙古全国工业总产值的 99%。

显然,90 年代以前,国有企业在蒙古国民经济中处于不容置疑的绝对重要地位,激活国有企业是蒙古国民经济能否迅速发展的重要环节。

经历了 90 年代的私有化改革后,蒙古的国有企业仍在相关领域发挥重要作用。根据 knoema 网站的统计数据,从活跃实体部门占比的情况来看,在蒙古中央国有企业和地方政府企业(SOE、LGE)中,2020 年第一季度占比前五的行业分别是电力、石油与水资源供应(19.3%),房地产、租赁和商业活动(18.8%),批发和零售贸易、机动车辆与摩托车以及个人和家庭用品的修理(17.4%),私人家庭作为雇主的活动和私人家庭的无差别生产活动(16.9%),农业、狩猎(8.3%)。

二、 蒙古国有经济的特征

到目前为止,作为蒙古经济改革重要内容之一的蒙古国有企业的产权变革,显现出明显的效果,同改革前相比,蒙古国有企业有了许多新的特点。

1. 国有资产占比呈下降趋势

国有企业在蒙古国民经济发展中所处的地位和相应作用明显下降,国有资产占蒙古国民全部资产的比重由原来所占的绝对比重降至 50% 以下。私有化最终使大部分国有资产中立化,私营经济企业、股份制经济企业和外国资本企业在蒙古国民经济发展中所起的作用日益增长。蒙古原国有企业的大部分实现了企业资产所有权和企业法人财产权的有效分离,企业成为独立的法人实体,能够自主地决定企业的生产经营行为。

2. 产权关系明晰

由于产权关系的明晰,企业同政府、企业同政府各职能部门之间的关系得以理顺。随着蒙古财政体制、金融体制、价格体制和税收体制的改革,企业的生产经营有了良好的宏观经济环境,政府只能运用宏观政策的制定和调整,通过以上的宏观经济杠杆对企业的生产经营活动加以调控,企业则通过税收渠道合理地平衡与国家的利益分配。经济体制和企业制度的关系能够被较好地协调。

3. 企业经营活动的外部法律环境日臻完善

在几年来的经济改革中,蒙古通过《宪法》《宪法附加法》《企业法》《企业破产法》《反不正当竞争法》《财产私有化法》《劳动法》《总税法》《外国投资法》《银行法》等 60 余部法律法规的制定和实施,形成了相对完整的经济法体系,为蒙古企业营造了一个相对完善的外部法律环境,使得企业行为有法可依、有法可循。原国有企业产权关系的明晰和领导体制以及内部组织形式的变化,使企业的经营目标开始以市场为导向、以追求企业利润最大化为目的。同时,企业员工的工作热情也有所提高。1991 年以来陷入衰退中的蒙古经济自 1994 年起连续 3 年呈爬升的态势,国内生产总值有所增长。

第三节　蒙古国有经济治理情况

一、蒙古国有经济的外部治理

1. 价格改革与价格模式的转化

在过去集中统一的计划经济体制下,蒙古在价格管理上实行由国家决策部门通过行政办法,对价格系统发布指令性价格计划和价格政策的直接管理方式。国家作为价格决策者直接规定各种商品价格,商品价格的变动和调整都由国家或国家有关职能部门来决定。商品生产者和经营者一般没有价格决定权。

蒙古从 1991 年起分几个阶段放开物价,逐步实行由市场自行调节商品价格的自由价格体制,同时放开货币汇率,向自由外汇体制过渡。到 1993 年,除执行国家指令的供电、供暖、公共运输价格外,几乎放开了所有物价。从 1996 年 9 月 1 日起,蒙古实现了供电、供暖和石油产品价格的提高,初步完成了价格改革任务。通过放开物价,蒙古打破了旧的价格管理体制,为建立与市场经济相适应的价格模式和价格、供求、竞争机制创造了基本条件。

2. 财政税收政策改革

财政是蒙古国家经济关系中的特殊领域。在过去 70 年的社会主义公有制经济发展过程中,财政对巩固和发展蒙古的社会主义生产方式曾起到重要作用。蒙古转轨前的财政体系的主要任务是集中和分配社会资金,为高度集中的指令性计划经济体制服务。它曾是蒙古控制其国家一切经济活动的重要手段。蒙古当时的财政分配活动是通过国家预算、税收、利润、各类基金以及国民经济部门财务、社会保险等一系列分配杠杆来进行的。这套分配杠杆被统称为国家财政体系。其中,国家预算包括中央预算和地方预算,国民经济部门创造的纯收入通过周转税和上缴利润的形式集中到国家预算收入中,国民经济建设投资的绝大部分靠国家预算资金拨给。周转税和上缴利润、基金付费曾是蒙古预算收入的主要来源。其中,周转税每年约占国家预算收入的 65%。此项收入通过工厂企业生产的产品价格和物质技术供应部门、贸易部门进口商品价格中硬性规定的份额进入国家预算。它具有一定的强制性和固定性,是转轨前蒙古最稳定且及时的主要财政收入。上缴利润和基金付费都来自企业利润。

20 世纪 90 年代以后,蒙古在财政体制改革方面主要采取了实行税制改革、建立健全税收制度、改革国家预算体制等重要手段。同时,对如何减少财政赤字、增加预算收入、实现经济稳定采取了不少具体措施。1992 年 12 月,蒙古通过了《蒙古预算法》,指出"政府为行使职能筹措财政资金,在预算年度内由国家直接掌握和支配的财政资金收入支出计划作为国家预算"。国家预算由中央预算和地方预算组成。国家政府权限内集中使用的部分为中央预算。省、市、区级政府权限内集中使用的部分为地方预算。国家预算收入由税收、非税收收入、投资收入、外援收入组成。其中,税收由蒙古《总税法》规定的各种税款和收费组成;非税收收入由国家入股企业的国家股本收益、国有财产销售收入、利息、罚款等收入和依据有关法规列入预算的其他收入组成。

税收是蒙古实施财政政策的主要手段。自进入转轨时期后,蒙古颁布了《总税法》《企事业单位所得税法》《营业税法》《个人所得税法》《特别税法》等一系列税收法律,在税收体制改革方面采取了许多重要措施,确定了蒙古的税制、税务和收费原则以及纳税人的权利、义务、责任,明确了国家税务机关和税务监督人员工作的法律依据,逐步建立健全了税收制度。蒙古转轨时期的税收由国家税和地方税组成。国家税由国家和政府规定税率和税额,并在全国范围内普遍实行。地方税由省、市规定税率和税额,并在该地区范围内实行。税收种类包括直接税和间接税。其中,直接税是直接按纳税企事业单位和个人的收入、利润与所拥有的资金额摊派的税收;间接税是按具体商品和服务项目确定的税收。由于间接税能够成为预算收入的稳定成分,所以世界各国都在广泛使用此项税收。蒙古在改革税制方面采取的主要措施之一是减少直接税,增加间接税,以保持宏观经济稳定。在蒙古的国家预算收入中占主要地位的税收有所得税(包括企事业单位所得税和个人所得税)、社会保险提成、营业税和外贸收入税。

从上述情况可以看出,税收体制改革使蒙古国家预算收入结构发生了重大变化,即国家预算收入由过去的以来自国营企业单位的周转税为主的单一结构,转变为以所得税、商业服务税、外贸收入、社会保险提成等为主的多种收入结构。这一改革本身与蒙古私有化进程相辅相成。

3. 社会部门私有化

2002 年,蒙古国家大呼拉尔通过了社会部门私有化的基本方针,决定对文教、卫生、科研与社会保障系统的 90 个事业单位实行私有化。同时还决定从 2003 年 5 月 1 日起实施《土地私有化法》,允许本国城镇和省会、县所在地的居民户按法律规定标准拥有少部分土地所有权。按照蒙古政府私有化纲要,私有化的宗旨是最终使私有制在国家经济中占主导地位。

4. 玻璃账户法

蒙古的《玻璃账户法》(*Glass Account Law*,2014 年)要求政府实体和国有企业在公共网站上披露详细的财务和经营信息。政府的玻璃账户门户网站自此成为政府透明度的焦点。然而,各政府实体对该法的接受程度并不均衡,尤其是许多在蒙古运营的国有企业。在 2021 年的一些指数指标中,国有企业既不披露生产统计数据,也不披露有关商品销售收入或目的地的任何有意义的信息。在某种程度上,这种缺乏执行力的情况源于法律的模糊规定,也关乎政府的不作为和执法不力,以及对那些不遵守规定的人的制裁力度有限。

5. “数字国家”的五年使命

2020 年,蒙古政府制定了建设“数字国家”的五年使命,旨在利用数据和技术促进创新、简化公共服务并使蒙古依赖采矿的经济多样化。2021 年,蒙古政府成立了新的部门,专门负责数字发展和通信。此外,在奥云(全名为罗布桑那木斯来·奥云额尔登)总理所领导的现任政府制订和推动的最新经济刺激计划中,绿色经济复苏已被确定为六大主要领域之一。蒙古致力于通过为 IT 行业的外国投资者提供包括税收优惠在内的各种机会,将其发展重心从采矿经济转移到数字发展上来。

二、 蒙古国有经济的内部治理

1. 公司治理机制

通过蒙古的一系列经济改革,企业的领导体制和内部组织结构发生了本质变化。原国有企业的负责人由政府任命和委派,以对政府负责为己任。现在除全资的国有工业企业外,以股份制为主的企业以股份的大小确定个人在企业中的领导地位。在组织形式上,《蒙古企业法》明确规定了股东大会是股份公司的权力机构,监事会是企业的监督机构,董事会则是股东大会日常事务的执行机构,企业管理人员均通过法定的有关程序选举和任命。企业中新型的领导体制和内部组织形式强化了企业的经营决策和内部管理。

2. 薪酬激励机制

蒙古经济的不断发展日渐带动了企业薪酬的提升和对更先进的薪酬激励机制的引进和使用。

国企薪酬结构根据政府有关部门对国企薪酬制度的相关规定,制定薪酬机制来协调实施。目前执行的工资标准是根据政府要求,由各企事业单位(含国有工矿等国有企业单位)结合各自的特点来制定的薪酬结构。

除了基本工资之外,蒙古政府对国有企业(含国企员工)的激励措施有重要的指导标准。其中,在政府 1995 年第 96 号决议对激励方法的有关规定中,奖励可分为以下几种:现金激励、赠予财物、按季度发放奖金或完成特殊任务时的现金激励、对工作成绩的表扬、颁发优秀员工奖等。除此之外,政府 2012 年 3 月 16 日第 78 号决议规定了国企工作人员工资水平及补贴标准,其附件中对激励措施方面有如下规定(见表 3-1)。

(1) 技能补贴,按每月基本工资的 10%。

(2) 专业职称评定补贴,一级为按每月基本工资的 15%,二级为 10%,三级为 5%,并每 5 年考核职称,重新评定。

（3）在岗津贴，为了为国企员工提供稳定的岗位，巩固国企员工队伍建设，特规定在岗期间按工龄颁发工资总额的特定百分比进行工资配额。

表 3-1 蒙古企业发放工资和激励情况

激励的比例（%）	企业总数（家）	各类型企业数量（家）									
		国有控股合伙企业	国有参股合伙企业	合作社	股份公司	有限公司	国有工厂	当地国有企业	中央国企	非政府组织
0.0～10.0	119	1			10	78	2	3	19	6
10.1～20.0	233	3		4	15	150	5	10	40	6
20.1～30.0	300			2	10	97	2	15	166	8
30.1～40.0	41			2	1	29		3	2	4
40.1～50.0	23			2		13		1	4	3
50.1～60.0	8					8				
60.1～100.0	16		2			11			2	1
合计	740	4	2	10	36	386	9	32	233	28

资料来源：蒙古政府 2012 年 3 月 16 日第 78 号决议。

除了这些政府相关规定之外，对于国企、国有控股企业而言，企业自身规定的一些激励方法也对员工能动性方面有着积极影响。

相比中国，蒙古政府对国企员工的激励除了奖金之外，更多的是名誉或颁发勋章、晋级职务、保送培训机会或出国深造等方式。蒙古仍然保留着苏联各种劳动模范或先进工作者等勋章授予的激励方式。每年总统办公厅会从各行各业中选出有杰出贡献的工作者，由总统在总统府邸接见并授予勋章，对于一个蒙古公民来讲，获得此等殊荣有时比薪酬更有吸引力。

第四节 蒙古国有经济代表性部门（企业）分析

一、蒙古代表性部门分析

1. 矿业部门

蒙古的经济严重依赖采矿和其相关商品，超过 85% 的商品出口来自金属和矿石。然而令人担忧的是，该重要部门的行业发展并不规范：蒙古缺乏法律规定，要求"公布与采掘公司签订的合同或披露有关采掘公司的实益所有权信息"。虽然2018年蒙古采掘业透明度倡议报告的确提供了有限的所有权信息,但这并不普遍,也不涵盖所有实体。此外,虽然《反腐败法》要求公职人员向当局披露其在采掘公司的金融资产,反腐败机构也会向公众披露,但并非所有实际情况都是如此。

同时,虽然法律要求公司在其采矿许可证申请中提交环境影响评估,并且环境法也要求其公布,但政府门户网站并不包含所有已知的评估。同样,蒙古通常不披露社会影响评估和环境缓解计划,且关于采掘项目恢复和关闭的程序几乎没有披露。

2. 银行业部门

蒙古的银行体制产生于1921年人民革命胜利之后。在此之前的蒙古没有自己的银行货币。1924年6月,蒙古在苏联的帮助下建立了本国最早的银行机构,即蒙古国家银行的前身——蒙苏工商股份银行(以下简称蒙古银行)。从1925年起发行本国货币——图格里克。1954年,苏联将其在蒙古银行中的资本转交给了蒙方。从此蒙古银行便成为由蒙古独自经营的蒙古人民共和国国家银行。到20世纪90年代为止,蒙古的银行体制一直是适应其高度集中的计划经济体制运行需要,实行计划供应资金的管理体制。

随着蒙古由计划经济体制向市场经济体制转轨,旧有银行体制解体为新银行体制的产生打下了基础。1991年4月,蒙古通过了《银行法》,开始实行中央银行(即蒙古银行)和商业银行二元体制。在逐步健全中央银行宏观调控体系的同时,通过对原有银行机构实行股份制,由企业合资入股组建新的银行,由私营经济组建银行三种途径,建立起了10多家以实行股份制为主的商业银行。

蒙古银行为中央银行,隶属议会,具有法人资格,是蒙古制定和实施货币政策、管理社会金融活动的最高权力机关。蒙古银行具有管理监督、政策调控和提供服务3项职责,即通过制定和实施货币政策对金融机构进行监督和管理,以保证金融市场的正常运行;通过调节货币供应量稳定金融;通过代理国库,向商业银行贷款等途径为社会提供金融服务。蒙古银行主要通过发行、回笼货币,实行统一利息政策,协调各银行之间的支付结算,管理国家外汇与金银储备以及图格里克汇价,组织外汇市场,发放商业银行信贷并监督、协调其业务等途径实施国家货币政策。蒙古银行货币政策的一般目标是稳定币值,保证本国货币——图格里克币值的稳定性。

蒙古的商业银行担负着执行国家货币政策的重要任务,其主要业务是负债、资产和中间业务。商业银行以实行股份制为主,其决策机构是股东大会,执行机构是董事会,实行董事会领导下的行长负责制。董事会是商业银行的常设机构,其主要职责是确定商业银行行长人选和银行经营方针及具体措施。商业银行行长的职责是负责执行董事会的经营决策。依据蒙古《银行法》的规定,商业银行按注册资本可分为全民(国家)所有制和私有制银行;按设立形式可分为股份制银行、有限责任制银行、外国投资银行和国外银行;按业务类型可分为综合银行和专业银行。

受亚洲金融危机的影响和银行系统本身存在的问题,蒙古的商业银行也曾一度陷入危机。为此,蒙古政府从1999年5月以来制定了一系列有关政策,加快银行体制改革,并采取了对一些亏损严重的大型国有商业银行实行特别管制,对具备条件的商业银行实行私有化等重要措施。

二、 代表性企业分析:额尔登斯蒙古有限责任公司(Erdenes Mongol LLC)

蒙古的国有企业额尔登斯蒙古有限责任公司成立于2007年2月22日,其宗旨是代表蒙古开发国家具有重要战略意义的矿藏。

额尔登斯蒙古有限责任公司通过持有国有股份和法人实体的权益来提供综合战略和管理,这些法人实体被授权开发具有重要战略意义的矿藏,实施相关的基础设施开发、项目和计划。这些是通过增加其价值、扩大和改善其业务效率、吸引国内外投资、筹集资本、执行将创造附加价值的加工厂项目、增加生产能力以及将政府政策纳入其子公司的业务来实现的。额尔登斯蒙古有限责任公司已经建立了众多子公司,并购买了许多采矿和非采矿项目的股份。

2017年,额尔登斯蒙古有限责任公司向蒙古国库支付了3 170亿蒙图[①](约1.31亿美元)的税金、特许权使用费和费用,用于支付其在授权经营的4个矿山的经营份额以及支付母公司活动的费用。

在过去几年中,额尔登斯蒙古有限责任公司扩大了其投资组合,涵盖了广泛的行业,包括采矿、石油和天然气、燃料生产、金属精炼、酒店、道路维护、钢铁生产、发电和金融。该公司已成立至少15家子公司,并持有至少5个其他实体的少数股权。

额尔登斯蒙古有限责任公司还临时参与了诸如外交部研究分中心等项目。该中心旨在协助实施中蒙俄经济走廊计划和蒙古国家品牌委员会,该计划旨在在全

---

① 蒙图:蒙古国的货币单位是图格里克,简称蒙图。

球范围内促进蒙古经济发展。额尔登斯蒙古有限责任公司于 2017 年提供了 16 亿蒙图(约 68 万美元)用于资助该委员会。

尽管投入了大量资金,但额尔登斯蒙古有限责任公司自成立以来只产生了微薄的利润。母公司在 2006—2015 年未报告任何利润。2016—2018 年,公司报告净利润为 5 150 万蒙图(约 2.4 万美元)、200 亿蒙图(约 830 万美元)和 210 亿蒙图(约 800 万美元)。

第五节　蒙古国有经济绩效分析

一、国有经济功能定位

尽管蒙古私有化改革使得私营经济成分在国家经济中占主导地位,但国有企业仍然在蒙古经济发展中发挥着重要作用。

蒙古国有企业同时履行着商业和非商业职责。一方面,相较于国家,国企作为盈利企业,更有能力进行投资并有效管理国有资产,通过国有股权为国家创造可观的收入。另一方面,作为企业,国企经营可以具有比私营企业更长远的眼光,考虑国家发展更长期的战略目标,国企可以提供私营企业无法提供的服务来解决市场失灵问题,帮助政府保持对特定行业的控制,帮助改进当地技术和技能,完善基础设施以改善营商环境等。

蒙古政府在银行和金融、能源生产、采矿和运输部门拥有国有企业 102 家。财政部主要管理蒙古银行和蒙古证券交易所,国有企业额尔登斯蒙古有限责任公司持有政府的大部分矿业资产,道路和运输发展部管理蒙古铁路局,国有资产政策协调局①主要管理非采矿和非金融资产。

此外,国有资产政策协调局负责改善国有和地方财产的法律环境,监督国有财产的完整性、所有权和效率,在国有企业法人实体中引入良好的公司治理,通过改进国有法人实体的管理、重组和私有化等途径提高国有资产效率,确保蒙古政府行动计划的实施,为公民和法人提供公开、透明、及时、优质和可访问的服务。具体目标是:①制定国有资产法律、政策、方针和文件草案,为改进国有企业和国有控股

---

① 1996 年蒙古政府成立国有资产委员会,后于 2016 年 1 月解散。2016 年 7 月,蒙古国有资产政策协调局重组成立。

企业的治理提供管理和协调;②对国有财产的占有、使用和保护进行登记和清查,监测国有财产的完整性以及国有和国有法人实体的财务状况;③领导行政和人力资源管理,提供法律咨询和支持,确保信息和技术的发展。

二、 国有经济微观效率

截至 2021 年,蒙古共有中央国有企业 107 家(2022 年减少至 102 家),地方国有企业 232 家,合计 339 家。2019 年,蒙古国有企业亏损 37 000 亿蒙图,约合人民币 92.5 亿元。只有两家国企盈利,其余国企均处于亏损状态,并以惊人的速度积累债务(2020 年,国企债务高达 40 万亿蒙图,相当于该国的国内生产总值)。

蒙古的经济严重依赖采矿和矿产,金属和矿石占出口的 85% 以上。工业部门在蒙古经济发展中发挥着关键作用,而国有企业在工业部门占比较高。根据 2020 年的初步统计结果(2015 年不变价),蒙古国内生产总值达到 26.7 万亿蒙图,其中工业部门占 6.6 万亿蒙图或 24.6%。2021 年,工业部门销售额达到 24.8 万亿蒙图,较上年增长 24.5%。

根据 Glass Account Law 公共网站上公布的数据,2019—2020 年,蒙古 9 家主要采矿业国有企业的支出超过收入,到 2021 年,得益于商品价格的提高,这一趋势才发生逆转[①](见图 3-1)。

金融危机后,随着矿业投资的繁荣,经济放缓迅速消退,由于政客选举经常采用向公民转移支付的方式拉取选票,人们对矿产收入的预期越来越高。政府设立了一个新的基金来收取采矿收入。2010 年,蒙古议会成立了人类发展基金(HDF),是蒙古的第一个主权财富基金,但它不能用作传统的主权财富基金。HDF 的资金来自整个采矿业产生的利润、税收和特许权使用费。HDF 在获得这些资金时,以社会福利的形式分配给蒙古公民,即支付养老金和医疗保险费、抵押贷款支持和其他贷款担保、卫生和教育服务费用等。新计划在 2010—2012 年期间将每人每月支付 120 000 蒙图降低到每人每年 21 000 蒙图。蒙古政府并没有将 HDF 用作蒙古在海外投资或对蒙古进行投资的渠道。

HDF 在 2012 年的花费高达政府收入的 18%,但从矿业部门获取的收入仅为一半,因此基金内部出现巨额赤字,在蒙古经济放缓的时候成为政府债务状况恶化的原因之一。2012 年后,政府削减了现金转移支付,停止发放普遍救济金,只针对

① 国企可能并未报告全部收入。

儿童发放(每月 20 000 蒙图),暂时恢复了基金的余额。为了恢复财政可持续性,政府关闭了 HDF,并于 2016 年年初建立了一个新的主权财富基金——未来遗产基金,开始节省矿产收入。

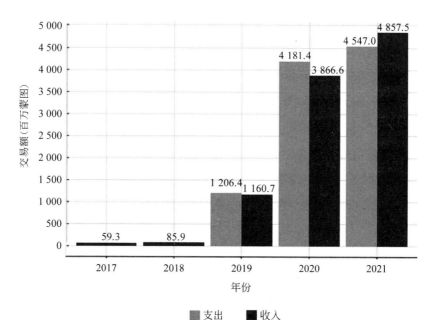

图 3-1　蒙古 9 家主要采矿业国企的报告交易额

资料来源:蒙古政府门户网站,www.wongolbank.com。

蒙古工业部门治理不善,导致国有资产管理不善。其主要原因是问责制没有确立起来以及企业透明度不高。

三、 国有经济社会绩效

蒙古的矿产分红模式实行石油和矿产收益的全民分红均等化。蒙古私有化的一个方式是向每一个公民发放产权投资证书,在此基础上,将利用开发矿产资源获取的收益以向全体公民发放股票红利的方式,使全体公民作为国有资产的直接所有者,共同享受国有资产收益,实现国有资产收益的"全民共享"。丰富的矿产资源收益为这一分红模式提供了坚实的资金基础,国有工业企业 ErdenesTavan Tolgoi 为现金转移计划提供了资金资助。这一分红模式具有政治实用性,被用作政客赢得选票的有力手段,但它在财政上不可持续,经济下行时成本太高,因此,政客通过《选举法》禁止将矿业收入、股份分配给公民,但股息作为公司收入不在禁止之列。

2011 年 3 月 31 日,蒙古宣布履行"让国家矿产资源的收益惠及每个公民的承诺",将塔温陶勒盖煤矿总股票份额中的 10% 作为红利股票(折合 15 亿股)发放给全体公民。当时,蒙古有 280 万公民,通过股份形式发放的全民分红,分配而来的红利股票合计每个公民能够得到 536 股。2020 年,国有煤矿企业 ErdenesTavan Tolgoi 向超过 200 万蒙古公民进行分红。

国有工业企业 Erdenes MGL 是拥有多个经营实体的控股公司,它不仅仅是一个传统意义上的公司,更像是一个服务于蒙古产业政策的政府机构,即代表政府管理和促进矿业发展。大规模私有化后,蒙古 2006 年的《矿产法》(2014 年修订)和 2009 年的《核能法》授予蒙古政府收购被认为对国家具有战略意义的某些铀和稀土矿床 34%～100% 的股权权利。收购后,这些资产归属矿业资产国有实体额尔登斯蒙古(Erdenes MGL)。额尔登斯蒙古负责管理国有资产,并筹集资金投资于蒙古经济多样化所需的经济基础设施。额尔登斯蒙古的建立确保了国家作为监管者和投资者的角色分离,蒙古要求 Erdenes MGL 用其利润"造福蒙古人民"。

然而,额尔登斯蒙古没有像预期那样充分发挥作用。额尔登斯蒙古尽管是一家投资公司,预算与政府预算分离,但它被视为一个公共机构,被要求不能保留投资公司股息,《人类发展基金法》要求额尔登斯蒙古投资公司的股息流入 HDF,这阻碍了额尔登斯蒙古筹集所需资金为经济的改善进行战略投资。直到 2016 年 HDF 取消后,它才有所转变。

蒙古没有规定母公司利润按多少比例入库,很多国企不会定期向蒙古国库支付股息,这意味着通过预算用于教育等优先事项的经费会减少。其他国家的工业国企,如中国神华、印度煤炭等会定期将利润的 30%～100% 作为股息支付给本国国库。额尔登斯蒙古在 2019 年之前不向蒙古国库派息,也不公布子公司财务数据,而是用于再投资,并在多个经济部门疯狂扩张,随之带来的是微薄的利润。自成立以来,该公司仅在过去 3 年宣布了利润——2016—2018 年合计只有微不足道的 410 亿蒙图(约 1 630 万美元)。

国有企业和私营企业面临着尽可能在当地采购的政治压力(强烈鼓励但法律上不强制),这种非官方要求增加了服务蒙古市场的效率和成本。

目前,世界各国都在寻找可再生能源和传统发电的机会,这一行业在蒙古仍处于国家控制之下。由于监督和法律框架还未完善,而且电价往往受到限制,在电价市场化以及真正成本回收之前,私营企业对发电领域的投资意愿不足,主要是国企发挥作用。

蒙古的基础设施不足和落后的问题严重,尤其是运输部门,国内和国际连通性差是扩大出口的障碍。在蒙古的"新复苏"政策中,港口复兴政策旨在提高蒙古陆港、机场的能力,改善交通基础设施,助力工业复兴。国有企业在铁路、高速公路和机场扩建计划中承担了重要责任。

第六节　对国有经济发展的启示

一、国有企业的产业布局

蒙古的私有化相较于前几个国家力度较大,90％的企业为私营企业,私营企业的所有权已经更加集中在采矿、建筑和银行等关键经济部门。国有企业在蒙古国民经济发展中所处的地位以及所发挥的相应作用明显下降,但国有企业在矿产资源开发等战略部门仍然占据主导地位,发挥着重要作用。特别是在政府定义为具有战略重要性的大型项目中,国家对采矿业进行了大量干预。为了提高经济抗风险能力,蒙古正在试图建立机制,将严重依赖战略矿产资源部门的资金,引导到运输等其他部门的重要投资中。

从蒙古的私有化过程来看,激进的私有化进程,加上组织工作的不完善、监督工作的不力,蒙古国有企业的国有资产没有得到合理评估,特别是对国有企业无形资产评估欠缺,导致国有资产流失,严重损害了国家利益。

蒙古私有化的一个方式是向每一个公民发放投资权利证书,购买公司股票,国有资产的平均分配不仅打击了许多公民对企业改制的支持和热情,也破坏了经营权的权威性和统一性。

二、国家的产业政策

(1) 改善投资环境。蒙古政府会为国内和国外投资者提供税收优惠以激励投资。政府有时为基本燃料和食品的进口或某些目标行业的进口提供免税。此类豁免适用于蒙古5％的进口关税和10％的增值税(VAT)。此外,GOM有时会根据具体情况将10％的税收抵免扩大到对采矿、农业和基础设施等关键行业的投资。

（2）设立自贸区。蒙古自贸区缺乏基于国际最佳实践的实施法规。此外，自贸区的尽职调查（包括成本效益分析）从未完成，也没有为现场基础设施需求投入足够的资金。

（3）积极支持私营企业发展。坚持私营机构可完成的政府不参与原则，将国家采购服务转型为以"标准—质量—竞争"为基础的服务。2021 年 9 月，在"加快疫情期间的经济复苏"会议上，奥云额尔登总理介绍说，为私营机构办理许可证等政府服务将更加便捷，出台实施有利于投资者的政策，增加出口、支持本国生产替代进口，使国有经营机构不优先于私营机构。

三、 国家推动创新的方式

科学、技术和创新是经济和社会发展的主要动力。但是，"发展中东亚的绝大多数企业目前并没在创新"（W.B.，2021），蒙古也在其中，经济增长落后于该地区的主要国家。根据亚洲开发银行的评估，蒙古的创新水平低于其人均收入水平应达到的预期。根据联合国教科文组织的数据，蒙古 2017 年和 2018 年的国内研发总支出仅占 GDP 的 0.1％，低于 2016 年的 0.2％。研发活动主要由政府资助，只有约 5％的研发支出由企业提供。2021 年的全球创新指数，蒙古排在第 58 位（中国排名 12）。

在推动创新方面，蒙古政府的政策主要有以下几个方面：①支持公私共同资助或进行研究开发，加强合作；②实施支持各种类型创新资金的政策，通过金融政策持续支持创新活动的各个阶段，如为研究项目建立一个持续的资金体系，创建风险基金进行融资等；③创建和发展创新基础设施，如科技园区、创新技术中心等，重点投资具有基本运作和人员成本的基础设施，发展与战略重点和技术相关的关键实验室网络；④为创新活动参与者提供有用的信息和咨询服务，如创新成果库，以保护、推广和商业化政府资助的创新研究成果等。蒙古的创新政策强调将创新、企业和政府三者联系起来，不仅使政府成为合作主体成为可能，也通过研究机构和企业协调，将知识和技术商业化，同时也提高了企业的技术水平。

政府不仅要关注制造业创新，支持服务业创新也很重要。在科技进步和经济全球化驱动下，服务业内涵更加丰富、分工更加细化、业态更加多样、模式不断创新，其在产业升级中的作用更加突出，已经成为支撑发展的主要动能、价值创造的重要源泉和国际竞争的主战场。重视服务业创新有助于蒙古从严重依赖矿业的经济模式中走出来，实现产业多样化，推动经济转型升级。

四、 国有企业的公司治理

（1）董事会和管理层被政治干预问题严重。从表面上看，蒙古的国有企业治理结构是清晰的，独立的管理层向独立的董事会负责，董事会向国有资产政策协调局报告。但事实上，管理层和董事会的运作和任命受到政府干预的程度十分严重。任命取决于执政党的政治决定，并与政治动态密切相关。政府更迭后更换董事会和高级管理人员的做法使得企业很难做出连贯的决策。公司治理有待改善，而且执政党在选举期间也会做出很多承诺，需要国企之后的支持。

（2）蒙古的国有企业治理缺乏透明度和问责制。蒙古国有企业不遵守经合组织国有企业公司治理指南，尽管在技术上要求遵循与私营公司相同的信息披露、会计和报告方面的国际最佳实践，但国有企业往往仅在寻求国际投资和融资时才遵循这些规则，通常情况下并不向外披露详细的经营数据。不充分的信息披露使得议会、利益相关者无法更好地衡量其经营绩效，进而提出改善治理和提高盈利的方法。

（3）制度框架质量和执行之间存在显著差距，制度规定同时要加强执行。蒙古政府颁布了一些改善国企治理的计划和制度，但没有明确如何执行，效果甚微。《支持经济透明法》（*Glass Accounts Law*）在 2014 年规定了包括国有企业在内的政府实体的信息披露要求，并且建立了一个门户网站 Glass Accounts，要求政府实体和国有企业在公共网站上披露详细的财务和运营信息。但这项透明法一直执法不力，很多企业从 2019 年才开始报告相关信息，作为蒙古最具影响力的国有企业额尔登斯蒙古在 2019 年之前也从不公布其子公司财务数据，而且交易报告并不会及时更新，许多交易报告延迟超过 1 年，报告数据也不完整。究其原因，一方面是法律对谁应该报告的规定模棱两可；另一方面是政府不作为、执法不力以及对不合规行为制裁有限。此外，系统的烦琐操作也可能是企业不遵从的原因之一。

第四章
埃塞俄比亚

第一节　埃塞俄比亚国有经济演变历程

一、埃塞俄比亚国有经济发展历程

1. 私有经济发展时期：1974 年以前

所罗门王朝皇帝孟尼利克二世在位时期，埃塞俄比亚开始出现土地私有化。为了巩固统治，在与意大利的战争结束后，孟尼利克二世用赐封土地的方法笼络皇亲贵戚。这一时期，下属各公国为了控制土地展开了大大小小的斗争。与此同时，他们也共同捍卫埃塞俄比亚的独立。土地成为私有财产被占有，成为衡量财富与威望的标志。但土地所有者出于经济目的对土地的开发也十分有限。

1930—1974 年，埃塞俄比亚由皇帝海尔·塞拉西一世领导，私营经济进入快速发展阶段。在这一时间段，埃塞俄比亚 90％的土地被私人所拥有，企业经营的体制框架是一种自由的企业制度，具有开放的政策，即政府对企业的建立和经营没有提出最低要求。政府鼓励国内外的潜在投资者将资源投入工业投资。许多相关的私营部门聚集起来，土地所有者开发商业农场，形成较为完整的农业产品加工链，成为正式的私营企业。1931 年颁布的埃塞俄比亚有史以来第一部宪法，明确支持个人拥有和发展私人财产的权利。1955 年，海尔·塞拉西颁布了一部新宪法《1955 年宪法》以加强独裁统治，规定了将全国最大的金矿变为皇帝的私人财产，以满足自身奢华的生活，甚至明文规定皇室开支占全国预算开支的比例，当时的皇室开支甚至达到政府对农业投资的 4 倍，这对于以农业立国的埃塞俄比亚来说是个天文数字。为了安抚地方封建势力，加强他们对皇室的忠诚度，政府停止实施过去的土地登记和税收制度改革,广泛实行了土地分封。进入20世纪70年代后,埃塞俄比亚的经济、政治形势更加严峻。从1972年起,全国遭受特大旱灾。不久,因缺水、饥饿和瘟疫而死亡的人数达到30多万人,城市有400多万人严重缺粮。物价在一年间飞涨了50%,社会贫富差距加剧。苏伊士运河关闭造成的油价高涨,更让国民生活陷入危机。1973年的中东石油危机使世界范围内的经济危机更加恶化,对于原本就脆弱的埃塞俄比亚经济来说更是雪上加霜。

当时的企业,尤其是国有企业,表现出快速增长和扩张的态势。塞拉西设法剪除林立的割据势力,把各省政权改由中央政府统一管辖,并将地方财力集中于中央。

2. 国有经济发展时期: 1974—1991 年

1974年9月,埃塞俄比亚废黜帝制,没收皇室、贵族、地主的土地并将其分配给少地、无地农民,推行合作社方式,发展国营经济,实行外国企业国有化,宣布建立社会主义经济体制。但由于政策失误、自然灾害频繁及军费开支过于庞大,1974—1991年,国内生产总值年均净增长率由4%下降为1.5%,甚至出现负增长。1991年,人均国民生产总值仅为120美元,通货膨胀率高达35.7%。

1974年军政府出现后,私营经济的所有权向国家转移。社会主义军事政权没收了大部分的私有土地,在交通和服务业等其他领域,也没有大型的私人投资,只有很少的公共和私人合资的公司参与。

1975年2月7日,德格政府公布了一份文件,概述了埃塞俄比亚社会主义者的经济政策。该政策确定了三个拟供国家参与的制造业领域,即生产为其他工业服务的商品并作为基础工业,为人口生产基本商品的工业,以及生产药品、烟草和饮料的工业。工业企业受到的影响比任何其他部门都要大,特别是对几乎所有的中型和大型工业,因为必须强制实行公有制。与国家财产社会化一致,1975年有87家制造业企业国有化。在接下来的几年里,它们的数量增加到134家,到1983年,多达159家企业被国有化。然而,许多国有化的企业出现了设备老化,其中超过50%的企业财务状况堪忧。当时,经营中的大中型企业也从1970年的479家下降到1984年的399家。总体来说,德格政府扩大公有制的试验被证明是失败的,背后的原因包括管理不善和人员过剩、高债务和财政损失以及腐败增加。

此外,1986—1987年以及1991—1992年,工业部门的国内总产值(按固定因素成本计算)从7.142 9亿美元降至3.269 3亿美元。

3. 国有企业私有化改革期: 1991 年起

实际上,埃塞俄比亚从 20 世纪 90 年代开始就认识到了私营部门的重要性,设法扭转 20 世纪 80 年代的社会经济危机并迅速转变经济发展模式:承认私营企业发展的作用,并指出私营企业可以在所有经济领域与国有企业竞争。但在 1990 年 2 月至 1991 年 5 月期间,政府并未采取多少实际行动。1991 年 11 月,在埃塞俄比亚人民革命民主阵线政府(EPRDF)宣布的过渡性经济政策(TEP)的推动下,埃塞俄比亚制定了一份为期 3 年的政策框架文件,并于 1992 年 10 月与货币基金组织和世界银行商定,构成经济改革方案的基础政策框架文件,旨在振兴经济,建立一个更加以市场为导向的经济体系,为私有化提供空间,从而取代严格集中的政府指导经济的体制。

1991 年 7 月,埃塞俄比亚人民革命民主阵线协调其他党派,组成过渡政府。为恢复和振兴经济,过渡政府制定了过渡时期经济政策,确定实行混合经济体制,逐步减少国家对经济的干预,鼓励本国和外国投资,并将这一指导方针具体体现在各部门的发展政策中。1991 年上台的过渡性政府发起了私有化改革,旨在阻止经济的持续负增长。其经济政策很大程度上是基于之前已有的政策,重点是解除对被禁止行业和价格的管制。公有制企业出现了明显的私有化倾向。政府制定了部门政策,发布了公告,并实现了私有化机构和投资局等组织的运作。在政策实施的前几年,政府取消了除石油和家庭消费的石油产品、药品和糖以外的所有商品的价格管制,消除了道路运输的垄断,引入了新的劳动法规。私人利率改革的起征税点向上调整,所得税改革意味着最高边际税率已经向下调整。

1994 年 2 月,政府发布了《埃塞俄比亚私有化机构成立公告》。埃塞俄比亚私有化机构对总理办公室负责。该机构的目标是以有序和有效的方式执行公共企业私有化进程,对政府决定私有化的公共企业的经济、技术、财务和价格评估进行详细研究,创造有利于成功完成私有化进程的条件,编制即将私有化的国有企业的人力、资产、财务和法律事务的详细记录。私有化机构最近宣布,已有 189 家企业尚未出售给私营部门。该机构已计划在本财年出售 46 家企业。过去的经验表明,私有化的进程非常缓慢,在过去 5 年中平均每年出售 33 家企业。大多数表现良好的重要企业已经售出,而尚未售出的企业可能没有市场竞争力。

1994 年 5 月,结束 4 年政治过渡期,埃塞俄比亚联邦民主共和国宣布成立。新政府重申继续推行混合经济体制,加快计划经济向市场经济转变的速度,进一步放宽对进出口贸易的限制,加强市场的调节作用,加大私有化改革力度,推动经济自由化发展。在出售了诸如售货亭、商店、餐馆和皮革工厂等一些小企业之后,政府获得了私有化改革的一定经验,也获得了国内外金融机构的一定信任。政府计划在第二阶段出售 170 家公司,其中包括 30 家大公司,但金融机构、民航和通信业等重要领域仍将继续实行国有制,能源业将部分向外国投资者开放。

埃塞俄比亚各部门的公告暗示国有企业将转向私有化方向发展,而且重新调整其余国有企业的组织方向,使其更有效率。主导工业的 9 家国有公司被解散,以刺激国内私人投资。各种自由化措施意味着经济体系各个方面产生积极变化。

有一半的工业机构是国有的。这些机构的规模相当大,雇用了所有工业雇员的 90% 以上。因此,在埃塞俄比亚,工业机构的私有化是一项影响到几乎所有工业和农业部门的改革。私有化通常是一个复杂的改革问题,因此需要相当长的时间来实施,其过程和所有权重组可能相对缓慢。埃塞俄比亚国有企业的私有化进程一直较慢。

1992 年 7 月至 2000 年 7 月,国内私人投资项目为 5 411 个,外商私人投资项目为 120 个,国内外私人合资投资项目为 110 个,经投资局批准,计划投资资金554 770 亿比尔。根据计划,这些项目将创造永久就业机会总共 289 495 个,临时就业岗位 501 888 个。在批准的 5 411 个国内私人项目中,只有 1 742 个(32%)已完成,计划投资资本 3 862 985 万比尔,实际投资资本 900 478 万比尔。总体来说,预期投资资本和创造就业机会的加速效应还未能实现任何实质性的目标。在总共230 个被批准的外国项目中,只有 50 个,即 22% 已经完成并投入运营。在计划的外国投资总额 1 097 268 万比尔中,只有 434 065 万比尔被用于投资。此外,在已批准的外国项目中,计划创造的 108 421 个永久和临时就业机会中,只有 18 042 个岗位(16.6%)被释放,而 83.4% 的员工面临失业。在已批准的 5 411 个国内投资项目中,有 1 740 个(32.2%)是在亚的斯亚贝巴建设的,奥罗米亚地区以 1 168 个(21.6%)排名第二。埃塞俄比亚同任何发展中国家一样,经济规划中的两个主要发展目标是创造就业机会和增加收入。私有化的原因如下:政府承受高财政压力(高预算赤字、大型国内公共债务和大量外债),高度依赖国际组织和其他国家的贷款(世界银行和国际货币基金组织),大量国有企业投资,国有企业在生产和盈利能力方面表现不佳,长期经济增长较低。

二、 埃塞俄比亚国有经济发展路径及原因分析

1. "双头垄断"的私有化市场结构

埃塞俄比亚对国有企业进行私有化的公司可以分为三类。第一类主要包括曾经的执政党提格雷人民解放阵线(TPLF)拥有的提格雷复兴捐赠基金(EFFORT)以及埃塞俄比亚其他政党所控制的企业。第二类是埃塞俄比亚投资集团MIDROC,隶属穆罕默德国际开发研究组织集体,该公司的所有者是沙特阿拉伯的投资者。这两家集团像"双头垄断"一样控制着该国经济的每一个领域。第三类是那些既不属于 MIDROC 也不属于提格雷复兴捐赠基金的私有化企业,它们在两大私有化寡头集团之外的领域对国企进行私有化。

19 世纪 90 年代,提格雷人民解放阵线一上台,就领导成立了提格雷复兴捐赠基金,利用其在战争期间获得的非军事资产和其他未披露来源而产生的资金进行投资。此外,提格雷人民解放阵线还将一部分资金分配给构成执政联盟的其他政党,帮助他们创建自己的捐赠基金和政党企业。在这一安排下,阿姆哈拉民族民主运动(ANDM)的捐赠基金被命名为"提里特",奥罗莫人民民主组织(OPDO)成立了"Dinsho"。这类基金导致各自政党的领导人和高级政府官员成为国有企业私有化的受益者,经营领域涉及经济的每一个部门。例如,提格雷复兴捐赠基金官方网站列出了其旗下在制造业、服务业、商品、建筑、采矿和农业等行业经营的公司。提格雷复兴捐赠基金在银行信贷、外汇、进出口许可证、政府合同或投标、税收待遇和通关等方面享有的优惠待遇甚至超过国有企业。

成立于 1994 年的埃塞俄比亚投资集团是另一个实力强大的私有化参与者。截至 2017 年年中,该投资集团控制了约 80 家集团和附属公司,经营领域包括农业和涉农工业、建筑、酒店和旅游业、制造业、采矿、石油和天然气分销、房地产开发、运输(包括航空运输)、贸易和商业、医疗保健以及教育和培训。埃塞俄比亚投资集团 MIDROC 的总投资占埃塞俄比亚 GDP 的 5%~11%。埃塞俄比亚私有化机构(EPA)在 20 世纪 90 年代末提供的数据显示,大多数国有企业都被卖给了一个买家——埃塞俄比亚投资集团 MIDROC。到世纪之交,政府已经将 254 家国有企业私有化,仅埃塞俄比亚投资集团 MIDROC 一家就收购了 254 家企业中的 21 家。虽然这些企业数量仅占私有化企业总数的 8.3%,但它们是由最具经济和战略重要性的企业组成的,它们在政府私有化企业的市场总价值中至少占到 60%。到 21 世

纪,卖给单一买家的趋势并没有改变,埃塞俄比亚私有化过程被证明只是企业从国有制向单一私人所有制的转移。

2. 微观层面,私有化改革并未显著促进企业生产力提升

大量学者(例如,Jesiah Selvam 等)的研究表明,对于埃塞俄比亚的大量国有公司来说,在私有化之后,生产率没有任何改善甚至还下降了。

私有化后提高效率的必要经济理论假定的条件为自由竞争市场,缺乏自由竞争的市场可能是阻碍国企私有化成功的主要因素。第一,埃塞俄比亚初期的私有化进程似乎缺乏透明度,而且非常缓慢,腐败丛生。很难研究出是政治因素还是经济因素决定了哪些公司要私有化,如何评估它们的市场价值以及哪些因素决定了竞标过程。第二,私有化似乎至少没有实现 1998 年第 146 号公告所述的两项目标,即减少政府对经济的参与和扩大私营部门。

一方面,埃塞俄比亚的市场扭曲和缺乏竞争似乎源于政府对市场的不合理干预。提格雷人民解放阵线领导的政府在 20 世纪 90 年代初到 2018 年期间一直统治埃塞俄比亚,其领导人创建了庞大的私营企业集团,开始直接参与市场。这些企业集团归提格雷人民解放阵线所有,由党内精英经营。另一方面,大量具有较高战略和经济意义的国有企业被选择性地私有化给一家私营公司——埃塞俄比亚投资集团。这种将具有较高战略和经济意义的企业转移到一家公司,相当于以私有化的名义从一个所有者(埃塞俄比亚政府)转移到另一个所有者(埃塞俄比亚投资集团)。

这两个集团(提格雷复兴捐赠基金和 MIDROC 集团)已经成为强大的市场参与者,覆盖全国的每一项经济活动,并创造出"双头垄断"的市场结构。这限制了其他私营企业的市场格局,其他私营企业的市场份额微不足道。在这种环境下,基于竞争市场条件的理论经济模型的预测很难成立。埃塞俄比亚的商业环境在很大程度上注定会造成一种市场扭曲,鼓励权力"寻租"行为。

3. 宏观层面,私有化改革并未改善财政赤字问题

埃塞俄比亚实行私有化改革的动机之一在于减小财政赤字。20 世纪 70 年代和 80 年代,埃塞俄比亚发展过程中因为财政赤字积累了大量政府债务。如何通过改革国企来减少财政赤字,在政府的政策中成为焦点。其中的合理性在于:许多国有企业的经营薄弱和持续亏损很大程度上导致了赤字产生,如果它们是私营企业,这种赤字就可以避免。此外,国企私有化带来的收入可以用于偿还政府债务。

20 世纪 90 年代以来,埃塞俄比亚的国企改革目的是发展高效的私营部门,以取代经营薄弱的国有企业,并在发展中缩小赤字。

预算赤字率(预算赤字占国内生产总值的比例)在私有化时期的第一个财政年度即 1994—1995 年度为 3.7%,而在 2003—2004 年度则提高到了 7.13%。在 1994—2003 年这 10 年间,它的年平均增长率为 5.48%。只有在 1996—1997 财政年度和 1997—1998 财政年度,赤字非常低。但埃塞俄比亚与厄立特里亚战后对预算赤字的影响使得 1998—1999 财政年度和 1999—2000 财政年度赤字率分别为 6.54% 和 10.25%。在 1994—2003 年这 10 年间,预算赤字率上升的现象一直在持续。

对于私有化与预算赤字无关的现象,有两个可能的原因:第一,私有化规模带来的私有化收益太小,不足以影响预算赤字;第二,政府在私有化过程中保留主要的国有企业,使预算赤字与私有化没有显著联系。然而,政府在存在较大预算赤字的情况下会减少投资支出,即所谓的拥挤效应。投资支出减少意味着资本形成的放缓和经济增速降低。

第二节　埃塞俄比亚国有经济发展现状

一、埃塞俄比亚国有经济规模及结构布局

目前,农业仍是埃塞俄比亚国民经济的支柱,农业劳动力占全国就业总人数的 70% 以上,农业产值占国内生产总值的 35% 左右。工业产值占埃塞俄比亚国内生产总值的 25% 左右,制造业主要集中在首都及周边城市,以食品、饮料、纺织和皮革加工为主。埃塞俄比亚制造业增长加速,2011—2020 年,年均增长率达到 13%,但总量较小。

1992 年,有 211 家大中型制造厂由国家控制,其中 164 家由工业部管理,其余 47 家公司由其他部门管理。截至 2002 年 3 月,受国家控制的只有 141 家企业(大中型企业),在 98 136 名总就业人口中雇用约 56 588 人,而私营部门拥有 769 家企业,雇用约 41 551 人。政府根据国际货币基金组织和世界银行的建议采取了许多措施。1992 年,政府与国际货币基金组织、世界银行和其他捐助国同意通过一项结构调整方案。值得注意的是,这里所采取的所有改革措施都主要涉及非农业部门。1996 年到 2000 年 12 月,有 166 家国有企业被"私有化"。在私营企业中,130

家企业被收购,其余36家被政府和准国营企业收购。在出售给私营部门的130家企业中,有45家被卖给了亚的斯法纳的底层工人。在总共166家由政府控制的机构中,有16家被外国投资者收购。在4亿美元的总销售收入中,有3.58亿美元(89.5%)来自16家企业出售给外国人的销售收入。

二、 埃塞俄比亚国有经济的特征

虽然埃塞俄比亚的企业改革存在些许问题,但通过学习中国发展模式,引进外资,进行国企改革已经产生了巨大成效。埃塞俄比亚从建国以来便一直处于贫困落后的水平。但从1991年开始,仅仅用了30年时间便一跃成为全球经济增速最快的第二个国家。1998—2019年,年均GDP增长率为9.8%。

1. 私有化程度有显著的增长预期

20世纪90年代到2018年,在提格雷人民解放阵线的领导下,政府希望更多的公司进行私有化,但是过程比较缓慢,对国企私有化施加了很多限制条件,防止它们大量解雇员工,政府想在一些民生关键领域与国家安全领域的企业,如铁路、能源、电信、采矿、化工、保险等行业保持国家所有权。但2018年现任总理阿比·艾哈迈德上台之后,积极推动各类国企私有化,埃塞俄比亚政府正在实施新的经济改革,计划到2025年使埃塞俄比亚成为中等收入国家,到2030年成为"非洲繁荣的标志"。为了填补一些行业国企改革的空白,政府采取了新的举措,将现有的国有独资企业私有化,包括埃塞俄比亚航空公司和埃塞俄比亚电信。

2. 法律日趋完善

埃塞俄比亚采用"国家主导"的发展方式,国有企业在国家经济发展中发挥了根本作用。初期私有化十分混乱,缺乏透明度。但随着埃塞俄比亚出台《公有企业公告》等专门针对国有企业的法律法规,其法律制度日趋完善。因为并不是所有的国有企业都受这个公告管理,有相当数量的埃塞俄比亚国有企业受《商法》(即常规公司法规)管理。

国有企业的"监管机构"可以设在相关部门或在企业内部。在埃塞俄比亚,法律对于董事会的作用有明确规定,董事会通常是"政策委员会",他们不参与公司的日常事务。在要求根据业绩任命方面,埃塞俄比亚的法律坚持将"专业、经验和能力"作为任何董事会任命的标准。此外,对于董事会成员因其错误决策造成损失的个人责任,也有非常严格的规定。埃塞俄比亚的法律中也要求政府任命董事会成员的透明度以及公众参与程度。埃塞俄比亚法律坚持董事会而非政府,来任命和解雇总经理(相当于 CEO)。在埃塞俄比亚,法律明确阐述了国有企业的总经理和董事会之间的权责界限。埃塞俄比亚政府对国有企业的监督体现在四个方面。第一,董事会中有被政府任命者。第二,国企的某些决策需要得到政府的批准。第三,审计部门审计国有企业的账目。第四,政府可以向企业发布指令和命令,从而进行控制。

总而言之,埃塞俄比亚政府监管国有企业的法律框架强调择优任命,并需要明确总经理和董事会之间的问责关系。然而,这并不意味着国有企业的运作不受到政治干预,埃塞俄比亚自 2018 年开始展开了自由化的进程,并正在减少政府在国有企业中的股份,这表明埃塞俄比亚正在逐渐改变"国家主导"的发展方式。

3. 国有企业渐进式改革

埃塞俄比亚学习中国实行渐进式双轨制改革,按一定路径和规划分批次对国有企业进行私有化。20 世纪 70 年代和 80 年代,埃塞俄比亚在制造业、采矿业、电力和交通运输等部门的国有企业的产出占到各自部门总产出的 50% 以上。不过,1992 年以来,经济政策的重点已经从指令经济转向双轨制市场经济。埃塞俄比亚由于 20 世纪 90 年代以前德格政权的特点——指令性经济政策的遗留问题,导致私营企业发展的环境较差。但是,1992 年以来的经济改革优先重视公共部门改革和私营企业发展,政府一直在执行逐步放宽私人投资环境的措施。1992 年颁布的《投资法》分别在 1996 年和 1998 年进行了两次修订。1998 年的修订增加了私营企业(包括外资)对提供基础设施的参与,将国内民航、电力和电信等原先由国家控制的关键领域开放给私人投资。为了增加经济中的外国直接投资,政府取消了适用于合资企业的外国投资的最低资本投资限额(低于 2 000 万美元)和适用于工程、冶金、制药、化学和化肥行业的独资企业的上限(超过 2 000 万美元)。总体来说,埃塞俄比亚自 1992 年以来,在改善私人投资环境方面取得了很大成就,制造业、农业、涉农企业和采矿业的私人投资平均贡献了约 10.5%。

2018 年阿比上台后,作为经济改革和扩大私营部门政策的一部分,埃塞俄比亚启动了一项重大计划,将一些关键的国有企业私有化。埃塞俄比亚正在吸引大量外国直接投资,目前是非洲大陆前十大外资接收国之一。这一轮私有化可能比 20 世纪 90 年代早期的提格雷复兴基金的私有化改革更重要,因为它旨在将电信、电力、物流和运输等部门的一些关键公共资产转移到私人手中。即使埃塞俄比亚私有化起步较晚,这波私有化浪潮也将是该国经济史上规模最大的一次。尽管为海外投资者购买其他行业的国企扫清了障碍,但是埃塞俄比亚不会向外资开放其银行和保险公司。法律规定,小额信贷和小额储蓄服务将保留给国内投资者。埃塞俄比亚商业银行业将仍然由两家历史悠久、利润最高的国有企业——Awash Bank 和 Dashen 主导。

管理国企私有化的速度和顺序对于激活埃塞俄比亚经济至关重要。埃塞俄比亚既不能原地踏步,不进行改革,也不能步子迈得太大,步子迈得过大又会出现新问题。企业私有化的顺序可能会对市场结构、部门联系和政治权力更迭产生深远的影响。由于埃塞俄比亚国内资本市场的缺失和国内市场通过私有化吸收重大国企的能力不足,埃塞俄比亚政府考虑在条件允许的情况下将国企部分私有化,各方商定的股权比例因情况而异,混合所有制是一个很好的起点。然而,尽管部分私有化有技术转让和资金流动的优势,但仍可能会造成管理问题。通过采取部分私有化措施,政府可以防止潜在的外资将私有化后的利润全部转移至海外。

第三节　埃塞俄比亚国有经济治理情况

一、 埃塞俄比亚国有经济的外部治理

1. 公务员体系改革

如果不改变公务员制度以及提升公务员素质,在国企私有化的过程中就会发生大量财务混乱以及权力"寻租"的现象。埃塞俄比亚政府于 1996 年开始实行公务员制度改革计划(CSRP),并于 2001 年 9 月启动公共部门能力建设支持计划,以保障联邦公共服务以及私有化的效率。2003 年 6 月,埃塞俄比亚能力建设部为公务员制度改革计划重新制定了以下目标:摆脱过去政权遗留下来的公务员制度根深蒂固的弱点,建设公务员队伍的能力,使其能够实行国企改革等政府政策和计划,建设一支道德良好、没有腐败、裙带关系和偏袒的公务员队伍,提升公务员以及行政体系中的透明度。

在"一揽子"公务员改革政策的推动下,埃塞俄比亚国企私有化透明度有了很大改善,埃塞俄比亚腐败问题得到较好的解决。虽然埃塞俄比亚的腐败感知指数排在 180 个国家中的第 126 位,但是与其他大多数收入水平相似的国家相比,埃塞

俄比亚的情况要好很多。其他来源的数据都显示出了埃塞俄比亚腐败问题较轻。根据世界银行的企业调查,埃塞俄比亚只有12%的公司表示需要通过贿赂政府官员来正常经营,而撒哈拉以南非洲地区的这一比例为41%。

鉴于缺乏适当的激励措施和公务员积极性不高的问题,埃塞俄比亚当局特别注意在私有化的同时建立有效的监管机构所面临的挑战,为公务员提供与教育和劳动力市场经验相称的工资和其他非货币福利(如住房补贴等)来减少权力"寻租"行为。

2. 细化公共部门,增强监管能力

私有化的效率和公平性很大程度上受到监管机构力量的影响。埃塞俄比亚设立独立的监督机构,对每一个细分的部门公司进行监督,并建立适当的制衡机制。例如,电信、物流和公用事业部门的监管和促进竞争由3个不同的部门负责,分别监督各自的部门。如果没有一个强有力的监管框架,私有化过程中的配置效率和社会福利可能会受到影响,建立一个可靠的监管框架往往被认为是私有化进程成功的核心之一。

埃塞俄比亚公共部门下属的一些机构已经进行了改组,变得更加灵活,能够对国企的需要快速做出反应。例如,埃塞俄比亚园艺发展局以前是农业和农村发展部的一个部门,这使得该机构很难对园艺类国企的需求做出快速而灵活的反应。现在,作为一个直接向总理报告的自治机构,它已经获得了灵活性,可以自由地独立聘用员工。

二、 埃塞俄比亚国有经济的内部治理

埃塞俄比亚没有明确国有企业类别。国家或各联邦拥有所有权的企业并不都具有相同的地位,因此它们可能受到不同法律的监管。根据1992年第25号《公有企业公告》的规定,一些国有实体被视为公有企业,因此它们受此公告的管理。剩下的不属于《公有企业公告》管理的国有实体,因为缺乏公有企业的地位,因此受到商法的监督。

根据《公有企业公告》第10条的规定,每个企业除其他必要企业经营所需部门外,应设有监督机构、管理委员会和总经理(必要时还应设副总经理)。而董事会的任命模式是选举与任命并行制,选举权由国有企业职工大会执行。采用这种办法任职的董事会成员不得超过1/3,董事会的其他成员和主席由监督机关任命。

受到商法监督的国有实体,其公司治理的市场化色彩明显,董事会成员由全体股东大会推举而形成,董事必须为公司股东。

第四节　埃塞俄比亚国有经济代表性部门(机构)分析

一、埃塞俄比亚代表性部门分析

2005 年以来,政府实施以农业为先导的工业化发展战略,加大农业投入,大力发展新兴产业、出口创汇型产业、旅游业和航空业,吸引外资参与埃塞俄比亚能源和矿产资源开发,经济保持较高水平的增速。但是,埃塞俄比亚也面临着政府债务上升、外汇持续短缺、区域发展失衡等问题。基于基础设施和交通等方面的限制,埃塞俄比亚的经济以农牧业为主,工业基础相对薄弱。

2020 年,埃塞俄比亚政府宣布将大规模推进国有企业私有化进程,计划在糖业、电信、能源、物流等领域进行国有企业私有化改革。埃塞俄比亚财政部长艾哈迈德·希德曾表示,计划于 2020 年 3 月中旬结束埃塞俄比亚电信行业垄断状态。希德还表示,目前,埃塞俄比亚电信(Ethio Telecom)垄断电信行业,欢迎各国电信行业公司到埃塞俄比亚投资入股,外资企业可以持有埃塞俄比亚电信 49％以内的股份。目前已经有来自欧、美、中国等的电信巨头公司表达了投资兴趣。2022 年,埃塞俄比亚政府根据第 1206/2020 号《公共企业私有化公告》制定了公共企业私有化框架。

1. 农业部门

近年来,埃塞俄比亚取得了令人瞩目的经济表现。而农业则是埃塞俄比亚国民经济的支柱产业,对埃塞俄比亚的经济发展起着至关重要的作用。农业是国民经济和出口创汇的支柱,埃塞俄比亚农业增加值占 GDP 的比重较高。2000—2021年期间,农业增加值占 GDP 的比重达到了 39.45％(见图 4-1)。2018 年,埃塞俄比亚农村人口数量超过了 8 500 万人,占总人口的比重达到了 79.4％。农牧民占总人口的 85％以上,主要从事种植和畜牧业,另有少量渔业和林业。

埃塞俄比亚畜牧存量位居非洲第一,在农业发展中占据重要地位。埃塞俄比亚的主要农作物包括谷物、豆类和油料,主要粮食作物包括苔麸、小麦、大麦、玉米、高粱和谷子。埃塞俄比亚位于高原地区,平均海拔达到 2 500～3 000 米,最高处海

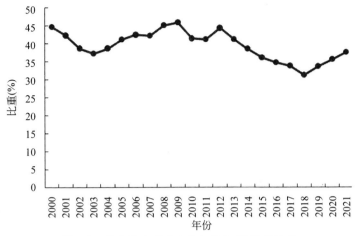

图 4-1　埃塞俄比亚农业增加值占 GDP 的比重

资料来源：埃塞俄比亚政府官网。

拔为 4 620 米，最低点低于海平面 125 米。正是由于不同地理位置海拔上的差异，埃塞俄比亚的农业区域划分明显，阿玛哈拉和奥罗米亚地区主要种植粮食作物，畜牧业则主要在奥罗米亚、阿玛哈拉、斯巴和提格雷地区，咖啡主要种植在南方地区，甘蔗主要种植在灌溉条件较好的河流谷地。其中咖啡是埃塞俄比亚重要的经济作物和最主要的出口物资。2019 年，埃塞俄比亚的国内生产总值为 959.13 亿美元，排名非洲第八，GDP 增长率为 8.364％。2020 年，国民生产总值达到 1 076.45 亿美元，GDP 增长率为 6.1％。咖啡对埃塞俄比亚的经济起着重要的作用，占埃塞俄比亚出口产品总量的 28.7％，其次是油籽、土豆和豆类。

然而，埃塞俄比亚的农业发展也存在种种限制。首先，受自然条件的约束，农业基础设施建设有待完善，耕作技术和灌溉水平有待提升。同时，埃塞俄比亚的农业生产方式仍比较传统，良种覆盖率不高，农药和肥料的施用面积还需进一步扩大。

2. 铁路部门

近年来，埃塞俄比亚的经济发展与交通行业基础设施的完善密不可分。铁路是国家重要的交通设施，是国家经济发展的动脉，对国家工业、农业等行业的发展具有重要意义。对于埃塞俄比亚而言，交通运输对于国家发展具有重要意义。然而，埃塞俄比亚地处高原，有"非洲屋脊"的称号，境内主要是山地和高原。因此，由于地形、天气等原因，埃塞俄比亚修建铁路对技术要求较高，工程难度较大。

中国为埃塞俄比亚铁路行业的发展做出了重要贡献。2015年9月,中国为埃塞俄比亚带来了亚吉铁路。亚吉铁路是非洲首条现代化的电气铁路,连接了埃塞俄比亚的首都亚的斯亚贝巴,以及非洲小国吉布提。2019年4月,第二届"一带一路"国际合作高峰论坛期间,亚吉铁路经济走廊及沿线工业园被写入了《第二届"一带一路"国际合作高峰论坛圆桌峰会联合公报》,是"由互联互通带动和支持的经济走廊"的第一个项目。2018年1月1日商业运营后,吉布提到亚的斯亚贝巴的货物由原来公路运输需要7天时间,一下缩短到12个小时,运输成本也降低了30%。亚吉铁路战略价值显著,可以发挥促进人员、商品和物资运输的互联互通以及带动区域经济繁荣的纽带作用。

埃塞俄比亚运输通信部相关人士称,该部一直在推动政府对铁路领域发展的重视,现有的781千米长的埃塞俄比亚—吉布提铁路已濒临瘫痪,面对埃塞俄比亚逐年增长的货物运输量,其运输能力极为有限,目前每年的运力仅为最多15万吨。2006年,埃塞俄比亚货物运输量就已达到300万吨,除上述铁路运输外均通过卡车运输,这种运输状况大大增加了运输成本并成为经济发展滞后的重要原因之一。

因此,埃塞俄比亚工业体系的建立和完善有赖于境内交通设施特别是铁路交通的建立、健全及完善。然而,埃塞俄比亚境内具有较高运输能力的铁路较为缺乏,这对埃塞俄比亚工业的发展产生了较大的阻碍作用。为此,埃塞俄比亚政府十分重视铁路的建设,期望通过完善铁路交通系统来帮助政府实现宏观经济调整和稳定以及社会和人力资源发展的政策目标,并促进经济增长。虽然目前埃塞俄比亚的铁路由国有部门垄断,埃塞俄比亚政府计划引入私营部门从事铁路运营以期降低成本,并提高大量进口货物运输的效率。

3. 电信部门

电信是一个国家基础的产业,电信产业对整个国家发展的进程具有重要推动作用。非盟第14届首脑会议将主题定为"非洲信息和通信技术:挑战和发展前景",也充分体现了电信产业发展的重要性。电信行业的发展给埃塞俄比亚人民的生活带来了巨大变化,农村地区电话普及率大幅上升,城市中手机的通信信号稳定、通话质量明显提高。电信产业的发展明显提升了埃塞俄比亚农业、工业的发展质量。在农业生产方面,一方面,电信产业的发展提升了农业生产的经济效率,农民可以更为快速、便捷地寻求技术等方面的帮助和支持;另一方面,电信行业发展有利于农业现代化,进而提升农业生产的效率。在工业生产方面,埃塞俄比亚的工业生产基础相对薄弱,电信行业的发展能够提升工业企业的数字化水平,促进工业企业产品质量的提升,增强本国工业的竞争力。

埃塞俄比亚的电信行业最初由国有企业垄断,2022 年,埃塞俄比亚政府根据第 1206/2020 号《公共企业私有化公告》制定了公共企业私有化框架。推动部分出售埃塞俄比亚电信是政府开放埃塞俄比亚经济、提高公共企业效率和增强其竞争力计划的一部分。埃塞俄比亚已经向 Safaricom 领导的财团发放了电信许可证,其于 2021 年 5 月中标,出价 8.5 亿美元。

二、 代表性企业分析

据埃塞俄比亚《新商业杂志》报道,埃塞俄比亚共有 23 家国有企业,创造了约 17 万个工作岗位,在 2018—2019 财年营业收入达 94 亿美元,税前盈利 19 亿美元。国有企业在埃塞俄比亚的经济发展中扮演着重要的角色。

从营收来看,在 23 家国有企业中,埃航以 41.4 亿美元营收位列第一,占比 44%;第二是埃塞俄比亚商业银行和埃塞俄比亚电信,营收分别达 19.7 亿美元和 13.2 亿美元,分别占比 21% 和 14%。从税前盈利角度看,埃塞俄比亚电信、埃塞俄比亚商业银行和埃塞俄比亚航空位列盈利前三名,盈利占比分别为 47%、34% 和 17%。

埃塞俄比亚国内关系国计民生关键领域的国有企业受到 PEHAA 的控制。在埃塞俄比亚国有经济发展历程中,一个重要的事件是取缔国有企业履行监管职能的公共企业控股与管理局(Public Enterprises Holding & Administration Agency,PEHAA)。据《报道者报》报道,埃塞俄比亚财政部国务部长埃约布接受采访时表示,埃塞俄比亚拟成立政府控股公司(GHC),此前对国有企业履行监管职能的公共企业控股与管理局将被取缔。此举旨在从根本上推进国有企业改革,一方面,继续将企业置于强有力的保护伞下;另一方面,企业将脱离公务员制度并全面商业化。该政府控股公司成立后,将涵盖埃塞俄比亚航空、埃塞俄比亚商业银行、埃塞俄比亚电信、埃塞俄比亚商业集团、埃塞俄比亚建筑工程公司等所有国有企业。政府将干预国际招标、合同管理和涉及国家利益交易等重大决策。

1. 埃塞俄比亚糖业公司

农业是埃塞俄比亚经济发展的重要支柱产业。在农业产品中,糖业是埃塞俄比亚发展的重要经济支柱,是其出口创汇的重要农业经济作物。

埃塞俄比亚糖业公司(Ethiopian Sugar Corporation)是埃塞俄比亚负责糖的

生产、销售中的重要国有企业,在全国各地均有糖厂。近年来,埃塞俄比亚政府对国家的糖业进行了改革。埃塞俄比亚糖业公司表示,在政府采取改革措施后,埃塞俄比亚糖业产量大增。2019—2020财年,埃塞俄比亚产糖超过30万吨,为过去几年最高产量。此外,埃塞俄比亚乙醇产量为1 420万升,远超上一财年的600万升。2021年,中国机械工业集团中工国际工程股份有限公司承建的埃塞俄比亚贝雷斯1号糖厂项目出糖庆典仪式6月6日在该国北部阿姆哈拉州举行。糖业已成为埃塞俄比亚经济发展、出口创汇的重要支柱产业。

尽管过去政府进行了巨额投资,但扩大制糖厂的努力并未取得任何结果,只是债务负担的累积。目前,埃塞俄比亚政府致力于糖业私有化改革,鼓励私营部门的参与和私人资本流入埃塞俄比亚经济。2020年第一季度制定了6个糖厂的私有化进程时间表,通过糖项目的公开透明和竞争性招标程序,促进私营部门参与国有的糖业经济。埃塞俄比亚糖业公司官员表示,糖厂私有化至关重要,有助于提高糖厂效率,促进埃塞俄比亚糖业出口。私有化将帮助埃塞俄比亚发挥其糖生产潜力,生产资料的转移也将增加工厂的产量,以满足不断增长的埃塞俄比亚当地需求,并将糖出口到区域和国际市场。

埃塞俄比亚糖业公司首席执行官威亚·罗巴表示,已经制定了精心设计的政策和法规框架,以保护国内产业免受国际价格波动的影响。他还表示,该法规将在国内市场和出口市场之间建立不同的价格制度,并确保生产者之间公平的出口义务。

2. 埃塞俄比亚铁路公司

铁路对埃塞俄比亚经济的发展具有重要意义。2021年,埃塞俄比亚政府决定成立国有埃塞俄比亚铁路公司(Ethiopian Railway Corporation,ERC),注册资金为30亿比尔(约3.33亿美元),该公司将成为埃塞俄比亚最大的国有公司。

埃塞俄比亚运输通信部相关人士称,该部一直在推动政府对铁路领域发展的重视,现有的781千米长的埃塞俄比亚—吉布提铁路已濒临瘫痪,面对埃塞俄比亚逐年增长的货物运输量,其运输能力极为有限,目前每年的运力仅为最多15万吨。2006年,埃塞俄比亚货物运输量就已达到300万吨,除上述铁路运输外均通过卡车运输,这种运输状况大大增加了运输成本,并成为经济发展滞后的重要原因之一。

因此,新成立的铁路公司旨在帮助缓解埃塞俄比亚铁路运输能力较弱的局面,主要有以下职能：帮助政府实现宏观经济调整和稳定以及社会和人力资源发展的政策目标，并促进经济增长。同时，该公司也将引入私营部门从事铁路运营以期降低成本并提高大量进口货物运输的效率。

但是，也有些专家认为埃塞俄比亚目前的做法有些本末倒置，难以通过创建国有埃塞俄比亚铁路公司改善国家铁路运输能力不足的局面。其原因在于，政府目前创立的是一个运营部门，其对资源配置效率的提升作用有待商榷。同时，铁路运输行业的发展需要制定良好的规章制度，这在埃塞俄比亚国内是欠缺的，因此，应该在此之前设立相关制定规章的机构，对行业进行规范和约束。

3. 埃塞俄比亚电信公司

埃塞俄比亚电信行业有 1.1 亿人口的市场。2019—2020 财年，埃塞俄比亚垄断企业埃塞俄比亚电信公司（Ethio Telecom）的营业收入同比增长 31%。埃塞俄比亚电信公司首席执行官弗雷西沃特表示，公司本财年营业额为 477 亿比尔（约 13.7 亿美元）。2020 年 7—12 月，埃塞俄比亚电信公司的营收为 255.7 亿比尔（约 6.04 亿美元），拥有 5 070 万名用户。

2021 年，埃塞俄比亚电信公司推出了移动支付服务，寻求通过提供无现金交易来促进增长。自 2007 年肯尼亚电信运营商率先推出 M-Pesa 以来，移动金融服务已成为非洲电信运营商业务的重要组成部分，为人们提供了银行之外的另一种选择。这项名为 Telebirr 的新服务将标志着埃塞俄比亚的一个新转变。在埃塞俄比亚，19 家商业银行为约 1.15 亿人口服务，银行系统效率低下。埃塞俄比亚电信公司表示，移动支付服务将允许用户通过指定的代理机构转账、存取款、向各种商家支付账单以及接收外汇。埃塞俄比亚电信公司首席执行官塔米鲁说，计划在运营的第一年吸引 2 100 万名用户，并在 5 年内用户增至 3 300 万名。

自去年埃塞俄比亚政府宣布将大规模推进国有企业私有化进程后，埃塞俄比亚糖业、电信、能源、物流等领域国有企业着手启动相关工作。埃塞俄比亚财政部长艾哈迈德·希德日前表示，计划于 2020 年 3 月中旬结束埃塞俄比亚电信行业垄断状态。希德还表示，目前埃塞俄比亚电信公司垄断电信行业，欢迎各国电信行业公司到埃塞俄比亚投资入股，外资企业可以持有埃塞俄比亚电信公司 49% 以内的股份。埃塞俄比亚总理阿比·艾哈迈德称，开放电信行业的决定是"埃塞俄比亚的一次重大政策转变"。埃塞俄比亚政府根据第 1206/2020 号《公共企业私有化公告》制定了公共企业私有化框架，推动部分出售埃塞俄比亚电信公司是政府开放埃塞俄比亚经济、提高公共企业效率和增强其竞争力计划的一部分。财政部负责人哈吉·伊布沙表示,政府将优先考虑将电信部分私有化。虽然多数股权仍将由国家持有,但公司股权将出售给投资者。埃塞俄比亚电信公司将与世界银行合作预选6家公司,标志着埃塞俄比亚向私有化改革迈出了重要一步。目前已经有来自欧、美、中国等的电信巨头公司表达了投资兴趣,考虑到中国中兴、华为等公司作为供应商参与大部分电信基础设施建设,其入股埃塞俄比亚电信公司的可能性较大。

埃塞俄比亚通信局已邀请电信企业提交申请,竞标两个国家电信业务牌照。通信局官员强调,此举是埃塞俄比亚内生经济改革的组成部分,旨在打破当前埃塞俄比亚电信业务被垄断的格局。据了解,首次发放的电信牌照有效期至少15年,且存在更新的可能性。对此感兴趣的企业必须保证其提供的服务能够覆盖指定的人口基数及区域范围,并兑现在收费标准、信号普及和密度等方面的承诺。相关方需在2020年6月22日前确定是否参与竞标,并将通过竞争性评估程序决定最终的中标企业。埃塞俄比亚已经向肯尼亚电信运营商领导的财团发放了电信许可证,其于2021年5月中标,出价8.5亿美元。新成立的公司埃塞俄比亚电信运营公司正式运营后,届时将与埃塞俄比亚电信公司展开竞争。

第五节　埃塞俄比亚国有经济绩效分析

一、国有经济宏观定位

埃塞俄比亚政府最近提出经济改革的重点领域,包括解决通胀累积和外债危机问题、改善对私营部门的贷款状况和创造就业。据悉,埃塞俄比亚成立了经济改革小组,其成员包括交通部长莫格斯、财政部国务部长提卡勒根和埃塞俄比亚投资委主任阿贝贝等人。该小组将负责制订埃塞俄比亚经济改革的具体计划。提卡勒根表示,埃塞俄比亚政府已经确定电力、糖业、物流、铁路等6个私有化优先领域,并将电信和糖业作为私有化重点,着手研究电信产业的全面开放,以及糖业的全面私有化和合资安排。据了解,埃塞俄比亚政府即将推出一个10年经济发展计划。

虽然埃塞俄比亚政府近年来在推进特定领域的私有化改革,但是国有企业仍在埃塞俄比亚经济发展中发挥着关键的作用。

埃塞俄比亚的国有企业在追求盈利的同时,承担着维持国家经济正常运转和安全的重要使命。一方面,国有企业归根到底仍是企业,一系列改革措施可以表明,埃塞俄比亚政府希望国有企业可以保持自身的经济活力,在自身所处领域创造价值,实现盈利,有效管理国有资产,实现国有资产的保值和增值;另一方面,国有企业应当利用自身的优势,设立更为长远的目标,服务于国家发展战略,通过自身的使命感、责任感以及在资金、技术等方面的优势,帮助埃塞俄比亚实现农业和工业的现代化。例如,埃塞俄比亚铁路公司的成立便是为国家工业和农业体系的发展提供良好的基础设施,而对于铁路这样投资数额大、投资周期长的项目而言,很难由民营企业进行承担。对于电信行业而言也是如此,埃塞俄比亚国有电信公司(Ethio Telecom)是埃塞俄比亚唯一一家电信运营商。早期,埃塞俄比亚全国大部分地区覆盖 3G 移动网络,但网速较慢。埃塞俄比亚电信已启动 4G 网络建设,首都亚的斯亚贝巴大部分区域可使用 4G 网络服务。因此,国有经济在埃塞俄比亚的经济发展中起到了基础性和支持性的作用,对于宏观经济的稳定和产业结构的优化具有重要意义。

二、 国有经济微观效率

埃塞俄比亚目前共有 23 家国有企业,创造了约 17 万个工作岗位,2018—2019财年的营业收入达 94 亿美元,税前盈利达 19 亿美元。

据报道,在 23 家国有企业中,大部分企业 2018—2019 财年业绩喜人。从营收角度看,埃塞俄比亚航空公司以 41.4 亿美元营收位列第一,占比 44%;第二和第三分别是埃塞俄比亚商业银行和埃塞俄比亚电信公司,营收分别达 19.7 亿美元和13.2 亿美元,分别占比 21% 和 14%。从税前盈利角度看,埃塞俄比亚电信公司、埃塞俄比亚商业银行和埃塞俄比亚航空公司位列盈利前三甲,盈利占比分别为47%、34% 和 17%。

在埃塞俄比亚国有企业中,埃塞俄比亚航空公司是盈利能力较强的代表性企业。埃塞俄比亚航空是非洲最大的航空公司,得益于精良的管理和货运业务的拓展,即便是面对新冠疫情的冲击,埃塞俄比亚航空公司仍然实现了盈利,从 2020 年3 月 25 日到 2021 年 3 月 25 日的一年间,在全球共运输了 33 182 个航班、735 869吨货物。2020—2021 财年,埃塞俄比亚航空公司实现了约 2.6 亿美元的利润。

三、 国有经济社会绩效

埃塞俄比亚的国有经济为国家农业和工业的发展起到了基础性的支持作用。

这里以埃塞俄比亚农业工程公司、埃塞俄比亚铁路公司以及埃塞俄比亚电信公司为例,对埃塞俄比亚国有企业在国有经济社会绩效中发挥的作用进行分析。

农业是埃塞俄比亚的第一大产业,2018年,埃塞俄比亚农村人口数量超过了8 500万人,占总人口的比重达到了79.4%。农牧民占总人口数量的85%以上,主要从事种植和畜牧业,另有少量渔业和林业。在埃塞俄比亚的农业发展中,国家机构埃塞俄比亚农业工程公司则起到了关键作用。埃塞俄比亚农业部农业投入、市场营销和农村金融处的负责人表示,目前埃塞俄比亚每年化肥需求量为120万～150万吨,且呈逐年上升趋势。随着需求增加,进口化肥成本随之升高,每年埃塞俄比亚进口化肥支出约为5.5亿美元。2019年,埃塞俄比亚化肥需求为130万吨,其中120万吨从外国进口。在大量的化肥需求下,埃塞俄比亚农业工程公司负责向农民工会和私营部门分配进口肥料,对于稳定农业生产具有重要意义。

埃塞俄比亚铁路公司成立于2021年,是埃塞俄比亚最大的国有公司。由于公路运输的高成本和局限性,埃塞俄比亚政府高度重视铁路建设。其原因在于,铁路建设对工业体系建设以及农业的发展具有重要意义,有助于增强埃塞俄比亚国内产品出口创汇的能力,改善国内居民生活的便利程度。然而,铁路投资规模大、技术要求高,民营企业难以承担这类项目。因此,国有经济在其中便起到了关键性的促进作用,促进了工业体系的完善以及农业经济的进一步发展,并改善了居民的交通便利程度,提升了居民生活水平。

埃塞俄比亚电信产业的发展对国家建设数字化政府目标的实现具有重要意义。埃塞俄比亚电信公司是埃塞俄比亚的大型国有企业,负责国家电信设施的建设并开展相关的服务。2022年5月9日,埃塞俄比亚电信公司(Ethio Telecom)宣布,启动5G网络商用服务前测试,首先在首都亚的斯亚贝巴的6个区域启动5G网络服务,未来将逐步扩大覆盖范围。在数字经济的时代,电信产业的发展是提升政务服务效能、增强政府公信力、推动经济社会高质量发展的重要基础。然而,同铁路建设相类似,电信基础设施的建设需要投入大量的资金和技术以及人力成本,因此,国有经济在其中起到了重要作用。

总体而言,埃塞俄比亚的国有经济在关系国计民生的关键领域发挥了支持作用,同时,在有利于国家经济整体发展的基础设施建设方面起到了引导作用。一方面,有助于国内宏观经济的稳定,降低国家经济所面临的整体风险;另一方面,对于工业体系的完善以及农业经济的发展起到了支持作用,有利于产业结构的进一步优化,对于埃塞俄比亚经济健康、持续发展具有重要意义,有利于国内居民物质生活水平的提升。

第六节　对国有经济发展的启示

一、 国有经济的产业布局

由埃塞俄比亚国有经济的发展历程可以发现,埃塞俄比亚国有经济在关系国计民生的关键领域发挥了关键作用,如农业基础设施、铁路以及电信等领域,这些对于埃塞俄比亚经济社会的稳定具有重要意义。但是,随着时代的进步和发展,埃塞俄比亚国有企业的产业布局应当进行适度的优化和调整,这也是国有经济普遍面临的难题,产业调整和转型升级较慢。一方面是由于埃塞俄比亚国有企业的决策链条较长,决策流程较为耗时;另一方面,则是由于埃塞俄比亚的国有企业多处于垄断行业,行业竞争水平较低,国有企业转型升级的动力较低。

因此,埃塞俄比亚政府在发展国有经济时,应当统筹全局,整体思考如何进行产业布局,进而优化国有经济的产业结构。同时,这也表明适度引入竞争机制也可能有利于通过市场的力量促进埃塞俄比亚国有企业转型升级,从而提升国有经济的竞争力。

二、 兼顾国有企业的经济活力与支柱作用

近年来,埃塞俄比亚大力推进国有企业的私有化改革,例如,打破电信行业的垄断等。这样做固然是为了提升国有企业的市场化程度,提升国有企业的效率。但是,在提升国有企业效率的同时,应当注意潜在的可能带来国有企业地位的弱化。埃塞俄比亚是农业大国,农业是其支柱产业,每年需要进口大量化肥,2021年,摩洛哥 OCP 集团与埃塞俄比亚政府签署合作协议,将在埃塞俄比亚投资建立化肥生产厂,预计总投资 37 亿美元。这一项目将大大有助于满足埃塞俄比亚对化肥的需求。但是埃塞俄比亚政府应当注意农业生产安全方面的风险,可以进一步出台相关政策和措施,维护自身在农业生产方面独立自主的能力。

同时,在国有企业私有化的进程中,埃塞俄比亚政府应当做好审计等相关工作,合理估值,并进行有效的监督和决策,谨防国有资产的减值和流失。

三、 发挥资本市场对国有经济的支持作用

埃塞俄比亚的国有企业在资本市场上获得的支持需要进一步增强。鉴于国有企业承担的往往是投资额大、回收期长的项目,应当进一步拓宽国有企业的融资渠道。除银行贷款等间接融资方式外,进一步发挥股市、债市等直接融资方式对国有经济的作用同样重要。这要求政府重视资本市场的建设,同时,机构应发挥引导作用,帮助投资者正确认识国有企业在国家关键领域所发挥的重要作用,以更为长远的目光去审视国有企业,并做出相应的投资决策。一方面,有助于拓宽国有企业的融资渠道,为国有企业的投资和经营提供有力的资金支持;另一方面,有利于通过外部资本市场对国有企业进行监督,对国有企业产生外部压力,促使国有企业改善经营决策,提升公司治理水平,塑造国有企业良好的社会形象。

第五章
南 非

第一节 南非国有经济演变历程

一、 南非国有经济发展历程

1. 国有企业扩张期: 20 世纪初—20 世纪 80 年代末

南非国企的发展历史可追溯至 20 世纪初,大批英国企业在英布战争结束后进入南非,并逐渐占据主导地位。为避免被边缘化,当时的统治者阿非利卡人(Afrikaner,荷兰人后裔)发起成立南非铁路公司、电力公司、钢铁公司等国有企业。20 世纪上半叶,为满足南非资源型经济发展与基础设施建设需要,大批国有企业相继建立。到 20 世纪 80 年代,这些企业已成为南非重要的产业政策工具,由政府为其产品和服务提供补贴。

2. 国有企业私有化改革期: 20 世纪 80 年代末至今

随着新自由主义的兴起,英国、法国、德国等西欧国家及大批中东欧国家陆续对本国国企实施私有化,受此影响,1987 年,南非白人执政党国民党(National Party)启动私有化进程,开始出售南非国企的股权和资产。20 世纪 90 年代,南非种族隔离制度终结,为了向国际投资者释放市场开放的信号,黑人执政党非洲国民大会(African National Congress,ANC,简称"非国大")曾一度延续国企私有化思路,姆贝基执政期间出台了《关于加快重组国有资产的议程》(*An Accelerated Agenda Towards the Restructuring of State-owned Assets*)等一系列有利于私有化的政策文件。此时,早期的南非国有企业在财政压力下苦苦挣扎,并背负了沉重的债务。南非民选政府将国有企业重组确定为宏观经济改革的重要组成部分。这一阶段的南非国有企业重组主要集中在非核心国有资产的私有化——国有资产被标记为"战略性"或"非战略性"。前者被出售给私人买家,而后者则留在南非政府手中。

由于南非执政党内部以及执政党联盟各组成部分之间的意识形态争论,这一重组阶段进行得并不顺利。私有化成为一个备受争议的政策立场。较早的宏观经济改革引起了南非执政党左倾部分的强烈反对,其中包括与南非工会大会和南非共产党有联系的工会,后者由非洲人国民大会领导的政府支持。重组或私有化以非常局部的方式进行,使大量资产归国家所有,即使是那些对国家没有明确战略意义的实体也是如此。

国企私有化带来的种种弊端在南非社会引发了争议,迫使南非政府不得不做出改变,将国企明确为引领南非经济发展和产业进步的实体,以保障处于弱势地位的黑人能以较低的成本享用电力、交通、通信等公共基础设施。在竞争性选举体制的激励下,尽管南非国企在经营业绩、决策效率和透明度等方面存在不少问题,但为了迎合人口占绝对多数的低收入黑人群体的诉求,南非政府始终不遗余力地对其给予支持。

二、 南非国有经济发展路径及其原因分析

2008 年金融危机以来,南非经济一直低位运行,从 2013 年起增速从未超过 2%,2016—2018 年期间均出现过季度负增长,2020 年一季度增幅为 −3.2%,创 10 年来最低,二季度有所好转,但仍处于自 1945 年以来最长的下行周期。2018 年年初,拉马福萨接任总统,为摆脱经济增长停滞的困境,他提出"一揽子"改革计划,其中国企改革备受关注。总体来看,目前南非政府更希望平稳有序地推进改革,更注重市场竞争秩序重塑,以及国企能力的提升。

1. 理顺政企关系,为改革提供制度化保障

为确保改革顺利推进,南非政府在理顺政企关系方面率先发力,从宏观上加强引导,从微观上减少干预,尤其是坚决遏制利益集团绑架国企牟利的行为。拉马福萨上任后,果断启用在财经界享有较高声望的戈登(Pravin Gordhan)出任公共企业部长,随后戈登打出"组合拳",为改革扫清障碍。一是强化公共企业部对引导和支持国企改革的作用。二是对国家电力公司、国家运输公司等重点企业董事会进

行改组,涉贪腐案的高管被悉数撤换,能力突出、经验丰富、廉洁自律的专业人士被委以重任。三是修补国企采购政策漏洞,严防权力部门介入政府采购谋取私利。

2. 稳步推进重组,通过拆分、合并提高经营效率

目前拉马福萨拟实施的国企重组方案中,南非国家电力公司(Eskom)的拆分和南非航空、快运航空、芒果航空的合并最受关注。南非国家电力公司是非洲最大的电力公司,产能约占南非电力的95％,控制了发电、输电、配电等各个环节,但由于负责不同环节的部门非独立核算,经常相互推诿责任。因此,南非国家电力公司的改革要优先解决权责划分的问题,将其按照发、输、配一拆为三,权责更加明确,绩效高低一目了然,新拆分出的企业不得不强化市场化经营能力。航空业改革更需要整合资源、减少内耗,南非航空、芒果航空、快运航空在航线上有部分重叠,存在低效竞争的情况,将3家公司合并,按照国际、地区和国内三方面对业务边界进行清晰划分,为乘客提供多元化服务,这将极大提升南非航空业的国际竞争力。

3. 适度实施私有化,引入战略投资者

20世纪90年代后期,南非政府曾尝试对国企进行私有化,结果喜忧参半。南非国家电力公司经部分私有化,引入国外战略投资者,最后成功上市,至今效益良好,而南非国有物流公司的部分非核心资产私有化则导致数万人失业。拉马福萨提出国企改革后,南非国内关于私有化的讨论再度升温。南非财政部表示将对经营不善的国企实施部分私有化,国际评级机构穆迪为南非国企改革提出私有化建议,一些国企的管理层内部也认为,引入战略投资者、出售非核心资产是缓解财务压力的可行办法。然而,主要反对党经济自由斗士(EFF)以及南非全国矿工工会、金属业工人工会等,则强烈抵制私有化,担心国企裁员会带来大量失业,也对权贵势力借机侵吞国有资产心怀疑虑。为避免被反对党更多地政治渲染,泛化"国有资产流失"概念,南非政府对国企私有化会较为审慎。

第二节　南非国有经济发展现状

一、南非国有经济规模及结构布局

目前,南非共有700多家全国和地方性国企,覆盖电力、交通、通信、能源、国防

等各个领域。南非公共企业部（DPE）是南非政府的股东代表，负责管理国企事务并代表政府持有股份，对关键领域的国有企业负有监督责任。南非公共企业部部长公开表示，南非国有企业应推进经济转型、工业化和进口替代。由 DPE 直接管理的大型国企共 7 家，涉及重点民生领域和国家战略资源等多个方面，包括电力领域的国家电力公司（Eskom）、交通和油气运输领域的国有物流公司（Transnet）、国防军工领域的 Denel、钻石开采业的 Alexkor、南非林业公司（SAFCOL）、南非航空公司（SAA）等。这 7 家国有企业雇用了大约 105 000 人。州政府的投资份额为21%，而私营企业贡献了 63%（政府支出占剩余的 16%）。国际货币基金组织估计，南非国有企业的债务将使国家债务总额增加 13.5%。

此外，南非全国性的大型国有企业还包括金融领域的南非开发银行、土地和农业银行，能源领域的中央能源基金、国家石油公司等。

二、 南非国有经济的特征

国有企业往往兼具营利性与公益性的双重属性，其本身作为市场主体要追求经济效益，政府还要通过国企对国民经济进行干预，以实现社会效益。定位清晰、运营良好的国企能够在经济和社会效益之间找到平衡。然而，南非国有企业因种种原因，导致权责不明、治理缺失、经营低效等问题长期存在，造成了经济和社会效益的双输。具体而言，南非的国企及国有经济问题大概具有以下特征。

（1）政府过度干预。南非国企效率低，缺乏自生能力，与政府过度干预有直接关系。国企决策在很大程度上是为了执行政府意志、实现政府目标，背负了过多政策性负担，使其在市场竞争中处于不利位置。国企承担着稳定就业的重任，然而大量冗员意味着庞大的福利开支，南非政府不得不提供政策性扶持、补贴和保护。政府过度干预国企运营，导致非竞争性的行政性垄断出现，不但不利于经济效率和社会福利的提高，还可能导致市场竞争机制扭曲失灵。

（2）腐败问题突出。南非国企是一些腐败政客与不法商人滥权谋利的重灾区，通过国企采购、关联交易输送利益的情况屡见不鲜，使得南非国企难以改善低下的经营效率，并带来更大的财务亏空，国企治理体系被不断侵蚀。

（3）预算软约束。由于经营不善，南非一些国企不得不通过政府输血或对外举债维持运营，处于预算"软约束"状态。以南非国家电力公司为例，早期其经营情况始终不理想，电力设施老化失修，新建项目管理低效，超预算、超工期问题严重，电费收缴不力,大量冗员导致工资和各种福利开支剧增,只得依靠贷款维持运营,迄今负债超过 4 000 亿兰特,占国家总债务的 15%。为保障电力供给,南非政府不断为南非国家电力公司提供紧急救助资金来偿付到期贷款。已濒临破产的南非航空公司、南非广播公司等同样靠着政府补贴来勉强维系。

(4) 关键领域垄断地位受政府支持。南非总统拉马福萨在给南非民众的公开信中表示,目前在民众的眼中,大多数南非国有企业都涉及贪污、腐败、管理不善和效率低下等问题,政府正在进行逐步整改,但公有制不容替代。拉马福萨称,虽然大多数国有企业需要依赖政府纾困,但是这些国有企业一直在努力履行其职责。南非对关键行业(如能源、港口等)的态度是必须实行公有制,只有这样才能确保所有南非人,特别是贫困人口的基本需求得以满足。只有国有企业才能追求公共利益,而不是追求纯粹的商业利益。

(5) 私有化问题严重,政党关于国有经济发展模式争论激烈。非国大上台执政初期,与南非共产党在如何实现民族民主革命目标和社会经济变革的看法上基本一致,都同意通过实施重建与发展计划,增加政府支出,改善工人的社会经济地位,实现社会公平。但由于南非经济增长乏力、外商投资缓慢,非国大逐步对经济发展战略和政策进行了反思和调整。1996 年,非国大政府出台"增长、就业与重新分配战略(GEAR)",旨在通过严格控制政府支出、减免税收、抑制工资增长、加速国企重组即私有化等措施,为私营部门的发展创造良好环境,以此刺激经济增长,并通过渗透效应使广大人民从中受益。然而,过度激进的私有化使得南非失业问题严重。2000 年,非国大政府出台"关于加速国企重组的政策框架",南非私有化进程驶入快车道,使得本就突出的失业问题更加严重。南非共产党对非国大的政策框架和国企改革政策提出批评,认为非国大对当今国际形势特征认识不清,误将"融入国际社会"作为民族民主革命的首要目标,进而接受新自由主义模式;认为全盘私有化将加剧失业和两极分化;出售国有资产会造成资产流失,削弱政府自身的能力。

第三节 南非国有经济治理情况

一、 南非国有经济的外部治理

1. 拟建中央控股公司

据南非商业科技网站 2022 年 3 月 18 日报道,南非总统拉马福萨在回答议会提问时表示,国有企业是南非包容性经济增长和社会发展的关键驱动力,南非政府计划建立一家中央控股公司,以帮助其控制现有的国有企业。国际良好实践表明,集中的股东模式以及包容战略性国有企业的中央权力机构是确保有效监督的最佳方式。拉马福萨指出,集中的股东管理模式可能包括以下几点:一个 100% 由国家拥有的控股公司;采取积极的股东方式,持续设定、监控和评估与商业和发展目标相关的国有企业绩效;确保国有企业商业可持续性,尽量减少或不依赖财政;为控股公司发展适当的资本结构,以确保每个国有企业的盈利能力和可持续性。拉马福萨还表示,南非政府目前正在审查国家所有制政策,包括哪些国有企业需要归国家所有以及其国有化程度。

2. 采用政府和社会资本合作(Public Private Partnership,PPP)模式

自 2018 年拉马福萨当选南非总统以来,为重振南非经济,鼓励公共部门与私营部门合作规划和实施基础设施项目,南非政府提出了"千亿美元引资计划",希望在未来 10 年内吸引 1 000 亿美元外资以带动本国经济发展。这主要包括加快工业化、新增发电能力以及设立经济特区并建设重大基础设施项目等。政府为推动基础设施项目建设,将加强同私营部门在关键项目中的设计、建设、运营合作,聚焦优先开发 PPP 项目,通过大力发展基础设施及社会服务来促进就业,拉动经济发展。

1999 年,南非出台了《公共财政管理法案》(PFMA),以立法形式规定了中央及省政府层面对财政资金的提取、使用、管理以及贷款、担保、承诺等相关规定,南非国家级和省级 PPP 项目受该法案管辖。2003 年,南非在 PFMA 基础上出台了《财政部条例第 16 条》(*Treasury Regulation 16*,以下简称"TR16"),具体明确规定了南非 PPP 项目审批流程等。其中,TR16 中明确规定,国家财政部履行对 PPP 项目预算进行监督、指导的职能,是南非 PPP 项目的核心主管部门。2004 年,南非出台了《PPP 项目黑人经济振兴细则》(*Code for BEE in PPPs*),对 PPP 项目中私营方的成分份数进行约定,包括股权、管理、雇用和分包等。市级层面也出台了相关财政管理法案和财政规章以及 PPP 指南等。

2000 年,政府为推动 PPP 项目发展,由财政部预算办公室专门设立了相应 PPP 机构负责 PPP 项目政策法规的制定,设立项目开发基金,对政府机构在科研、招标和管理 PPP 项目过程中提供技术咨询及指导。2013 年,该 PPP 机构在此前政策、法规制定及技术支持指导职能之上,代表财政部履行财政审批职能。

南非 PPP 管理工作由财政部及其 PPP 中心、国家和省级政府部门、市级政府共同承担,直接向国会或公选的立法机构负责。财政部对项目采用 PPP 的可行性、采购、物有所值评估报告和项目合同管理方案等 4 个环节进行审批。其主要职能定位包括:①管理项目开发基金。项目开发基金的初始资金来自南非政府和双边、多边机构的赠款,专门用于垫付行业主管部门的部分咨询顾问费用。为了不影响项目可行性研究的公正性,该基金只有在可行性报告获得财政部批准后才可支付。这种资金一般为有偿使用,由市场投资人偿还,对于事先约定的行业或地区的特定项目也可无偿支持。②筛选和发布 PPP 项目需求,参与部分示范项目融资。③帮助国家和省级财政部门规范 PPP 工作。④参与项目可行性研究、采购和管理等,为政府提供技术支持。⑤制定规则框架,开发最佳实践指南,提供培训,发布信息,在 PPP 项目中推行黑人经济振兴政策等,为 PPP 项目创造良好环境。

2014 年 12 月,中国北京福星晓程公司与南非 Emfuleni 市政府签署了《采购智能计量设备公私合作伙伴关系协议》。该项目合同融资总金额约 11 亿兰特,约合人民币 6 亿元;建设运营期为 10 年。

2016 年 4 月,南非政府计划实行新公共采购法案,以阻止那些被南非公司及知识产权委员会(CIPC)发现有贪腐情况的注册企业参与政府采购项目。据 CIPC 相关负责人介绍,2013 年 3 月建立的中央供货商数据库系统能自动核实公司信息,包括主管人员信息以及纳税情况,由此判断该企业是否有贪腐情况。该数据库与 CIPC、南非税务总署以及内政部信息共享,能够提供注册企业的实时信息。新法案将利用此系统阻止贪腐企业参与政府采购项目。

2018 年 4 月 4 日,南非能源部长杰夫·拉德贝签署了 27 个新能源独立发电厂项目(REIPPP)协议,主要为太阳能和风电项目。其中北开普省有 15 个风电、光伏和聚光太阳能项目,东开普省有 4 个风电项目,西北省有 4 个光伏项目,西开普省有 2 个风电项目,姆普马兰加省有 1 个生物质发电项目(该省首个独立发电商项目),自由邦省有 1 个小型水电项目,此外能源部还与南非国家电力公司(Eskom)签订了购电协议(PPA)。这些项目拉动的总投资额将达到 560 亿兰特,预计未来 5 年内将为南非增加 2 300 兆瓦的发电量,同时将创造 5.8 万个工作岗位。其中也包括中国金风科技于 2015 年中标的 2 个合同金额为 2.2 亿美元,总装机容量为 15 万千瓦的风电项目。

3. 限制农用企业私有化率

南非农村发展与土地改革部长古吉莱·恩昆蒂于 2010 年 9 月 12 日表示,南非政府计划限制私人拥有农用土地的数量,将农用土地私有化率控制在一定的范围内。

南非媒体援引恩昆蒂的话报道称,南非农村发展与土地改革部希望限制农用土地私有化率的政策能在明年实行,并以立法方式加快南非农用土地的重新分配。

据报道,南非农村发展与土地改革部制定的土地政策将规定个人拥有农用土地的上限,并将适用于南非现有所有的土地拥有者。私人拥有的农用土地超过上限将会被迫出让。

据恩昆蒂所言,南非土地改革的核心就是土地的重新分配。政府的工作就是在保障社会稳定和粮食及副食品供应的前提下逐步推行土地改革措施。南非政府制定的目标是到 2014 年将全国重新分配的 30％的农业耕地转让给黑人。但到目前为止,南非政府仅完成了全国总计 8 200 万公顷农业耕地中 7％的土地转让。

恩昆蒂表示,政府将会适当保护白人农场主的权益,因为白人农场主是南非农业的重要资源。南非政府希望他们继续从事这一行业,将先进的农业技术和经营经验传播下去。

4. 南非黑人经济振兴政策（BEE）

受历史因素的影响,西方殖民者通过对南非的入侵和扩张,造成以白人为首的种族主义在南非持续长达 80 余年,从而造成以白人为主体的富有经济即"第一经济"和以黑人为主体且以贫困、失业为特征的"第二经济"长期并存。这种"二元经济"体制导致南非贫富差距悬殊,经济发展不平衡。

自 1994 年非国大上台执政后,南非结束了长达 38 年的殖民统治和 46 年的种族隔离历史。尽管 ANC 在执政初期帮助黑人取得了政治独立,拥有属于自己的民主地位,经济方面致力于提高黑人等社会弱势群体在社会经济中的地位和实力,促进黑人渐渐融入主体社会并逐步掌控经济,缩小黑人与白人之间的贫富差距,但由于黑人经济基础较弱,仍然不能成为带动就业以及推动南非经济发展的主要力量。南非统计部门发布的数据显示,南非新民主政府成立初期,占总人口 50％以上的贫困人口仅拥有南非 6％以下的财富,而占总人口不足 10％的富人阶层却拥有南非 50％以上的财富。数据显示,白人家庭平均收入是黑人家庭的 4 倍,白人更多拥有社会管理者的身份,扮演着南非财富所有者的角色;相反,黑人则更多承担着社会基层生产者和消费者的任务。

应该通过何种手段,打破种族隔离造成的在产权、管理、就业和经济利益分配方面的不平等格局,使占南非总人口大多数的黑人在财富、知识、技能等方面获得更多机会,成为南非新民主政府长期而又艰巨的任务。

1994 年,ANC 执政初期提出通过实施"黑人经济振兴"(Black Economic Empowerment)政策,即 BEE 政策,确保南非整体发展与提高黑人经济地位相结合,从而解决因南非社会贫富差距扩大以及失业人口持续增加而造成的社会治安恶化等问题。1996 年,南非《宪法修正案》S217 条规定"政府可以采取倾斜的采购政策",进一步奠定了南非政府实施 BEE 政策的法律依据。

2001 年 4 月,南非 BEE 指导委员会向时任总统姆贝基递交了 BEE 国家发展战略,并对 BEE 政策进行了明确定义,即加大政策倾斜力度,鼓励黑人发展中小型企业,积极参与国家大型企业的发展,对各企业黑人持股比例、参与管理程度和接受技能培训等设定硬性目标,以期全面提高黑人经济地位。与此同时,BEE 指导委员会还提出通过 10 年时间完成 BEE 目标规划,包括:①凡在约翰内斯堡证交所上市的公司,黑人至少拥有 25% 的股份;②约翰内斯堡证交所上市公司中 40% 以上的董事须是黑人;③30% 以上的生产性土地归黑人所有;④50% 以上的政府和国企采购须由黑人企业承担,同时合同中 30% 的份额须由黑人中小企业所有;⑤政府针对私人企业的资助中 40% 的份额须由黑人企业所有;⑥国家金融财务公司 50% 以上的借款人须是黑人;⑦30% 以上的政府—私营 BOT 项目须与黑人企业合作。

2007 年,随着农业、金融业、旅游业、建筑业和信息通信技术业的 BEE 章程获得内阁批准,BEE 政策正逐步渗透到南非各个行业系统中。

5. "数字南非"的未来愿景

南非是非洲大陆在电信基础设施领域最先进的国家之一。多年来,政府和移动网络运营商已进行了大量投资,使得南非的移动网络覆盖率高,网速稳定。

有了这样的基础条件,南非近年来一直非常重视数字经济的发展。南非政府先前曾明确表示,数字经济是其发展的优先领域,信息通信技术(ICT)的发展也被列入国家发展计划。政府为此专门成立了"第四次工业革命总统委员会",为本国数字经济发展提供政策建议和战略规划。

在通信与数字技术部近日提交的草案中,南非计划整合两家国有数字企业,成立国家数字基础公司,统一管理大数据。南非还将新建一个高性能计算与数据处理中心,整合现有公共数字资源,为政府机构、企业、学校与社会组织等提供数字云服务。

此外,政策草案计划推动数字政府服务、建立数字/ ICT 经济特区,以支持国内外对数据和云基础设施与服务的投资。该草案指出,数据和云政策旨在加强国家向公民提供服务的能力,通过数据分析辅助政策制定,促进南非的数据主权及安全。

分析人士指出,该草案对私营部门、国有企业和公共部门都可能产生深远影响。其不仅能促进南非的数据主权和安全、增加投资机会,还能创造就业机会和促进技能发展。

拉马福萨总统表示,数字经济发展大有可为。南非的经济复苏计划不是要恢复到原来的状态,而是要转变至另一个状态。他认为南非在发展数字经济方面有独特优势,例如,该国是全球排名第一的全球业务流程外包目的地,能为大型跨国公司和南非公司提供一流的呼叫中心、技术支持以及后台服务。拉马福萨还指出了南非发展数字经济的其他优势,包括:数字基础设施完善,城市中移动网络和高速宽带十分普及;员工对技术和金融服务了解深入,英语水平高;与主要的出口市场处于相似的时区;等等。

尽管新冠疫情给南非经济带来了沉重打击,但也在一定程度上激发了该国发展数字经济的潜力。

南非商业科技研究机构 World Wide Worx 2022 年 5 月公布的 2021 年南非在线零售研究显示,2020 年,南非在线零售额增长了 66%,超过 3 年前预测的 25% 的增幅,使当年在线零售总额达到 302 亿兰特(约 21.4 亿美元)。

在南非,超市、药妆、服装的几乎所有知名品牌都有自己的网店,也有类似美团这样的外卖、超市代购服务,类似滴滴打车的优步叫车业务也十分发达。

与撒哈拉以南非洲地区的其他国家和世界其他发展中地区相比,南非拥有由安全和普及的数字网络支持的现代金融系统。对于高收入阶层来说,手机购物、使用银行 App 转账或管理财务已经十分常见。即使是没有智能手机的低收入阶层,也可以用手机号码绑定银行账户的方式进行转账和支付。

南非企业家们围绕数字金融生态系统进行了大量创新,许多金融科技初创公司在近几年中应运而生。网络教育也在疫情期间显示出蓬勃生机。封城期间,学校停课数月,教师们进行网络授课,学生们则利用各种阅读、数学网站完成作业,学习进程较正常时期虽有所延迟,但并没有受到太大影响。

南非政府已经走在了非洲大陆数字经济发展的前沿,但也仍然面临一些难题。

制约南非数字经济发展的首要因素是基础设施。尽管大城市居民已经习惯了网络生活,但广大农村地区的民众要想便捷地利用互联网还有很大难度。南非统计局 2016 年的调查显示,从整体来看,只有 60% 的南非人可以接入互联网,其中超过半数人只用手机上网,能在家里使用网络的民众不足 10%,在农村地区这一占比更低。在经济发达的豪登省和西开普省,有七成民众可以用上互联网。但在欠发达的林波波省,这一比例只有 42%,只有 1.6% 的民众能在家上网。此外,南非互联网接入速度慢,网速只有新加坡等发达国家的约 1/10,但费用极高,1G 流量需数十元人民币。

基础设施建设的短板还体现在电力供应方面。受到管理及供电设施老化等因素影响,近几年来,停电在南非是家常便饭的事,严重影响了社会生活的正常运行和投资者的信心。尽管政府已多次承诺要采取切实措施改变这一局面,如对电力供应垄断企业国家电力公司进行结构性改革、允许私人资本参与发电等,但迄今尚未落实。

阻碍南非数字经济发展的还有人才短缺问题。南非金山大学荣誉教授巴里·欧拉茨基表示:"技能是发展数字经济的关键要件。发展数字经济,必须加强对公民的数字教育,培养一批具有相关专业知识的人才。""但与互联网普及率一样,南非数字人才的鸿沟很大,具有出色数字素养、水平的人只占很小一部分。南非培训相关专业人员的努力也没有取得明显效果,当前不少工作都外包在国外进行,本地的一些工作也不得不雇用外国人来做。"

最后,要补齐物流短板。在物流发达的国家,交付往往能够以高度可靠和可预测的方式进行,用户可以精确跟踪订单,并且可以通过数字平台获取其他信息。但南非电子商务发展缓慢,相关物流系统处理的货量少,为客户提供的物流信息在可预测性和准确性方面都较低。疫情期间,受电子商务需求的驱动,南非的物流行业不断完善。

二、 南非国有经济的内部治理

1. 公司治理机制（三部《金报告》）

1994 年 11 月,南非发布了《有关公司治理的金报告》(即《金报告一》)。它适用于所有在约翰内斯堡证券交易所上市的公司,南非《公共实体法》所定义的大型公共实体,以及南非金融服务法定义的银行、金融、保险公司和大型未上市公司。此外的"大型公司"是指股东产权超过 5 000 万兰特的公司,《金报告一》鼓励所有公司采用该准则。《金报告一》是南非良性公司治理的标准,是新兴经济中有关公司治理的最早实践。

《金报告一》规定的主要原则涉及董事会组成和授权,包括非执行董事的职责;任命董事会和执行董事的最长期限;披露执行及非执行董事的薪酬;召开董事会会议的频率;年度报告;要求有效的审计;公司的道德规范。

首先,《金报告一》深受英国吉百利规则的影响,英国吉百利规则旨在确保分散的股东对公司管理进行适当的监督,重点披露股东和董事会的运作。而《金报告一》主张股东与管理分开,更加注重披露公司各方利益冲突规则和股东会议,报告的重点在于董事会的运作、董事会构成、信息披露和监督。该规则要求建立审计和薪酬委员会,并在这些委员会中指定一个主要的非执行董事。其次,报告及其附件中包含了有关董事会、审计和薪酬委员会的职能和作用。然后,《金报告一》对非执行董事的任命也有所规定,然而这一规则中专家委员会的作用与非执行董事的任命和独立性不符合。最后,《金报告一》没有提及新董事提名或委员会提名的程序,这些对在独立管理中发挥董事会功能是非常重要的。

《金报告一》在南非影响力很大,使公司治理引起了公众的广泛关注,但对《金报告一》的实施规定不太明确。准则基本上是自愿实施的,虽然股票上市公司要求其年度报告与《金报告一》相符合,但是也没有要求对年度报告进行披露和实际适用。《金报告一》和 Cadbury 规则如此相近,但忽视了南非在其特定环境下产生的治理问题。该准则实践进程缓慢的原因可能是其广泛的非治理内容,包括一系列广泛的有关利益相关者、员工参与和道德规范的规定。

2002 年,在约翰内斯堡举行的地球高峰会议推动了《金报告二》的修订,修订内容包括新的可持续发展条款,公司董事会的作用和风险管理。《金报告二》于 2002 年 3 月实行。《金报告二》中最大的进步在于,它标志着南非公司治理从单一底线(股东利润)向三重底线发展,三重底线包括公司活动的经济、环境和社会三方面。该报告指出:"21 世纪世界成功的治理,要求公司采取包容性而不是排斥性的态度。必须在遵守公司治理原则和在企业经营之间找到平衡。"

《金报告二》概述了从董事会到审计职能的具体公司治理标准。其具体如下:它列举了董事会的职能。它建议采用单一的、由执行董事和非执行董事组成的董事会,且大多数为非执行董事。非执行董事会应独立于管理层,以保护少数股东的利益。在给予董事会广泛权力的同时,又使其负责任命首席执行官,制定涉及董事和管理层的公司行为准则,并对公司面临的风险领域和业绩指标进行评估。该报告对董事会主席和首席执行官进行了区别,并强调其作用有明显不同。董事会主席主持公司的股东会议,全面领导董事会,参与董事会成员的选择,保持与该公司股东的关系,并制订董事会年度计划。而首席执行官的任务是执行董事会的决定。同时,该报告界定了执行董事和非执行董事的职责。在董事会结构上,该报告确定董事会作为公司治理制度的重点,负责公司的绩效和事务。根据《金报告二》的规定,董事长和首席执行官的角色应是独立的,此外,董事会主席的职位应该由一个独立的非执行董事担任。《金报告二》明确呼吁对没有或具有有限经验的公司董事会新董事进行培训,培训内容包括正式的定位计划、董事与公司的运营、高级管理人员和商业环境。董事会有义务确保本公司已遵守所有相关的法律、法规和商业实践的准则,以及时和透明的方式与股东和其他利益相关者保持联系。该报告同时规定了审计、薪酬与提名委员会要求的指导方针,重点强调这一过程中独立非执行董事的角色,同时,董事会委员会也需要接受定期的独立评估。

同时,《金报告二》设置了良好的公司治理的七个原则。第一个原则是拥有良好的透明度,使投资者和其他人能够有意义地评估公司的财务和运营。第二个原则是有独立的机制来避免冲突和减少潜在的利益冲突。第三个原则是公司决策者对公司的决定和行为负责。第四个原则是董事会必须采取对公司负责的方式,同时也要对利益相关者负责。第五个原则是要有纪律,使企业人员遵守正确和适当的行为准则。第六个原则是公平,必须考虑治理制度和平衡所有公司与它未来的利益。虽然这些原则的实施面临相当大的挑战,但比许多发达国家的原则更加进步。

随着南非 2008 年新《公司法》和国际公司治理发展趋势的变化,《金报告三》的发布成为必要。《金报告三》建议公司在年度财务报告中制作一份综合报告和一份单独的可持续发展报告。其鼓励所有的公司采用《金报告三》原则并对其如何适用或不适用这些原则进行解释。《金报告三》在 2010 年 3 月开始适用。该报告包含了许多全球治理新趋势:替代性纠纷解决;风险导向内部审计;股东批准的非执行董事的薪酬;董事和董事会绩效评价;IT 治理;商业救助;在交易、收购和合并交易时的董事责任。

《金报告三》中有关公司治理制度的内容与董事相关。在该报告中,大多数董事为非执行董事并且是独立的。此外,《金报告三》也采取了提高股东和董事会之间透明度的措施。因此,董事会必须有获得股东批准的薪酬政策以及公布年度薪酬报告。相对于《公司法》中公司治理的内容而言,其重点在于提高股东的责任,扩大了追究董事的个人责任。此外,《金报告三》引入新的概念,即在一定的情况下,股东、董事或规定的人员可以向法院申请宣告董事违约或缓刑,非董事委员会成员也和董事的行为和责任标准一样。最后,国有单位的人员必须符合规定的责任要求。

2. 股东救济制度

南非 2008 年的《公司法》从第 161 条到第 166 条较全面地规定了股东救济制度。它主要包括对压制行为的救济、对公司事务的调查、派生诉讼和非诉讼解决程序这几个方面。

《公司法》第 101 条规定,股票持有人因公司违反本法或公司章程的作为或不作为受到损害,可向法院申请指令进行救济。第 162 条规定,公司股东、董事及公司秘书或公司规定的人员或代表雇员的注册公司的工会或另一个代表公司的员工可以向法院申请指令,宣告被告在其公司职责范围内犯下重大过失,或宣告董事以其故意的不当行为或违法行为而违法。

《公司法》第 163 条规定了股东对压制行为的救济:公司的任一股东如果认为公司的某一特定行为或者任务造成了不公平、不公正的偏见,或者公司决议的执行存在不公正、不公平的,以致侵害了该股东或者公司其他股东的利益时,则可以依据本条向法院申请指令。其中该法第 163 条并没有详细规定该条适用的情形。

《公司法》第 165 条对派生诉讼也做出了相关规定,这也是南非《公司法》改革进步的地方。这一规定能有效地保护股东的利益:只要个人是公司或关联公司的股东,或者有资格被登记为股东的人;或是公司或关联公司的董事或指定官员;或是代表公司员工的注册工会;或是公司员工的其他代表;或是被法院认为为了保护其他人合法权益的必要而授予该权利之人可以代表公司提起法律程序或采取相关措施或保护公司利益。其中规定,在公司未能采取特定的措施;任命了非独立的不公正的调查人员或委员会成员;接受准备不足或结论或建议不合理的报告;或行为与独立公正的调查员或委员会不一致的情况下,方可向法院申请诉讼。

《公司法》166 条也提到非诉讼纠纷解决程序,规定了调解、和解或仲裁三种程序,但并没有对其做出具体规定。

综上可知,南非《公司法》对压制行为的救济制度实质上就是对小股东权利保护的特殊规范,而股东派生诉讼和非诉讼解决程序的规定是南非新公司法的重大突破之处,它在保护股东利益方面起着举足轻重的作用。整体而言,南非《公司法》对股东救济制度的规定是值得肯定的。

第四节　南非国有经济绩效分析（以代表性企业为例）

一、 南非国有经济功能定位

南非经济基本以私营企业为基础,但国有企业在南非经济中发挥着至关重要的作用。它们是政府收入、城市就业和卫生设施、电力和交通工具的关键来源。南非相对较高的公有制使国有企业治理对宏观经济稳定和经济增长至关重要。国有企业集中在基础设施、公用事业和金融等战略部门。例如,南非国家电力公司约占南非发电量的 95％,负责输电和配电网络;南非国有物流公司控制着整个非客运铁路运输系统以及该国的港口和管道。

南非国有企业同时履行着商业和非商业职责。一方面,国企作为盈利企业,向私营部门提供服务和基础设施,通过国有股权为国家创造可观的收入。同时,国企能够有效管理国有资产,创造经济价值。另一方面,国有企业旨在从更长远的角度出发,促进南非经济增长,推动实现南非经济多元化的发展战略。国企可以帮助南非政府保持对特定的重要行业的控制、完善基础设施、推动国家就业等。

二、 南非国有经济微观效率

根据南非政府网站提供的数据,南非现在共有 128 家国有企业[①]。目前,南非公共企业部已经于 2021 年发布年度报告,其中提出将对南非各个国有企业进行监督与管理,进一步推动国家资源的合理利用以发挥国有企业功能。

由于南非政府部门近 5 年内未发布国有企业的经营状况与财务信息的整体报告,因此选取该国市值较大且具有代表性的两家企业——南非国家电力公司与南

---

① 包括国有企业与公有实体。数据来源:南非政府官网,https://www.gov.za/about-government/contact-directory/soe-s。

非国有物流公司的数据来考察国有企业的经营状况。

其中,南非国家电力公司成立于 1923 年,是一家运营发电、输电、配电和售电等业务的垂直整合电力公司。这家"百年老店"是世界上第七大电力生产和第九大电力销售企业,拥有世界上最大的干冷发电站,供应南非 95% 和全非 60% 的用电量。

近年由于管理不善、设备老化等问题导致南非国家电力公司严重亏损并负债 4 200 亿兰特,向南非政府申请 1 000 亿兰特紧急援助。由于其经营困难,南非开始执行轮流限电,当地生产经营受到严重影响。南非国家电力公司计划通过申请援助、企业重组和涨价等方式摆脱困境,但现实中推进较为困难,短期效果不明显,引发社会各界担忧。以它为代表的大型国有企业掌握了当地重要的经济金融命脉,生产经营情况在一定程度上影响了南非经济发展前景。如果这些国有企业无法实现提升运行效率和资金来源多样化,则其后果一是影响自身持续经营和还款能力,二是影响当地经济运行稳定,三是可能引发市场和评级机构对南非经济基本面的进一步担忧。

南非国有物流公司是一家综合货运公司,由 6 个相互补充的核心业务部门组成。作为港口、铁路和管道的托管人,南非国有物流公司的目标是建立一个具有全球竞争力的货运系统,使南非经济能够持续增长和多样化。

南非国有物流公司目前正在从其以加速资本投资为特征的市场需求战略转向 4.0 战略,该战略的重点是重新定位公司和该国的货运系统,以在快速变化的、技术驱动的第四次工业革命背景下保持竞争力。该战略的主要增长动力包括地理扩张、产品和服务创新、多元化和扩大公司的制造业务范围。南非国有物流公司致力于实现的主要目标是提高综合港口、铁路和管网的连通性、密度和容量。

南非国有物流公司 4.0 战略的目标是到 2020 年将其业务规模扩大到 1 000 亿兰特。目前的货运和处理部门的有机增长将占增长的大部分,而该公司将继续专注于提高运营效率和业务可靠性,以扩大其市场份额。因此,港口、铁路和管道网络及业务现代化和扩大的资本投资将继续是一个关键的优先事项。南非国有物流公司的另一个目标是来自新市场的显著增长,特别是在综合物流、物流中心和集群的发展、天然气中游基础设施、制造业产品和新的数字业务等方面。该公司将越来越多地利用战略伙伴关系来推动这些新项目。

南非国有物流公司在进一步实现南非的战略和经济目标方面发挥着关键作

用,它正在积极更新其品牌,以进入新市场,扩大和拓宽其服务领域,并重新定义其市场地位。围绕南非国家电力公司和南非国有物流公司的具体分析将从以下几个方面展开。

1. 营业收入

2021财年,南非国家电力公司营业收入同比上涨2.7％。营业收入增加主要来自8.7％的关税上涨与6.7％的销售量下降(主要由于新冠疫情带来的电力销售额下降)。新冠疫情期间封锁、低迷的经济状况和供应限制等阻碍了该公司收入增长。相比于前一财年,企业营业收入上升幅度明显放缓,销售量下降幅度较大(见图5-1)。

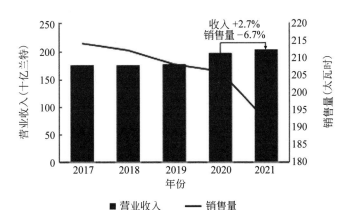

图 5-1　2017—2021年南非国家电力公司电力营业收入及销售量

资料来源:南非公共企业部报告(2021)。

同一财年,南非国有物流公司营业收入同比下降10.5％,至673亿兰特,主要原因是新冠疫情所导致的对铁路、管道等运输途径的封锁。2021年财报显示,2021年其营业收入降低10.5％,同时营业成本上升16.2％,经营活动现金流下降26.8％,进一步扩大了流动性风险。但该企业在2021—2022财年重新制定了部门定位战略以改善自身状况。新战略旨在利用已确定的细分市场(如汽车和集装箱、铁矿石、锰、煤炭、铬和磁铁矿、农业、燃料和天然气等)的价值,将利用其投资和私营部门在维护和产能扩张等关键基础设施上的投资,并得到了交通运输公司未来5年的资本投资计划的支持(见图5-2)。

总体而言,两家代表性企业都受到新冠疫情的负面影响,从需求端直接降低国有企业的销售量,给企业运营带来巨大压力。

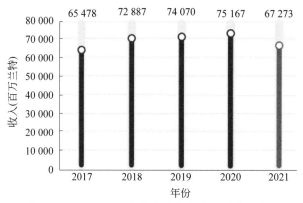

图 5-2 2017—2021 年南非国有物流公司营业收入

资料来源：南非公共企业部报告（2021）。

2. 盈利情况

从南非国家电力公司过去的年度财务报表来看，2018—2021 财年，其税前净利润始终为负值，2021 年税后净亏损为 189 亿兰特，未实现正的经济收益。同时，2019—2021 年，该公司亏损数额较大，盈利情况较差。而从息税折旧及摊销前利润率来看，2020—2021 年的实际息税折旧及摊销前利润（EBITDA）指标降低，企业经营状况不佳。其主要原因是销售量萎缩与使用了更加昂贵的一次能源进行发电。尽管实际盈利情况好于该企业预期，但盈利前景仍不容乐观，要想转亏为盈依然存有很大挑战（见图 5-3）。

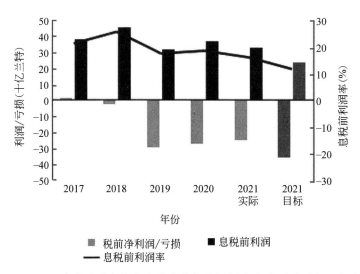

图 5-3 2017—2021 年南非国家电力公司税前净利润/亏损与息税前利润及息税前利润率

资料来源：南非公共企业部报告（2021）。

　　南非国有物流公司则持续面临严重的运营挑战,包括关键走廊的铁路网条件不佳、战略性商品部门的铁路货运量下降,以及横跨整个港口网络的几个港口码头的设备老化等运营问题。这些问题导致销量下降和供应的安全性受到质疑,同时威胁到企业的长期财务盈利能力。2021 年,该公司税前净利润在 2017—2021 年这 5 年间首次转为负值,且亏损数额接近前两年税前净利润总和,利润率下降幅度较大,亏损严重(见图 5-4 和图 5-5)。这主要是由于第三世界国家签订环境协定,导致营业成本上升。

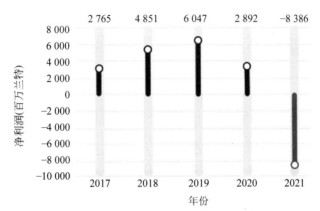

图 5-4　2017—2021 年南非国有物流公司税前净利润/亏损

资料来源:南非公共企业部报告(2021)。

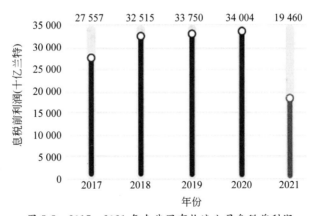

图 5-5　2017—2021 年南非国有物流公司息税前利润

资料来源:南非公共企业部报告(2021)。

　　从两家代表性企业的表现来看,一方面,新冠疫情对企业销售额影响较大;另一方面,企业自身存在的运营问题使得企业盈利状况进一步恶化。总体而言,两家企业的盈利状况不佳。目前,南非国有企业部正积极采取行动以推动企业在新冠疫情背景下改善经营状况,并已经提出战略项目以推进对国有企业的监督与审查。

3. 债务状况

据美国商业资讯报道,截至 2021 年 7 月,南非大型国有企业(SOEs)持续面临金融和运营危机,使其实用性和生存受到质疑,国有企业债务总额达到 6 929 亿兰特,企业增长缓慢,成本高,偿债成本上升,一些企业可能面临债务违约的风险。而根据南非财政部报告中的数据,当年南非的国民生产总值为 11 464 亿兰特,国有资产债务总额超过当年国民生产总值的一半,国有企业经营情况不佳为国家运转造成负担。

南非国家电力公司的年度财务报告显示,2017—2019 财年,债务与借款数额持续升高,负债权益比率始终处于较高水平,表现出其财务状况的不稳定性与较差偿债能力,因而也会影响后续融资。从 2020 年开始,南非国家电力公司持续依靠政府注资支持。2021 年的财报中提到,该年度该公司从政府获得了 560 亿兰特的支持,以维持其持续经营。根据南非国有企业部(DPE)发布的 2020 年度报告,电力行业国有企业——南非国家电力公司持续依靠政府的支持来应对流动性挑战。由于政府的支持,该企业的偿付能力比率有所改善,但仍远低于可接受的水平(见图 5-6 和图 5-7)。

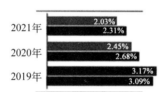

图 5-6　2019—2021 年南非国家电力公司负债权益比率

资料来源:南非公共企业部报告(2021)。

另外,标准普尔于 2020 年 5 月 12 日确认了南非国家电力公司的本地货币和外汇信用评级,将对其前景的评价修正为负面评价。2020 年 11 月 24 日,穆迪将该公司的本地货币和外汇评级从 B3 下调至 Caa1。2020 年 11 月 26 日,惠誉将该公司的当地货币信用评级从 B+下调至 B。这些评级行动的原因是南非负面的经济前景和减轻新冠疫情对财政影响的能力有限。该公司的评级保持在次级投资水平,影响了该公司获得无担保资金的能力。降级可能会进一步限制该公司的资金来源,并增加其借贷成本。可以预测,在大环境不佳的情况下,该公司将会继续依靠政府注资维持其持续经营状态。

南非国家电力公司董事会于 2020 年 4 月批准了为期 5 年的可持续性改进计

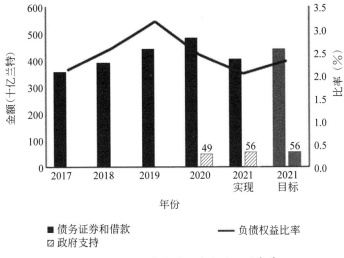

图 5-7 2017—2021 年南非国家电力公司负债状况

资料来源：南非公共企业部报告(2021)。

划,其中包括更换状况不佳的资产,可靠性增长和系统扩展,综合资源规划和承包,主要风险指标的安全升级和改进措施等。截至 2021 年 3 月 31 日,该公司采取了一种代理合作模式,以减少违约市政当局的债务。该公司和地方市政当局正在逐步完成一项分销代理协议,该协议将允许该公司从市政当局接管分销业务。同时,报告中提到该公司获得政府担保的延迟,这意味着计划中的借款资金(包括 5 亿美元的私募和 100 亿兰特的贷款)将会推迟到 2022 财年的上半年。该公司希望能够通过有效的成本管理和推迟资本支出来管理其流动性需求。

从南非国有物流公司 2021 年度财务报告来看,该公司该年度流动负债大幅增加,非流动负债减少,原因是大量长期借款转为短期借款。但负债权益比率始终处于较高水平,表现出该公司较差的偿债能力,因而影响其后续融资(见表 5-1)。

表 5-1 2019—2021 年南非国有物流公司资产负债表

单位：十亿美元

资产和负债	2019 年	2020 年	2021 年
资本和准备金			
已发行资本	12 661	12 661	12 661
留存	116 662	118 966	138 388
归属于股权所有人	129 323	131 627	151 049
非流动负债			

续表

资产和负债	2019 年	2020 年	2021 年
员工福利	878	1 099	1 368
长期借款	77 626	115 821	114 787
衍生金融负债	2 363	1 505	1 759
长期准备金	9 597	3 654	2 593
递延所得税负债	41 714	41 753	48 522
其他非流动负债	3 672	3 717	3 606
	135 850	167 549	172 635
流动负债			
合同负债	1 817	1 386	994
贸易应付款和应计项目	16 465	19 121	20 122
短期借款	51 515	17 577	13 048
当期纳税义务	1	2	7
衍生金融负债	64	26	6
短期准备金	791	1 007	957
	70 653	39 119	35 134
资产和负债总额	335 826	338 295	358 818

资料来源：南非国有物流公司官网。

为了解决由于国家经济情况与世界宏观因素印象而陷入的经营与债务危机，该公司在2021年度报告中提出几项可行的复苏措施。其中包括：损失控制、采购转型、制定新的增长更新战略、债务重组等。该公司希望以此提高流动资产的利用率、提高员工的操作技能、改进和简化业务流程，从而重新定位组织，使核心部门能够实现增长，并通过合作伙伴关系、运营改革和有针对性的基础设施投资来改变核心商品部分供应链。

从以上数据来看，南非主要的两家国有企业运营状况均存在一定的盈利困境。尽管它们正在采取措施摆脱财务困境，但短期来看难以实现利润由负转正，仍需依赖政府补贴与担保生存，而难以创造经济价值，发挥国有企业的商业作用。而对于国有企业而言，政府在提供福利补贴之外缺乏监督机构以协助该企业进行内部整改，也是国有企业经营状况不佳的原因之一。

三、 南非国有经济社会绩效

尽管大多数国有企业对维持南非健康的经济状况很重要,但它们长期表现不佳,股本回报率低,导致政府投资回报不佳,并不断依赖政府担保和补贴,造成财政负担。资产负债表脆弱的国有企业无法筹集资金投资于所需的经济基础设施。特别是在政府债务不断增加和经济增长乏力的背景下,对公共财政和国家信用评级构成重大风险。

南非国家电力公司具有持续糟糕的环境表现,根据年度报告中的数据,在生产中产生的颗粒物排放水平与特定的用水量超出可承受范围,该公司甚至受到了关于肯德尔的颗粒物排放量超标的刑事指控。根据当年记录,发电站发生了 7 起违反环境法律的事件,当年总共发生环境法律违反事件总数为 80 起。在改善国民环境,提供积极正面的环境效益方面,该公司的表现无疑令人失望。

同时,据新闻报道,南非经常停电。这些都是南非国家电力公司作为国有公用事业公司表现不佳的结果。南非国企是一些腐败政客与不法商人滥权谋利的重灾区,通过国企采购、关联交易输送利益的情况屡见不鲜,使得南非国企难以改善低下的经营效率,并带来更大的财务亏空,国企治理体系被不断侵蚀。央视新闻的报道中指出,南非国民认为大多数南非国有企业都涉及贪污、腐败、管理不善和效率低下等问题,而南非总统在给南非民众的公开信中表示政府正在进行逐步整改。未来南非政府计划对所有国有企业进行整改,根除腐败,改善管理不善和效率低下等问题,使国有企业在推动南非经济增长和创造就业方面发挥应有的作用。其中包括对南非国家电力公司进行重组,变成发电、输电和配电 3 个国有实体,改变以往效率低下、成本高昂且不透明的状况,最终为所有南非民众提供更便宜、更清洁的能源。

此外,南非国家电力公司成立基金会 NPC,该基金会是其全资子公司,负责CSI 倡议和改善公司所运营的社区的生活质量。倡议的重点是企业和农村基础设施通过完善的国家方案,发展技能、教育、社会提升、保健、慈善和福利。该基金会全年批准了 78 个项目赠款和捐款,价值 6 740 万兰特,帮助了 802 635 名受益人。不幸的是,新冠疫情的限制和财政限制影响了该基金会执行大量 CSI 计划的能力。鉴于目前的资金限制,该基金会正集中努力优化其方案的价值、影响和可持续性。该公司推动成立创新研发项目,其重点是发展技术服务。他们与南非科学与工业委员会的企业合作,以支持南非电力供应行业和其他行业。

第五节　对国有经济发展的启示

一、国有企业的产业布局

1. 动态调整国有经济占比

南非始终存在严重的经济结构失衡问题,例如,南非国家电力公司(Eskom)垄断了南非几乎所有的电力供应,但由于该公司因国有性质变成了一个解决就业的出口,故出现了管理不善、人员冗杂、决策失误等问题。该电力公司目前设备老化,停电事故频发。2021 年第一季度,南非拉闸限电 270 个小时,严重影响了当地经济发展。同时,这家企业还背负着 4 500 亿兰特巨债,一直靠政府注资维持运营,被视作影响南非经济稳定的最大单一风险。通过调整经济结构,实现企业部分私有化,将抑制国有企业表现不佳的状况。关于企业绩效,私有化可以提高绩效,提高盈利能力,特别是在高收入和中等收入国家。在公共福利方面,特别是在具有适当的监管和政策环境下,私有化大大改善了福利。关于私有化对就业和分配的影响,现有的研究指出,以前受到保护的基础设施部门大量失业,而电信等竞争性行业的公司的就业下降有限。因此,适度进行私有化有助于解决国有企业现有的经营状况不佳,无法优化社会绩效等问题。

2. 建立监察机构与之配套的各方面制度

国有企业特别是自然垄断企业的成功私有化,需要建立独立和负责任的机构与监管框架。这些措施有助于保护消费者免受垄断权力的滥用所带来的不公,解决权益问题,并确保投资者受到公平待遇。消除进出壁垒,制定有效的监管框架,解除价格管制,并将私有化与金融部门改革联系起来,如逐步淘汰国有银行,对剥离国有企业的成功至关重要。需要提高私有化交易的透明度,没有透明度的私有化为腐败创造了途径。同时,需要为那些因国有企业私有化而失去工作的个人建立一个社会保障网,以避免紧张局势和政治冲突。重组的目标是减少政府借款要求,将私有制扩大到历史上处于弱势的群体,促进竞争,刺激增长,吸引外国投资,促进技能转移。目前被剥离的主要是度假村和广播电台等非核心国有企业。大型国有企业在交通、电信、能源和广播等领域仍然很突出。私有化的支持者断言,剥离无利可图的国有企业是政府摆脱国有企业债务的唯一途径。虽然非国大政府内部的几个派系反对私有化,但目前几家国有企业面临的危机提供了剥离它们的机会。然而,在寻求将国家从亏损的国有企业中剥离出来时,应该努力确保私有化的正确进行。

二、 国家的产业政策

1. 改善投资环境

南非经济开放,鼓励外商投资,并有多项投资优惠政策。

(1)"外国投资补贴"规定,鼓励外国投资者投资制造业,南非政府将实际运输费用和机器设备价值的 15% 与每个项目最多不超过 1 000 万兰特两者相比,并对较低的费用给予现金补贴,用于将机器设备(不包括车辆)从海外运抵南非。南非政府还对本地企业和外资企业投资农业、制造业和商业服务等领域,在税收减免、补贴、低息贷款等方面给予同等优惠待遇。

(2)"产业政策项目计划"提供总额 200 亿兰特的资金,用于资助创新工艺流程或使用新技术,如提高能源使用效率的清洁生产技术等。"制造业投资计划"鼓励本地和外国资本新建或扩建项目,进行生产性资产投资,如工厂、机器设备以及购买和租用土地和建筑物及商用车辆,企业能获得投资成本的 10%~30% 且不超过 3 000 万兰特的税收减免。

(3)"中小型企业发展计划"规定,制造业、农业及农产品加工业、水产业、生物技术、旅游、信息、通信、环保和文化行业的中小型企业,如固定资产投资额在 1 亿兰特之下,可享受每年 1%~10% 的补贴,且企业享受的现金补贴无须纳税。"技能支持计划"规定,凡在南非经营的当地和外籍公司,其职工技术培训费用可获得部分补贴。

南非对工业园区内的投资,实行类似于"自由贸易区"的优惠和便利政策。如免除区内与生产有关的原材料进口关税,对企业在南非境内采购的原材料实行增值税零税率,对企业申请、设立及其他事项实行一站式服务等,还有专门的经济特区基金和开放性金融机构为区内企业和园区基础设施发展提供资金支持。

2. 推动产业融资

政府将通过推出"爱国者公司激励计划"(对总部设在南非,在南非的研发成本占比为 50% 及以上,在南非的采购投入占比为 60% 及以上的公司进行激励)、税收支持、黑人工业家项目,以及举办私营部门融资合作论坛等措施支持制造业竞争力提升和转型。

3. 政策扶持本土企业，进行公共采购

贸工部与总统基础设施建设协调委员会和行业协会合作，确定各级政府战略基础设施项目中大型项目的当地采购机会，重点关注金属制造、资本设备和运输设备领域。南非"优先本地采购政策框架法案"（PPPFA）确保行业采购至少75%来自本土。同时政府在2014—2019年中期战略框架中（MTSF）将本地采购确定为支持工业化目标的关键政策，优先采购本地制造的产品/商品以支持工业发展。

4. 设立经济特区

目前南非经济特区方案主要体现在设立新的经济特区、立法（经济特区的划定、开发、运营和管理相关政策由贸工部长、经济特区顾问委员会、财政部和内阁协商后确定）、吸引投资、基础设施及体制发展、管理能力建设等方面。南非政府与中国签署了为期5年（2014—2019年）的协议，由中国协助培训经济特区设计、开发、运营和管理方面的专业人才。

三、 国家推动创新的方式

南非财政部自2019—2020财政年度开始，每年拨款10亿兰特用于支持中小企业科技创新发展。此外，通过制订综合性长期科技创新行动计划，设立综合数字工业革命战略和政策的国家协调委员会，以及提出国际专业模具加工未来生产技术倡议，以应对数字工业革命的发展。

南非于2019年发布了新版《科技创新白皮书》。该白皮书提出了"在变化的世界中以科技创新实现南非的可持续和包容性发展"的总体目标，确定了未来5—15年科技创新的高层次政策方向。重点通过弘扬创新文化，将科技创新纳入政府最高层次的跨领域规划中，提升南非科技创新的总体地位；加强企业、政府、学术界和民间团体之间的伙伴关系，为科技创新创造更有利的环境；聚焦于创新对造福社会和根本性经济转型的促进作用；扩大和转变国家创新体系的人力资源基础；增加科技创新的公共和私营投资。

南非政府将科技创新与国家发展紧密结合，并摆在更重要的位置。为确保科技创新纳入相关政府部门的规划，并确保相关计划获得足够资金，南非政府提出将成立由科技部长担任主席的科技创新部级委员会。同时，南非特别突出发挥民间团体在科技创新中的作用，拟推动民间团体参与规划制定，为其提供培训和资助，使其发挥技术优势服务社区，帮助发现并支持基层创新等。南非政府加大科技创新的开放程

度,表现为 10 年内将研发投资强度提高到 1.5%,将重点通过改善企业研发激励措施、省级政府对公共科技创新的投入以及扩大吸引外国资金等方式来实现。在加强人力资源基础方面,提出通过扩大国外的实习和培训机会等途径来实现。

四、 国有企业的公司治理

(1)避免政府过度干预。南非国企效率低、缺乏自生能力,与政府过度干预有直接关系。国企决策在很大程度上是为了执行政府意志、实现政府目标,背负了过多政策性负担,其在市场竞争中处于不利位置。国企承担着稳定就业的重任,然而大量冗员意味着庞大的福利开支,南非政府不得不提供政策性扶持、补贴和保护。政府过度干预国企运营,导致非竞争性的行政性垄断出现,不但不利于经济效率和社会福利的提高,还可能导致市场竞争机制扭曲失灵。

(2)惩治腐败,加强对国有企业的监管与管理。南非国有企业腐败问题严重影响企业运行,同时对政府与企业声誉造成严重打击。据南非商业科技网站 2022 年 3 月 18 日报道,南非已计划对国有企业加强管理,国有企业是南非包容性经济增长和社会发展的关键驱动力,南非政府计划建立一家中央控股公司,以建立有效监督。政府的目标是,采取积极的股东方式,持续设定、监控和评估与商业及发展目标相关的国有企业绩效;确保国有企业商业可持续性,尽量减少或不依赖财政;为控股公司发展适当的资本结构,以确保每个国有企业的盈利能力和可持续性。此外,南非公有企业部(DPE)2021 年度的报告中提到,该部门已于 2020 年开始开展国有企业治理相关项目,每年在各个公司治理项目中投入数百亿兰特,希望借此改善各个国有企业中存在的问题。

第六章
沙特阿拉伯

第一节　沙特阿拉伯国有经济演变历程

一、沙特阿拉伯国有经济发展历程

1. 国有企业扩张期：1932年—20世纪80年代

1927年5月20日,《吉达条约》使得沙特阿拉伯正式脱离英国的统治而独立。1932年9月22日,沙特阿拉伯正式宣布统一。国家独立统一后,面临的是先前殖民地半殖民地遗留下来的工业基础十分薄弱、农业畸形发展、国民经济结构失衡的严酷现实。随着战后兴起的第三次世界现代化浪潮,沙特阿拉伯作为中东国家之一,也被卷入这一浪潮之中。工业化是现代化的核心和主要动力源泉,进行现代化必须开展工业化。因此,中东国家在经济改革中首先大多选择了内向型进口替代工业化发展战略。与其相适应,在经济发展模式上,大多数国家实行了政府高度干预下的计划经济体制,政府通过动员社会力量,大力推进工业化,沙特阿拉伯也不例外。

通过发展民族工业降低进口量,沙特阿拉伯推动了国内工业的增长;通过大力发展国营经济对私人资本和外国投资加以限制,沙特阿拉伯初步建立起了国民经济体系。到20世纪60年代末和70年代初,尽管原有工业基础比较落后,沙特阿拉伯也建立起了初具规模的轻工业,如食品工业等。在大规模国有化和政府投资的推动下,沙特阿拉伯的国有经济和国营企业在经济生活中占据了主导地位。

20世纪70—80年代初,中东国家特别是产油国经济进一步发展,在石油美元收入剧增的情况下,经济进入高速增长期,开始了全方位的经济大开发。沙特阿拉伯在 1980 年实现石油国有化之后很快由穷变富。政府将大量石油收入用于城市建设,投入巨资兴建了一批与石油相关的产业。同时大兴土木,建设现代化港口、公路、机场、海水淡化等基础设施,建造了大量民房、学校、医院、办公和旅游场所。以上措施使得沙特阿拉伯现代化工业初具规模,现代化城市拔地而起,高等级公路四通八达,人民生活水平大幅度提高。

2. 国有企业改革期: 20 世纪 80 年代至今

在经济增长与社会发展的同时,从 20 世纪 80 年代初开始,一些中东国家却陷入一种增长停滞、通货膨胀、失业率激增、国际收支失衡的发展性危机之中。这种危机是中东国家奉行的工业化战略和经济发展模式的危机。一方面,随着世界经济全球化进程的日益加快,传统的进口替代工业化战略日益显露出缺陷,在这种内向型的发展战略指导下,市场保护使国内工业缺乏竞争的压力和技术革新的动力,单靠政府使企业缺乏国内竞争力,保护关税政策对外国商品的进口则形成阻力,结果影响了国内工业的进一步发展。另一方面,进口替代发展战略的主要目的在于发展民族工业,满足国内市场的需求,因此国有企业对吸引外资、引进先进技术设备等缺乏迫切感。此外,大力发展的国有经济也日益陷入危机,由于国有企业受到多种非经济因素的制约和政府的过度保护,且受到价格限制和利润幅度限制,以及缺乏投资和用人等方面的自主权等,致使国有企业存在效益低下的问题。此外,沙特阿拉伯作为中东产油国之一,对石油生产的过分依赖造成了国内经济单一,随着20 世纪 70 年代后期国际油价的暴跌,中东产油国的收入受到严重影响。鉴于上述情况,中东国家在 80 年代以后陆续开始对自身的经济体制进行改革和调整。

二、 沙特阿拉伯国有经济发展路径及其原因分析

萨勒曼执政以来,沙特阿拉伯经济改革的总体思路集中体现在"2030 愿景"及此后发布的一系列阶段性项目规划中。2017 年 4 月,沙特阿拉伯经济与发展事务委员会(CEDA)启动了未来 3 年内的 12 个项目,其中包括财政平衡项目(FBP)、国家转型项目(NTP)、公共投资基金项目(PIFP)等 6 个专门的经济规划项目。住房项目、生活质量提升项目、正副朝觐项目、人力资源发展项目等其他项目虽不直接属于经济规划,但都与国家经济发展密切相关。

沙特阿拉伯"2030 愿景"的三大目标是打造"活力社会""繁荣经济"和"雄心国家",其分别对应社会变革、经济改革及国家公共部门的改革。尽管"2030 愿景"是

一项经济改革计划,但经济改革与全局性改革关系密切,因此其他领域改革的成效很大程度上决定了经济改革能否顺利推进。

沙特阿拉伯政府希望通过对公共职能部门、私营部门、能源部门、金融和资本市场的改革,继续推进私有化,进而扩大私营经济、吸引外资、扩大主权基金投资和增加非石油部门收入,最终实现国家经济及政府财政来源的多元化,促进沙特阿拉伯国民就业,维持高福利社会的良性运转。

沙特阿拉伯国有经济的改革路径大致有以下几条。

1. 改变"石油依赖型"结构,实现多元化发展

石油是沙特阿拉伯国民经济的支柱产业和主要收入来源,根据世界银行在2017年发布的数据,油气产业收入大概占沙特阿拉伯财政总收入的80%和GDP的40%以上。2014年以来,国际石油价格大幅下跌,沙特阿拉伯单一经济结构的脆弱性暴露无遗,扩大非石油经济的比重成为经济改革的重心,主要举措包括:第一,优先扶持国防工业的发展。2016年沙特阿拉伯军费开支高居世界第四,是世界第二大军火进口国,但仅有29%的军费花在国内。实现国防工业的本土化发展,不仅将刺激工业制造、通信与信息技术产业的发展,还能够提升国防安全。为此,"2030愿景"提出,通过扩大投资和国际合作,到2030年前实现国防自给率50%的目标。第二,大力推动矿业和新能源产业的发展。沙特阿拉伯拥有铝、磷酸盐、金、铜、铀等矿产禀赋,同时在发展太阳能与风能方面有先天优势,未来将加大向外资和私营部门的开放力度,加速矿业和新能源产业的潜力。

2. 推动私有化改革,扩大私营经济规模

推动私有化改革、扩大私营经济规模是萨勒曼执政以来沙特阿拉伯经济改革的重点。私营经济被视为沙特阿拉伯在"后石油"时代经济增长的主要动力。私有化有利于吸引外资和外国的先进技术,提高企业生产效率,实现企业效益最大化,能够有力拉动GDP和就业率;私有化也能促进营商环境的改善,商业法律法规和政法监管体系的健全,为沙特阿拉伯民众提供了更好的服务。私有化所募得的资金部分可用于投资其他行业,如发展数字经济、繁荣零售业等。

目前,沙特阿拉伯私营经济的GDP占比约为40%。沙特阿拉伯私企多为家族企业,外资企业较少,私营经济的增长主要依靠国家投资,独立性较差。沙特阿拉伯推动国有企业私有化的改革始于20世纪90年代末,2002年,沙特阿拉伯正式确立了系统化的私有化方针。

"2030愿景"将通过出售全部或部分国有资产公开募股、PPP公私合营、BOT特许经营权及外包等方式,将部分国有资产让渡给私营企业,以及将部分选定的政府服务私有化。沙特阿美的IPO是此轮经济改革私有化最重要的组成部分,沙特阿拉伯政府还确立了其他100多项私有化计划,涉及医疗、能源、房地产、矿业等行业。沙特阿拉伯政府期望至2030年,私营经济对国内生产总值的贡献率从当前的40%升至65%,其中2020年的阶段性目标是私营经济为沙特阿拉伯国内生产总值贡献130亿~140亿里亚尔,创造1万~1.2万个私营部门岗位。

20世纪80年代,沙特阿拉伯基础工业公司(SABIC)曾是沙特阿拉伯史上最大的国有公司之一。该公司是除沙特阿美外首屈一指的大企业,也是世界顶级的石化企业之一,沙特阿拉伯政府持有其70%的股份,剩余30%的股份由沙特阿拉伯及海湾合作委员会其他成员国私人投资者所持有。进入21世纪以来,沙特阿拉伯电信公司(STC)于2002年12月首次公开募股(以下简称"IPO"),沙特阿拉伯公共投资基金(PIF)持有70%的股份,其余30%的股份则为私人及私营企业所有。同时,沙特阿拉伯于2018年首次公开发行(IPO)阿美石油公司5%的股份,筹建规模高达2万亿美元的世界最大主权财富基金,在优化石油财富管理、分散风险的同时,为"去石油化"转型提供资金支持。

此轮沙特阿美的IPO经过多次延期后,最终于2019年12月在利雅得上市,共出售30亿股普通股,占公司总资产的1.5%,募得资金256亿美元,远低于沙特阿拉伯政府预期的1 000亿美元,其最终估值1.7万亿美元也低于此前预期的2万亿美元。由于海外投资者实际上并不看好此次公开募股,沙特阿拉伯被迫取消了在美国、亚洲和欧洲的IPO上市推介计划,最终选择在国内上市。投资者主要来自沙特阿拉伯等海合会国家的个人及机构,未能达到吸引大量海外投资的既定目标。这种将国内民众和机构投资跟沙特阿美营收绑定的私有化方式,将迫使沙特阿拉伯政府专注于石油行业的发展以维持稳定的股票收益,最终能否服务于经济多元化目标尚待观察。相较于沙特阿美IPO的一波三折,其他行业私有化尚在稳步推进之中。据安永会计师事务所统计,2018年,沙特阿拉伯政府主导了12宗IPO,总价值达14.724亿美元。

同时,沙特阿拉伯将以政府与私人资本合作的"公私合营模式"(PPP)推动基础设施、医疗、市政服务、住房、金融与能源等领域的发展,以此作为经济发展的新驱动。

沙特阿拉伯政府对私营经济的投资成效初显。沙特阿拉伯统计总局数据显示,2019 年,沙特阿拉伯私营经济占主导的非石油部门的实际 GDP 增长率达 3.3%,其表现为 2014 年以来最佳。有经济学家表示,非石油活动在高投资的支持下继续加强。沙特阿拉伯的金融、保险、商业服务以及零售贸易、餐厅和酒店等业务的增长最为强劲,反映出政府对旅游和娱乐等领域的投资驱动取得了一定成效。

3. 通过主权基金投资推动经济发展

通过主权基金投资推动经济发展是沙特经济改革的重要支撑。"2030 愿景"明确了沙特阿拉伯公共投资基金的发展目标和定位。截至 2030 年,沙特阿拉伯公共投资基金的资产将从 6 000 亿里亚尔增加至 7 万亿里亚尔,通过投资大型跨国企业和高科技企业,最大限度地提高其投资能力,使其成为全球最大的主权财富基金之一。沙特阿美 IPO 所募得的部分资金也将注入公共投资基金。沙特阿拉伯政府期望通过公共投资基金投资国内外大型项目和引进高科技,推动经济多元化和各行业的发展,提高就业率,增加外汇储备,弥补财政赤字。沙特阿拉伯主权基金寻求全球合作伙伴,有利于加强沙特阿拉伯与他国的合作伙伴关系,提升沙特阿拉伯的全球影响力。正在实施的红海开发计划、NEOM 新城等大型项目均有赖于公共投资基金的推动。在海外,沙特阿拉伯政府与日本软银集团(SoftBank)开展合作,公共投资基金为软银愿景基金(SoftBank Vision Fund)连续注入巨额资金,成为后者最大的投资方。

在沙特阿拉伯政府的主导下,公共投资基金资产额已达 3 200 亿美元,员工数量从 2016 年的 40 人增至 2020 年的近 700 人,并计划在 2020 年年底前增至 1 000 多人。近年来,公共投资基金进行了一系列重大投资,如 2017 年投资优步,2018 年与特斯拉合作,2019 年又推出旨在促进中小企业发展的规模达 10 亿美元的"贾达"(Jada)项目。相较于能源等领域的改革,沙特阿拉伯政府对发展主权基金的步伐更大,效果更加明显。公共投资基金投资由此成为沙特阿拉伯在推动中小企业发展、实现经济多元化方面倚重的重要工具。

沙特阿拉伯扩大公共投资基金职权范围,依靠国家主权基金投资推动国内各经济部门发展的思路,实质上仍然是强化国家主导经济发展的模式。在现阶段沙特阿拉伯国家财政收入来源多元化相对有限的情况下,其他各行业的发展仍严重依赖石油经济的发展,因此过度依赖主权基金投资是对石油的依赖而非摆脱。有分析人士认为,之前着眼于海外投资的公共投资基金主导国内大型项目投资会强化政府的主导地位,会相应地挤压国内私营企业的投资空间,弱化私营企业的作用。这显然不利于私营经济的发展,与"2030愿景"的初衷背道而驰。因此,公共投资基金在沙特阿拉伯国内投资时如无法在对各类政府项目"大包大揽"和对私营企业"合理引导"之间取得平衡,私企投资空间将受到限制。

第二节 沙特阿拉伯国有经济发展现状

一、沙特阿拉伯国有经济规模及结构布局

2020年,沙特阿拉伯的国内生产总值为7 001亿美元;2021年,这一数据上升至8 335.41亿美元。分类型来看,沙特阿拉伯的石油、天然气产量虽然略有下滑,但与加工、提炼相关的领域实现了高速增长,并带动整个行业实现了16.6%的高速增长。结合沙特阿拉伯"2030愿景"中提出的让私营经济在2030年的占比从当前的40%提升至65%的目标推断,目前沙特阿拉伯国有经济在整体经济中的占比仍达一半及以上(见图6-1)。

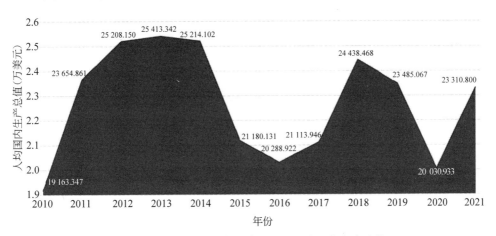

图6-1 2010—2021年沙特阿拉伯人均国内生产总值

资料来源:沙特阿拉伯官网。

在包括中东和北非(如马什雷克、马格里布和海湾等)在内的每个区域中,国有企业的部门定位都相似。特别是在海湾国家,国有企业所在行业的多样性既得益于早期的发展方法,也得益于最近将国有企业和主权财富基金(SWF)作为经济多元化和工业竞争力的工具。因此,国有企业主要集中在矿产和碳氢化合物行业(石油行业)、服务行业(如公用事业、资本密集型运输方式、银行和电信等)和工业行业

（如钢铁和水泥等重工业）。

二、 沙特阿拉伯国有经济的特征

对石油经济高度依赖的沙特阿拉伯经济长期受到国际油价周期性波动的影响。沙特阿拉伯经济是由国家主导、以石油收入分配为核心的经济，农业等非石油行业及私营经济的发展因依赖政府高额财政补贴而缺乏独立性，是典型的食利型经济。总体而言，沙特阿拉伯的国有经济大致有以下几个特征。

1. 单一经济结构的脆弱性

沙特阿拉伯以石油立国，国家财政收入严重依赖石油出口创收。根据沙特阿拉伯货币局（SAMA）发布的统计数据，2009—2018 年，沙特阿拉伯石油收入占政府财政收入的比例依次为 85％（2009 年）、90％（2010 年）、93％（2011 年）、92％（2012 年）、90％（2013 年）、88％（2014 年）、73％（2015 年）、64％（2016 年）、63％（2017 年）和 67％（2018 年）。其中，2014 年前石油收入占国家财政收入的比例超过 85％，此后这一数字因石油价格的低位运行而有所下降。尽管 2018 年的数字较 2010 年下降了 23％，但石油收入仍占国内生产总值（GDP）的 43％和贸易出口额的 78％。这表明，石油行业长期主导着沙特阿拉伯整个国家的经济，其财政状况与经济增长受到国际石油价格的深刻影响。过去 50 年间，沙特阿拉伯经济经历了两段因石油价格上涨而带来的繁荣期，但繁荣期过后就是随油价暴跌而来的经济下行。1982 年，国际油价下跌导致沙特阿拉伯进入了一段长达 20 年的低油价期，油价长期徘徊在 30 美元以下。从 1983 年起，沙特阿拉伯进入了长达 21 年的财政赤字期，1987 年财政赤字高达 810 亿里亚尔（约 216 亿美元），其 GDP 占比达 25.3％。2003 年伊拉克战争后，全球石油价格上升，沙特阿拉伯石油经济再次进入繁荣期。2005—2006 财年，沙特阿拉伯石油收入达到 1981 年以来的最高水平，此后至 2014 年（2009 除外），沙特阿拉伯财政每年都有大量盈余。随着 2014 年以来石油价格的持续低位运行，截至 2019 年，沙特阿拉伯连续 6 年出现巨额财政赤字。

油价的周期性波动对沙特阿拉伯经济造成了严重冲击。过去沙特阿拉伯尚能利用高油价带来的大量财政盈余、海外资产储备及发行国债等方式弥补财政赤字，将油价波动对经济发展的影响降到最低。但如今的沙特阿拉伯正在丧失"石油时代"的能源优势。沙特阿拉伯前石油大臣艾哈迈德·扎基·亚马尼曾做过这样的比喻："石器时代并不是因石材短缺而终结，石油时代——沙特阿拉伯的特权地位当然是因石油而获得——也不会因石油短缺而终结,而是由其他因素造成的。"这段比喻充分表达了沙特阿拉伯对全球能源变革导致的石油或被其他能源替代的担忧,非常规能源特别是美国的页岩油的开发,使得沙特阿拉伯等能源生产大国的地位面临空前挑战。美国能源咨询公司皮拉(PIRA)的研究报告指出,美国已取代沙特阿拉伯成为全球最大的石油生产国,页岩油产量的大幅增长将会引发历史上第二次石油热潮。2016 年,沙特阿拉伯的石油日产量达 1 050 万桶,美国日产量达 1 253 万桶。前任美国总统特朗普不止一次公开表示,美国将成为石油净出口国,不再需要中东石油。与此同时,国际能源消费结构的变化削弱了传统油气生产国的影响力。太阳能、核能、风能等清洁能源技术的日臻成熟,对石油等传统能源的替代或成为一种不可逆的趋势,沙特阿拉伯无法再期望利用未来的石油盈余弥补今天的财政赤字,摆脱对石油的单一的依赖是未来沙特阿拉伯实现经济可持续发展的关键。

2. 外向型经济的脆弱性

从沙特阿拉伯近代经济发展史来看,正是由于早期欧洲贸易冲击、外国商人进入、欧洲工业革命冲击、资本主义入侵、殖民地半殖民地历史以及两次世界大战等众多因素,沙特阿拉伯在经济上一步步加深了对西方的依赖。在全球化的大背景下,世界上发展中国家的政治经济发展都不可避免地受到全球化的影响。沙特阿拉伯 20 世纪 80 年代末开始的经济改革和自由化政策,一方面是国内经济发展的内在需求,另一方面也是对全球化挑战的自然回应。然而,全球化既带来机遇,也带来挑战和风险,能否抓住机遇、迎接挑战,取决于两个因素,即整个国际大环境的倾向性和一国自身所具有的获取机遇的条件和能力。

20 世纪 70 年代和 21 世纪初,沙特阿拉伯的繁荣受益于高油价;80 年代的反向石油危机导致中东经济陷入 10 年衰退;整个 90 年代,沙特阿拉伯经济也因油价低迷维持低速增长。沙特阿拉伯的 GDP 增长率波动范围极大,1970 年 GDP 增速高达 58.6%,1982 年则下降了 20.7%。2008 年国际金融危机以来,世界经济进入生产率低增长或平稳增长的发展周期。由于国际能源板块化和国际石油市场供需变化,国际石油价格从 2014 年的峰值 147 美元/桶暴跌后进入低油价周期时代。大多数石油出口国财政平衡油价都超过 80 美元/桶,大大高于国际油价水平。低油价通过投资、援助和侨汇等途径对石油进口国经济产生溢出效应。国际油价低位波动,以及外部需求减弱,沙特阿拉伯作为石油出口国的经济多元化战略仍处在探索阶段,未来结果难以预测。新冠疫情暴发,进一步暴露了沙特阿拉伯国家经济的结构性问题。2020年,受疫情影响和石油价格战冲击,国际油价暴跌,双重冲击下,沙特阿拉伯外向型经济弱点愈加明显,GDP增长率为−4.1%。

由于农业发展落后,人口数量大,需要大量进口粮食,沙特阿拉伯对外依赖度高于世界其他地区。沙特阿拉伯是世界前二十大粮食进口国之一。国际金融危机爆发后,国际油价骤降,外部需求减少,加上粮价大幅上涨,出现粮食危机。民以食为天,沙特阿拉伯产能低下导致粮食对外依赖度高,世界粮食市场的任何风吹草动,都有可能使其产生粮食危机问题,从而引发民众抗议活动。

3. 家族企业和国有经济间的关系复杂

沙特阿拉伯的家族企业主要分为4类。第一类是沙特阿拉伯建国前就存在的经商世家,如吉达的阿里·里达家族(Alirezas)和贾西德(Zahids)家族等。希贾效(内志)和吉达自古以来就是阿拉伯半岛贸易重地,沙特阿拉伯政权自伊本·沙特时代起便依赖这些家族的财力支持。第二类是自20世纪四五十年代以来同沙特阿拉伯王室建立良好关系的大商人阶层,他们借助这种特殊关系获得关键行业的代理资格和大宗建筑合同,很多从事银行业和建筑业的家族企业如艾布·尼岩家族(Abu Nayyans)、本·拉登家族(Bin Ladens)等便属于这一类。第三类是沙特阿拉伯东部油田所在地的家族,这些家族通过与沙特阿美公司进行利益捆绑,为其提供上下游服务而积累财富,其中最著名的当属奥拉扬家族(Olayans)。第四类是历代国王身边的医生、顾问利用职务之便和与王室的特殊关系从商,如苏莱曼家族(al-Sulaimans)、卡舒吉家族(Khashoggis)等。

家族企业在沙特阿拉伯的关系网根深蒂固,它们通过各种手段获得合同,财务状况透明度低。这在一定程度上不利于国家监管,妨碍了市场的公平竞争和吸引外资。王室构成了在国家和私营企业之间建立个人联系的关键因素。王子等王室成员利用他们的家族关系获得其持有股份的企业的合同。这些家族企业实力雄厚,但监管环境不利,运营严重依赖政府,使得这些家族企业在沙特阿拉伯国家经济转型的进程中也面临巨大压力;而另外一些家族式中小企业融资渠道有限、经营管理混乱、与市场相对脱节,使得私营部门的发展受限。私营经济的繁荣是沙特阿拉伯经济多元化战略的重要一环,家族企业的转型对私营经济的良性发展至关重要。

综上,一方面,家族企业与沙特阿拉伯国有经济间的关系具有相对悠久的历史根源,在此基础上,家族企业对于部分国有经济的关键部门发展起到助力的作用;

另一方面,家族企业和国有经济的利益捆绑又给沙特阿拉伯国有经济的改革带来阻力。

4. 经济发展深受外部地缘政治动荡影响

稳定是经济发展的前提条件。中东地区长期动荡不安,外部势力干预战争以及内战、恐怖主义袭击不仅恶化了安全形势,也打击了市场信心和迟滞资本流入,严重拖累经济发展。根据世界银行报告,中东剧变 10 年来,地区冲突风险急剧增加,1/5 的人口现在生活在冲突地区附近,中东地区的动荡趋于长期化、复杂化。美国战略收缩使中东地区出现权力相对真空,域外大国博弈斗争不断插手干预中东事务,大打"代理人"战争;地区大国与域外大国博弈,以及域内大国争夺地区主导权的斗争,导致地区局势更加复杂。

2020 年新冠疫情暴发后,中东地缘政治矛盾和冲突有所缓和,但导致中东地区动荡的结构性矛盾和热点问题仍未解决。

自身所处地缘环境的特殊性使得沙特阿拉伯国有经济的发展与中东地区形势息息相关,这为沙特阿拉伯国有经济的发展带来了更多的外部不确定性与不稳定性。

第三节　沙特阿拉伯国有经济治理情况

一、 沙特阿拉伯国有经济的外部治理

1. 采用政府和社会资本合作（Public Private Partnership，PPP）模式

沙特阿拉伯政府宣布自 2016 年 4 月 25 日起正式启动"2030 愿景"的战略目标。在此目标之下,该国的国家私有化和公私合作中心（National Centre for Privatization & PPP,简称 NCP)公布了《私营机构参与法》草案,并获得广泛欢迎。该草案旨在促进外国投资者和私营机构以公私合作和私有化方式参与 10 个关键领域,包括教育,能源、工业和矿产资源,环境、水利和农业,朝觐和副朝,卫生,住房,劳工和社会发展,市政,通信及信息科技以及运输。

2019 年,沙特阿拉伯卫生部启动第一个 PPP 项目,该项目将对利雅得地区 7 家医院进行升级,雇用近 500 名专业人员,最终将为大约 100 万人提供服务。这是沙特阿拉伯大力推动 PPP 项目和私有化的最新举措。根据英国霍金路伟律师事

务所(Hogan Lovells)的报告,海湾合作委员会成员国的 PPP 市场相当活跃,但重点仍在沙特阿拉伯,预计未来沙特阿拉伯在可再生能源、教育、交通和卫生等领域将开发更多 PPP 项目。

2021 年第四季度以来,PPP 模式在海湾阿拉伯国家合作委员会建筑和基础设施领域的热度有增无减,本年度,多个此类项目的招标活动取得进展,沙特阿拉伯正成为建筑业 PPP 模式的热点国家。近期,沙特阿拉伯积极推进智能停车场 PPP 项目。2022 年 1 月,沙特阿拉伯签署了布赖代市智能停车 PPP 项目投资合同,价值 4.22 亿里亚尔(约 1.124 亿美元);之后,继续推进利雅得市 Al-Olaya 区停车场 PPP 项目,已有 8 个团队获得资格。沙特阿拉伯的医疗保健 PPP 项目也在不断扩大。近期,沙特阿拉伯开始了第一波社区护理所 PPP 项目的采购程序,要求各公司在 2022 年 2 月 27 日之前明确对该项目的意向。沙特阿拉伯将在两个最大的城市共建立 110~150 个社区护理所,以支助 550~600 名需特殊照顾的人。2022 年 1 月,沙特阿拉伯针对部分医院进行了医疗相关的 PPP 计划意向征集。这些医院将共同为沙特阿拉伯的医疗保健部门增加 1 616 张床位。

2. 建造—运营—移交(Build Operate Transfer,BOT)项目交付方式

在沙特阿拉伯,政府主要承担了大型投资项目的融资,例如,发电、海水淡化、运输等。但是,由于开发对包括电力、水、道路、机场、港口等在内的新基础设施的巨大需求,以及修复现有基础设施的需求,仅靠政府不能使沙特阿拉伯负担起全部基础设施建设的成本。据估计,在未来 20 年中,要满足现有需求,大约需要 2 500 亿美元。因此,私营部门参与基础设施的开发和运营现被视为一种可行的思路。在这种环境下,增加私营部门的参与将有助于沙特阿拉伯政府在负担最低的情况下实现大型基础设施项目的推进。

建造—运营—移交方式(Build-Operate-Transfer)简称 BOT 方式。BOT 方式是 20 世纪 80 年代在国外兴起的将政府基础设施建设项目依靠私人资本的一种融资、建造的项目管理方式,或者说是基础设施国有项目民营化。政府开放本国基础设施建设和运营市场,授权项目公司负责筹资和组织建设,建成后负责运营及偿还贷款,协议期满后,再无偿移交给政府。BOT 方式既不增加东道主国家外债负担,又可解决基础设施不足和建设资金不足的问题。项目发起人必须具备很强的经济实力(大财团),资格预审及招投标程序复杂。BOT 模式可以刺激经济活动,创造大量外国直接投资,为沙特阿拉伯当地私营部门创造机会,并有助于创造更强大的

私营部门和就业机会。

研究表明，BOT方式在沙特阿拉伯有很大的应用潜力。在沙特阿拉伯进行的一项因素评估证明，BOT方式的应用十分有效。研究结果进一步表明，发电和海水淡化是目前沙特阿拉伯主要推动采用BOT交付方式的领域。在BOT方式的合同方面建立足够的本土专业知识，此外，建立独立的监管机构和关税改革是BOT方式成功的先决条件。

3. 公共投资基金（Public Investment Fund，PIF）

公共投资基金是沙特阿拉伯官方指定的主权财富基金。PIF成立于1971年，旨在将石油财富用于经济发展，历来是部分私有化的国有企业（SOE）的政府股份控股公司，包括SABIC、沙特阿拉伯国家商业银行、沙特阿拉伯电信公司、沙特阿拉伯电力公司和其他。王储穆罕默德·本·萨勒曼（Mohammed bin Salman）是PIF的主席，他于2016年4月宣布，打算将PIF打造成一个价值2万亿美元的全球投资基金，部分依赖首次公开发行高达5%的沙特阿美股票的收益。

自那次宣布以来，PIF已经进行了多项备受瞩目的国际投资，包括对优步的35亿美元投资、向美国黑石的基础设施基金投资200亿美元的承诺、向美国电动汽车公司（Lucid Motors）投资10亿美元，以及与影院AMC合作在沙特阿拉伯经营电影院。2030年改革计划宣布后，PIF正在资助多个战略性国内发展项目，其中包括"NEOM"，一个计划投资5 000亿美元的项目，旨在在沙特阿拉伯西北部建设一个"独立经济区"；以及利雅得附近新建的大型娱乐、体育和文化综合体"Qiddiya"；除此之外，还有"红海项目"——沙特阿拉伯西部海岸的大规模旅游开发项目和"Amaala"——一个位于红海的旅游开发项目。

截至2019年年底，PIF报告其投资组合价值300亿～3 300亿美元，主要是国有控股的国内公司的股票。为了重新平衡其投资组合，PIF将其资产划分为6个投资池，包括对各个行业和资产类别的本地和全球投资，即沙特控股、沙特部门发展、沙特房地产和基础设施开发、沙特千兆项目、国际战略投资，以及国际多元化的投资组合。

除了之前对优步、美国黑石的基础设施基金和Lucid Motors的投资外，PIF在2020年上半年还进行了多项新投资。其中包括对脸书、星巴克、迪士尼、波音、花旗集团、Live Nation、万豪等几家公司的股权投资。沙特阿拉伯财政部在2020年宣布，400亿美元将从中央银行持有的王国外汇储备转移到PIF，以资助投资。

在实践中，沙特阿拉伯中央银行的外汇储备也作为准主权财富基金运作，占 SAG 外国资产的大部分。中央银行主要将沙特阿拉伯王国的剩余石油收入投资于低风险流动资产，例如，主权债务工具和固定收益证券等。沙特阿拉伯中央银行的外汇储备从 2020 年 1 月的 5 020 亿美元降至 2020 年 4 月的 4 490 亿美元。其外汇储备持有量在 2014 年年中达到 7 460 亿美元的峰值。

除此之外，沙特阿拉伯虽然不是正式成员，但仍是主权财富基金国际工作组的常任观察员。

4. 大力推动国家经济数字化转型

作为"2030 愿景"计划战略的一部分，沙特阿拉伯正在经历数字化转型，以促进私营部门的增长。新兴技术领域包括对发展人工智能(AI)、物联网(IoT)、云计算和其他信息和通信技术(ICT)领域的重大投资。因此，数据保护和网络安全法律法规正在迅速发展。

沙特阿拉伯的目标是成为中东地区的高科技中心。虽然沙特阿拉伯没有专门的数据保护立法，但个人数据受到沙特阿拉伯法律一般条款的保护。该条款对企业规定了如何、与谁以及何时收集、使用和存储个人数据有关的严格义务。

沙特阿拉伯《电子商务法》适用于向沙特阿拉伯客户提供商品和服务的所有电子商务提供商(国内和国际)。其条款规范了电子商务业务实践，要求透明度和消费者保护，以及保护客户的个人数据，旨在增强网络安全和对在线交易的信任。数据保留也受到限制；服务提供商保留个人数据的时间不得超过完成收集数据的业务交易所需的时间。此外，未经明确许可，禁止与第三方提供商共享数据和客户信息。

沙特阿拉伯的云计算监管框架(CCF)管理云服务提供商、客户、企业和政府实体的权利和义务，并包括数据保护原则。CCF 将客户数据保护分为 4 个级别：从不敏感到高度敏感，需要向客户发出安全漏洞通知，在某些情况下，必须向负责监管的沙特阿拉伯通信和信息技术委员会(CITC)登记违规行为。除非沙特阿拉伯法律明确允许，否则 CCF 法规不允许云服务提供商或客户对来自私营和政府部门的敏感业务内容，以及属于政府机构和部门的高度敏感和秘密内容进行跨境数据流动。

沙特阿拉伯的物联网(IoT)监管框架规范了所有物联网服务的使用，包括数据安全、隐私和保护要求。物联网提供商和实施者必须遵守现有和未来有关数据管理的法律、法规和要求,这可能会继续关注网络安全和数据安全。物联网监管框架规定了数据安全措施,例如,物联网服务和网络的有限保留与数据本地化,这些措施也受 CITC 监管。

沙特阿拉伯的《电子交易法》规定,互联网服务提供商(ISP)有义务在电子交易中维护商业信息和个人数据的机密性。

5. 疫情时代的经济刺激计划

沙特阿拉伯于 2020 年 3 月出台了超过 500 亿里亚尔的"一揽子"经济刺激计划,加大对国内私营企业的支持力度,支持私营部门尤其是中小企业渡过难关。该计划允许企业主延期最多 3 个月缴纳增值税、消费税和所得税。沙特阿拉伯货币局规定,银行应在不向客户收取额外费用的情况下为客户重组融资,并为因疫情失业的工人提供贷款,同时建议银行调整信用卡利率等。2020 年 6 月,沙特阿拉伯工业发展基金启动一项 37 亿里亚尔的刺激计划,通过延迟和重组企业贷款的分期付息,向 500 多个受疫情影响的工业项目提供支持。

二、 沙特阿拉伯国有经济的内部治理:以沙特阿美石油公司为例

石油行业是沙特阿拉伯国有经济的重要支柱,在此行业中,国有资本、外国资本在动态中不断进行着权利博弈。这种博弈可以从沙特阿拉伯国有企业的治理机制上反映出来。因此,此处以沙特阿美石油公司为例(下文将有该公司详细介绍),从而以小见大,介绍沙特阿拉伯国有经济的内部治理。

沙特阿拉伯副王储本·萨勒曼在 2015 年 5 月领衔创立的"沙特阿拉伯国家石油公司(沙特阿美)"最高委员会,取代了原有的"石油和矿产事务"最高委员会。然而,沙特阿美官方网站显示的公司领导层并不包括这个委员会。网站明确指出,沙特阿美的二号人物是公司的"总顾问兼总干事",而这一职务一直由美国人担任,并由公司管理委员会提名和任命,与沙特阿拉伯政府无关。

现任"总顾问兼总干事"是美国人大卫·库特金(David B. Kultgen),他是沙特阿美的实际管理者,负责日常事务,包括起草和审查项目,安排公司例会讨论并通过。在形式上,他直接对公司沙特阿拉伯籍的 CEO 负责。维基解密资料显示,现任阿美公司 CEO 是阿明·纳赛尔,他此前与美国使领馆职员关系密切,被美国列为了解沙特阿拉伯石油政策的信息渠道。

2015 年 5 月,"沙特阿拉伯国家石油公司(沙特阿美)"最高委员会成立以来的

第一份命令就是将沙特阿美和石油矿产部分离,理由是沙特阿美石油公司可以有更大的独立性和透明度。然而一直以来,沙特阿拉伯石油矿产部和其他政府部门一样,并不能对沙特阿美石油公司的战略决策施加任何的影响和压力。

描述得更准确一点就是,沙特阿拉伯石油矿产部不过是沙特阿美石油公司和沙特阿拉伯政府之间的联络办公室。从20世纪50年代沙特阿拉伯财政部下属的石油矿产公司成立以来,它们的主要任务就是监督从石油利润中抽成的政府份额并将其如数呈交给国王。

从第一任沙特阿拉伯石油部长阿卜杜拉·塔里基开始,每一任部长都来自沙特阿美石油公司内部。然而这不仅仅是双方的传统默契那么简单。2008年,美国驻利雅得大使馆机密电文显示,美国力图在沙特阿拉伯能源部门安插西方人,主要是美国人,担任关键管理职务,以使得沙特阿拉伯的石油政策有利于美国。

第四节　沙特阿拉伯国有经济代表性部门(企业)分析

一、 沙特阿拉伯代表性部门分析

1. 金融部门

沙特阿拉伯的金融政策普遍促进私人资本的自由流动,货币可以不受限制地进出本国。沙特阿拉伯通过维持有效的监管体系来管理该王国的证券投资。2003年通过的《资本市场法》允许经纪公司、资产管理公司和其他非银行金融中介机构在沙特阿拉伯开展业务。该法律创建了一个市场监管机构,即2004年成立的资本市场管理局,并将沙特阿拉伯证券交易所塔达武尔(Tadawul)开放给公共投资。

在2015年之前,资本市场管理局只允许外国投资者通过间接"互换安排"投资本国股市,通过这种安排,外国人已经积累了1%的市场所有权。2015年6月,资本市场管理局向"合格的外国投资者"开放了塔达武尔,但有一套只有大型金融机构才能满足的严格规定。2015年以来,资本市场管理局逐步放宽了适用于合格外国投资者的规定,放宽了准入门槛,扩大了外国投资者基础。资本市场管理局于2017年通过了允许公司债务证券在交易所上市和交易的规定。2018年3月,资本市场管理局授权政府债务工具在塔达武尔上市交易。塔达武尔于2019年3月被纳入富时罗素新兴市场指数,导致外资注入68亿美元。另外,2019年5月,塔达武尔因被纳入MSCI新兴市场指数而吸引外资注入110亿美元。此外,塔达武尔也被纳入标准普尔、道·琼斯新兴市场指数。

根据世界银行官方认可的来源编制的发展指标汇编,2017 年,沙特阿拉伯政府和国有企业信贷占 GDP 的比例为 12.071 1％(见图 6-2)。

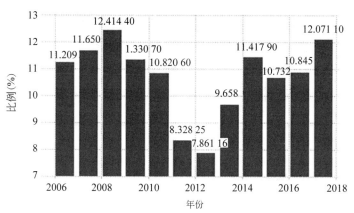

图 6-2　沙特阿拉伯政府和国有企业信贷占 GDP 的比例

资料来源:国有企业在中东和北非(OECD 报告)。

2. 能源部门(石油)

沙特阿拉伯王国(KSA)是世界上最大的石油出口国,石油工业更是其最大的经济部门,占 GDP 的 43％。在逐渐的国有化进程之后,沙特阿拉伯政府目前掌握着全球最大的石油生产公司——沙特阿拉伯国家石油公司(沙特阿美)。在食利经济的运营模式下,国有控股的石油部门对于沙特阿拉伯全国经济而言至关重要。

2022 年 5 月 1 日,沙特阿拉伯统计局发布预估数据称,该国一季度国内生产总值(GDP)同比增长 9.6％,这是自 2011 年第三季度以来最高的数据。其中,非石油 GDP 仅仅增长 3.7％,甚至低于 2021 年第四季度的 4.7％,而石油 GDP 足足增长了 20.4％。由此不难看出,沙特阿拉伯一季度 GDP 大增,几乎可以说是完全乘了高油价的东风之势。

二、代表性企业分析:沙特阿美(Saudi Aramco)

在美国加州标准石油公司(SoCal)的勘探人员发现石油后,阿拉伯—美国石油公司(Aramco)(以下简称阿美)于 1933 年成立。建立初期,阿美一直是美国石油公司的私人所有公司(例如,加州标准石油公司、德克萨斯公司,后来还有新泽西标准石油公司和 Sonocy-Vacuum 公司),直到 20 世纪 70 年代,基本上都是埃克森美孚和雪佛龙的合资企业。1980 年,沙特阿拉伯政府全资拥有了该公司(并更名为"沙特阿拉伯国家石油公司",但保留了其首字母缩写 Saudi Aramco)。由于南加州石油公司最初拥有该国大片地区的独家开采权,其余部分归 Petromin(倍得利,前期为沙特阿拉伯王室实际控制)所有,此次收购实际上将整个石油和天然气行业收归国有。

1973 年,沙特阿拉伯政府开始从美国母公司购买沙特阿美的股份,沙特阿美和 Petromin 的命运发生了变化。沙特阿拉伯政府没有采取激进的国有化方式,而是采取了双方同意的阶段性的沙特阿美国有化方式。1973 年,沙特阿拉伯政府购买了沙特阿美 25% 的股权,第二年增持至 60%,1980 年增持至 100%,财务影响可追溯至 1976 年。在放弃公司所有权的同时,沙特阿美的美国母公司并没有立即放弃管理控制权。相反,他们逐渐让越来越多的沙特阿拉伯人进入管理层,培训他们担任行政职务,维持他们在这家中东经营最好的公司中的领导地位。

20 世纪 80 年代,沙特阿拉伯国家石油公司获得了沙特阿美 100% 的所有权,沙特阿美被 Petromin 控制的可能性再次被考虑,尽管 Petromin 没有盈利,并经历了许多大型炼油厂项目的延误。沙特阿美的支持者最终赢得了这场政治斗争,保住了该公司的资产和运营独立性。在其业务增长的同时,Petromin 的作用在接下来的几十年里逐渐减弱,最终在 2005 年解散,其资产被沙特阿美接管。值得一提的是,Petromin 和沙特阿美之间的领导权之争也反映了沙特阿拉伯王室和政府内部的地盘之争。在连续的发展中如果有一个偶然的因素,则最终的结果并非可以预测。结果,沙特阿美成了一家具有全球竞争力的公司,为沙特阿拉伯的大规模产能开发做出了贡献,并为该国创造了大量收入。

沙特阿美在过去 30 年里取得了显著的发展。通过持续的长期投资,它在技术进步及经济利润创造方面都具有很大优势。例如,它在员工方面的投资使其成为沙特阿拉伯最具吸引力的雇主,其采收率(从油田中获得的石油份额)平均约为 50%,上到 70%,而全球平均水平约为 33%。可以说,它是石油输出国组织(OPEC)中经营最好的国家石油公司(NOC)。2020 年《财富》世界 500 强排行榜揭晓,在盈利方面,沙特阿美仍以 882 亿美元的利润位居榜首。

沙特阿美的业务已经增长到巨大的比例。今天,它生产的石油比世界上任何公司都多,全球每 9 桶石油中就有 1 桶产自沙特阿美。官方估计沙特阿美的石油储量为 2 610 亿桶,几乎是接下来四大能源公司(埃克森、雪佛龙、壳牌、中海油)储量总和的 10 倍。该公司还勘探原油,将其提炼成汽油和化学品等石油产品,并作为独立贸易商买卖其他公司的石油。

沙特阿美的核心优势之一是,尽管规模庞大,但它相对不受利雅得政治的影响。尽管它是国有的,但与其他欧佩克成员国不同,沙特阿美保持了高度的经营自主权。沙特阿美还保持了一定程度的文化自主权。其高级管理层主要由工程师组成,而不是政治家。该公司仍然主要对国王负责,因为国王一直是公司自主权的保证人。然而,随着新王储和政府将该公司视为其工业发展目标的关键,保持政治独立可能会变得更加困难。沙特阿美拟将 5% 的股权上市,可能会在一定程度上起到平衡作用,这可能会进一步加强其商业和投资决策的透明度和私营部门原则。这表明为了保持效率和竞争力,国有企业需要在一定程度上与政治力量隔离,而政治力量通常会导致不经济的管理。这种独立性意味着国有企业在政府经济政策的实施方面可以发挥更少的作用(更少的"发展"作用,更多的是私营部门的做法),从而进一步实现国有企业的转型。

沙特阿美的规模意味着它在经济中占据主导地位。它所管理的资产创造了沙特阿拉伯85%以上的出口和90%以上的政府收入。因此,它一直是该国社会、经济和基础设施发展的一个关键因素。20 世纪八九十年代,国有企业在国家经济中发挥的作用相对有限,但自那以后,其干预和雄心已扩展到新的领域,包括重工业、可再生能源、教育改革、基础设施建设和一般工业发展。沙特阿美迅速增加了天然气产量,并在 2016 年与陶氏化学(Dow Chemical)成立了一家价值 200 亿美元的塑料厂。为了实现石油生产之外的多元化,沙特阿美扩大了与中国中石化合作运营的红海炼油厂,并在 2017 年完全控制了美国最大的炼油厂(位于德克萨斯州亚瑟港),该炼油厂是与荷兰皇家壳牌(Royal Dutch shell)的合资企业。向新行业的扩张有助于实现经济多元化,并建立更大的工业产能,尽管这将权力集中在了沙特阿美手中。沙特阿美在核心业务之外的扩张会给公司带来什么影响目前仍无法明确判定。

沙特阿美也为沙特阿拉伯经济的技能基础做出了巨大贡献。虽然与其他欧佩克国家石油公司相比,它的就业足迹相对较小(可以说是因为它面临的创造就业机会的压力较小),但它在内部员工发展方面投入了大量资金。2012 年,3 000 多名产业工人在美国接受培训,1 000 多名员工在美国接受奖学金学习。许多前雇员利用在沙特阿美获得的经验创办了自己的公司。国企支持员工以外的培训。例如,它与当地各种组织合作,启动了"青年丰富"计划,目标是到 2020 年培训 200 万个沙特阿拉伯人。多年来,沙特阿拉伯政府向沙特阿美移交了很多大型项目,因为沙特阿美拥有世界级的项目管理声誉。例如,10 年前,已故的阿卜杜拉国王决定在吉达附近创建该国第一所男女同校的大学,他委托沙特阿美管理这一耗资 200 亿美元的建设项目。这一方面利用了沙特阿美的技术,另一方面也巩固了其在经济中的主导地位。像许多垄断一样,这可能会扼杀创新,并导致小企业进入壁垒。

沙特阿美的规模意味着它可以对供应商施加巨大压力,并对其他经济领域产生重大影响。为了进一步建设国内产能,沙特阿美在 2015 年推出了国内总增加值(IKTVA)项目。该计划的目的是驱动、测量和监控承包商给王国带来的增值。最终,沙特阿美的目标是到 2021 年实现 70% 的国产化。IKTVA 项目使用一个公式来评估当地内容,包括采购本地化的商品和服务的价值、付给沙特阿拉伯人的工资的价值以及沙特阿拉伯人的培训和发展的价值。

第五节　沙特阿拉伯国有经济绩效分析

一、沙特阿拉伯国有经济功能定位

国有企业在沙特阿拉伯的历史上发挥着重要作用,其发展动力包括工业发展、提供关键商品和服务、创造就业机会和其他各种目标,其中一些目标是商业性的,主要追求利润最大化和财富的积累;另一些则是非商业性的,对经济持续发展至关重要。

因此,沙特阿拉伯的国有企业在其核心业务之外,还会进行非商业性投资,国有企业尤其是经营效率高的国有企业,已经成为国家发展的代理人,发挥着战略职能。政府在能力有限时,会利用大型国有企业来实施战略和社会重要项目,将提供公共投资的责任委托给国有企业,例如,私人投资不足的领域;涉及公众公平获得战略商品和服务的领域,如教育、卫生和公用事业等;出于政治战略考虑的领域,如新闻媒体、军事工业等。

除了国有企业,主权财富基金也在沙特阿拉伯的经济发展中扮演着至关重要的角色,不仅承担着投资回报最大化的商业目标,同时也在国家经济发展战略中承担着战略布局作用。

沙特阿拉伯的主权财富基金——公共投资基金(PIF)作为全球顶级主权财富

基金之一,其成立的初衷之一便是帮助沙特阿拉伯经济免受单一产业风险的影响,代表沙特阿拉伯政府投资资金。PIF 的目标是实现长期投资可持续回报最大化,成为全球机遇的首选投资合作伙伴,促进沙特阿拉伯经济的发展和多元化。沙特阿拉伯将 PIF 作为推动沙特阿拉伯经济转型的引擎,在"2030 愿景"中明确了公共投资基金的发展目标和定位:PIF 主要负责第二个目标"蓬勃发展的经济"的实现,领导沙特阿拉伯进行国家经济转型,实现积极、可持续的变革。其具体包括 4 个目标,即最大化 PIF 资产,通过 PIF 开启新领域,通过 PIF 建立战略经济伙伴关系,通过 PIF 将尖端技术和知识本地化。

二、 沙特阿拉伯国有经济微观效率

由于中东和北非经济体的国家统计机构不收集(或至少不传播)关于国有企业的信息,我们难以获得沙特阿拉伯国有企业部门的准确统计数据,这为分析沙特阿拉伯国有企业的微观效率带来挑战。限于数据的可获得性,本部分主要分析沙特阿拉伯典型国有企业和公共投资基金的微观效率。

1. 典型国有企业

沙特阿拉伯的部分国有企业发展势头良好,经营绩效卓越。如沙特阿美,作为沙特阿拉伯的国有石油公司,现有员工 6 万多名,主要产品为原油、天然气、磷酸盐、黄金、铝矾土。于 2019 年 12 月 11 日在本地上市,当日市值 1.877 万亿美元,2022 年 5 月超越苹果,成为全球市值最高的公司。2021 年第一季度,沙特阿美远超世界五大石油公司(埃克森美孚、雪佛龙、道达尔、壳牌和 BP),利润达到 217 亿美元,比 5 家公司的总和高出 22%。

部分国有企业已经成为跨国企业。沙特阿拉伯基础工业公司作为沙特阿拉伯石化行业的"领头羊"公司,将廉价天然气原料的比较优势转变为高利润,成为一家跨国工业集团。沙特阿拉伯基础工业公司始终保持盈利,没有出现 20 世纪 90 年代初期其他国际石化企业那样的亏损,产量从 1992 年的 1 300 万吨大幅增长到 2012 年的 6 900 万吨。与中东和北非的其他石油出口国的石化国企形成鲜明对比。

但同时,沙特阿拉伯仍有大量国有企业经营绩效差,产能不足和高成本运营使其成为国家财政资源的消耗者。

2. 公共投资基金

沙特阿拉伯公共投资基金(PIF)作为沙特阿拉伯的主要投资机构,与顶级国际投资实体合作,以获得巨大的财务回报和长期稳定的价值。PIF 管理资产的股东总回报率从 2014—2016 年的 3%左右增长至 2018—2020 年的 8%。在 10 多个战略部门建立了 30 多家公司,包括娱乐、旅游、军事工业、可再生能源和再融资。到 2020 年年底,直接或间接创造了超 365 000 个就业机会。截至 2022 年第一季度末,PIF 管理的资产约为 620 亿美元,包括沙特阿拉伯的公共和私人公司以及国际投资。

PIF 正在成为沙特阿拉伯经济增长的主要驱动力。未来 5 年,PIF 资产规模将扩增至 1.07 万亿美元,为目前的两倍。在全球投资的同时,沙特阿拉伯计划向本国经济注入 4 000 亿美元,其中对非石油经济的支持规模为 3 200 亿美元,可以创造 180 万个就业岗位。

三、 沙特阿拉伯国有经济社会绩效

1. 典型国有企业

沙特阿拉伯国有企业最重要的公共服务义务就是以运输燃料和电力的形式提供廉价能源,充当着公司生态系统的孵化器。沙特阿拉伯国有企业的表现对国家的经济发展至关重要,其产出为其他公司生产过程提供的关键投入,为多元化发展增加了可行性。沙特阿拉伯通过各种公共企业提供廉价天然气、水和运输燃料的机会成本估计为该国 GDP 的 10%。

沙特阿拉伯政府不遗余力地投资通信基础设施建设,将数字化作为国家重要的战略支撑,以沙特阿拉伯电信公司(STC)为代表的主要运营商在其中发挥了重要作用。目前,沙特阿拉伯的 4G 网络已经覆盖全国人口的 91%。已有 6 600 余座为 5G 网络服务的基站,分布在 30 多个城市。

沙特阿拉伯国有企业还肩负着劳动力发展的目标。根据沙特阿拉伯中央统计与信息部 2013 年的统计,沙特阿拉伯的公共部门工资和福利是私营部门的两倍多。

沙特阿拉伯国有企业还发挥着创新引领作用。国有企业可以引入新标准,参与研发为私营企业提供关键服务和基础设施支持。国有企业在新领域的发展路径可以为私营企业发展开辟道路,提供范式遵循。

以沙特阿美为例,沙特阿美承担了其核心专长之外的许多项目,包括建立知名大学、建造足球场、提供中小企业支持计划、研究非上游能源计划、在沙特阿拉伯南部开发一座工业城市(围绕政府未找到私人投资者的炼油厂建造)等。

需要注意的是,沙特阿拉伯国有企业承担的社会目标可能相互冲突,而且难以量化,可能对国有企业的经济绩效产生负面影响。例如,沙特阿拉伯劳动力发展的目标使得国有企业冗员问题严重,过高的工资和福利给国企经营带来较大负担;沙特阿拉伯政府对国企实施控制价格,要求国企牺牲部分经济效益,以低廉的价格向公众提供能源和电力等基本商品。

2. 公共投资基金

沙特阿拉伯公共投资基金作为主权财富基金,在追求财务绩效的同时,PIF 也承担着一定的国家战略责任,在提振沙特阿拉伯经济中发挥着重要作用。2017年,沙特阿拉伯政府选择 PIF"领导建立国家经济转型",为此,PIF 于 2022 年宣布了一项推动沙特阿拉伯多元化发展的 5 年战略,其目标是通过促进非石油 GDP 增长和跨多元化部门的投资机会来发展沙特阿拉伯经济,实现"2030 愿景";到 2025年,管理的资产再增加 1 倍以上,重点是为沙特阿拉伯的非石油国内生产总值贡献数十亿美元,其中优先发展住房、医疗保健和金融等行业。

PIF 资助了多个关键项目和公司,引进高科技,创建了多个国家私营部门冠军,并为对国家经济具有战略重要性的举措提供了财政支持。PIF 也向公共企业提供大型低成本贷款,用于战略项目。PIF 还在政府感兴趣的特定部门积极投资建立新的国有企业,实现经济多元化发展。这些措施为非石油 GDP 增长带来新的机遇,直接和间接地创造了大量就业机会,改善了民众的生活质量,巩固了沙特阿拉伯在本地区的领导地位。

第六节　对国有经济发展的启示

一、国有企业的产业布局

沙特阿拉伯主权财富基金作为国有企业所有者的作用越来越大,近年来,主权财富基金的资本配置在向国内市场倾斜。通过主权基金投资推动经济发展是沙特阿拉伯经济改革的重要支撑,主权财富基金在沙特阿拉伯的国家经济发展战略中承担着战略布局作用,资助着多个战略性的国内发展项目。PIF 的资本配置在一定程度上牺牲了国际投资,转而面向国内非石油领域的中小企业、私营企业等国家发展政策的重点目标,推动经济多元化发展。近年来,沙特阿拉伯政府向国内投资的显著转变在一定程度上反映了主权财富基金的社会义务。

沙特阿拉伯政府充分利用本国丰富的石油、天然气资源,带动非石油产业的发展。沙特阿拉伯当前仍高度依赖原油出口,而且产业结构单一,能源价格的周期波动对国家经济政策和宏观规划有较大影响。近年来,沙特阿拉伯政府充分利用本国丰富的石油、天然气资源,积极引进国外的先进技术设备,大力发展钢铁、炼铝、水泥、海水淡化、电力工业、农业和服务业等非石油产业,旨在摆脱对原油产业的过度依赖,促进经济多元化发展。

沙特阿拉伯政府不能过度依赖国企来实现社会目标,要注意防范"使命蔓延"的风险。尽管沙特阿拉伯国有企业在提供公共物品和基础设施建设等社会目标上具有优势,可以大大减轻政府负担,但政府应认真考虑承担非商业目标的国有企业面临的"使命蔓延"风险。沙特阿拉伯政府往往会对国企的社会目标提供补贴,由此带来的预算"软约束"问题可能会增加政府实现目标的成本,并且可能将国企资源从高附加值活动中挤出。

二、 国家的产业政策

沙特阿拉伯的国有企业是重要的产业政策工具。作为"2030 愿景"计划战略的一部分,沙特阿拉伯在大力推动国家经济数字化转型,国有企业在资金、基础设施等方面的投入是沙特阿拉伯数字化转型的重要支撑,有助于私营企业抓住数字化发展机遇。

需要注意的是,从 2024 年 1 月 1 日起,沙特阿拉伯政府机构和政府拥有的基金将停止与未在沙特阿拉伯境内设立地区总部的外国公司和商业机构签订合同。该决定旨在激励与沙特阿拉伯政府或任何机构、基金打交道的外国公司开展属地化经营,为沙特阿拉伯创造更多就业机会,提高支出效益,确保政府机构购买的主要商品和服务由当地提供并具有相当程度的本地化成分。选择在沙特阿拉伯建立或重设总部的外企不会被要求适用关于雇用沙特阿拉伯籍公民的本地化率政策。

三、 国有企业的公司治理

沙特阿拉伯主权财富基金拥有国有企业的所有权有助于改善国企的绩效和治

理安排。沙特阿拉伯主权财富基金的主要目标是寻求全球投资机会,最大化可持续的投资回报率,因此其在财务和管理方面更加专业化和市场化。沙特阿拉伯主权财富基金对其他企业的投后管理经验,对于国有资产重组或私有化非常有借鉴意义,在一定程度上可以推动国有资产的重组和上市。然而需要注意的是,沙特阿拉伯政府将国有企业投资组合部分或全部转让给主权财富基金,并要求其大规模投资国内市场时,可能会给主权财富基金的绩效带来潜在风险。

　　行政隔离是沙特阿拉伯国企成功的一个重要因素。高级政治负责人的支持、绕过烦琐程序的特殊特许、有针对性的国家支持以及产生回报的明确授权、精英招聘和实质性的管理自主权等因素,是沙特阿拉伯成功的国有企业如沙特阿美、沙特阿拉伯基础工业公司等的特征。如沙特阿拉伯基础工业公司由政治精英直接参与维持运作,历任工业部长和财政部长保护其管理自主权,允许明确的商业授权,集中了问责制;同时,沙特阿拉伯基础工业公司对具有竞争力的招聘有自主控制权,虽然在某种程度上也有冗员,但员工招聘的市场化程度更高。

第七章
印 度

第一节　印度国有经济演变历程

一、 印度国有经济发展历程

1. 国有企业扩张期: 1947—1991 年

1947 年独立前,印度属于大英帝国殖民体系的一部分,是世界上经济最落后的经济体之一,农业占 GDP 一半以上,工业比重很小且主要集中在轻纺和原料加工业,重工业生产能力非常低。

1947 年独立后,为了走出原有经济困境,首任印度总理尼赫鲁强调发展民族工业和进口替代战略,通过建立一种公共部门占主导的混合经济模式来大力推动印度的工业化。尼赫鲁将接收来的殖民者产业作为公营经济的发展基础,并先后颁布《1948 年工业政策决议》和《1956 年工业政策决议》,明确划分了公私营经济的范围,指定那些具有基础性、战略性重要地位的行业需由国家经营。通过自 1951 年开始实施的两次 5 年计划,印度公营部门(包括国有企业和政府)占全国固定资产形成的比例一度超过 50%。到 20 世纪 60 年代末,对钢铁、机械、化工和石油这 4 个行业的投资占到了国营企业总投资的 79%。

这种公共部门主导的混合经济模式一直持续到 20 世纪 80 年代。20 世纪 80 年代,印度公营部门(包括国有企业和政府)占全国固定资产形成的比例一度超过了 60%,其中国有企业占总投资的比重长期稳定在 40% 左右。到 1990 年年底,中央直属企业数量由 1951 年的 5 家发展到 244 家,而邦级国有企业则由 50 年代末的 51 家增加到 1990 年年底的 843 家。这些国有企业广泛分布在矿业、制造业、交通、金融和贸易等重要行业,渗透于整个国民经济中。

但是,上述尼赫鲁经济发展战略也带来了一些问题。其一,过分强调重工业优先发展,导致了经济结构失调,农业和轻工业发展严重滞后,导致经济危机频发,这些危机往往打断了原有的发展计划,从而使得印度经济发展大幅落后于其他发展中国家。其二,国有企业垄断范围没有随经济发展和政府能力的变化而调整,后期更是出现了大面积亏损,对国家财政造成沉重负担。到 20 世纪 80 年代,尼赫鲁早期定下的国有企业专营范围基本上没有调整过,国有企业运营效率低的问题不断恶化。1989—1990 年度,印度 843 家邦级国有企业中,有 514 家企业亏损,亏损率达 60% 以上。其三,由于公营部门的行业垄断和广泛存在的许可证制度,大量腐败滋生,并使得很多国有企业成了政党的政治工具。

2. 国有企业私有化改革期: 1991 年至今

在 1991 年国际收支危机后,印度正式开启了全面的经济改革,其中,国有企业改革是市场化改革的重要部分,拉奥政府主要采取了以下措施。

第一,1991 年,印度政府大规模地缩小了国企所涉足的行业,私营企业均可涉足除国防、铁路和军工外的其他各个行业。印度政府提出了私人能够购买国有企业股份的政策,这样就达到了减少政府对国有企业的控制力的目的。

第二,对存在部分问题的国有企业进行改革。1985 年 12 月,印度国会首次提出了"病态企业"的概念。考察企业的盈利能力,企业已注册成立 7 年以上,却连续亏损 2 年及以上,且其累计亏损额超过其资产净值的,为"病态"企业。印度国有企业在 20 世纪 90 年代为了扩张规模,忽视了企业的经营管理,从而使大部分国有企业进入亏损状态。在进行了重组整合之后,如果这些企业仍然处于亏损或者不盈利的状态,印度政府将卖出这些企业以提高资产的利用效率。

第三,建立"谅解备忘录"制度。"谅解备忘录"制度是由印度企业和政府主管部门和专家部门对企业过去 5 年的运营、负债等状况制订相应的发展经营目标和计划。该制度明确了印度企业和政府部门的责任、义务和权利,目的是减少政府对企业的控制权力,扩大企业的自主经营权利,将高管和员工的薪酬与企业的绩效挂钩,有效减少企业依靠行业垄断和所有制的优越性来获取高额收入的途径,进一步激发员工工作的积极性。同时,公司的员工可自愿购买公司的股票与债券,参与公司股利分红,但购买金额不能超过其年薪的 1/6。这种经营模式将员工的发展与企业的发展联系起来,提高了员工工作的积极主动性和工作效率,促进了员工自身发展和企业的发展,从而将企业的利益和风险与员工的利益紧密地结合在一起。印度政府通过"谅解备忘录"制度的实施,取得了比较明显的效果,中央公营部门企业整体绩效有了较大提升。

经过了 30 年的改革,印度的国有经济占比大幅下降,国有企业在国内总投资中的占比也从 20 世纪 80 年代末的 40％ 下降到了如今的 11％。根据印度公共企业部发布的调查报告,尽管中央国有企业的数量维持了基本稳定状态:1990 年为 244 家,2018 年为 249 家,但是企业的经营状况有了很大的改善,亏损面积从 1999 年的 61％ 下降到了 2018 年的 28％。印度经济自由化的改革也使市场原理、竞争意识渗透到生产活动的各个角落,促进了生产效率的提高,带动了印度经济的迅速发展。

如今,国有企业依然在印度的一些领域发挥着重要作用。同时,印度国有企业的改革依然存在不少问题。一方面,印度国有企业的改革提高了经济的整体运行效率,也使得印度经济产业失衡的问题得到了部分解决。另一方面,今天印度经济所面临的基础设施薄弱、工业比重不断下降等发展瓶颈,也在一定程度上跟印度政府减少通过国有企业进行投资的举措有一定关系。此外,虽然印度国有企业改革已经有了较为深入的推进,但国有企业冗员和"僵尸"企业等问题依然严重,所以选举政治和各种利益群体的阻挠则成为推动国有企业进步和有效改革的最大阻力。

二、 印度国有经济发展路径及原因分析

1. 围绕"国有企业提升绩效"这一核心展开

国有企业在印度经济的几次跃升中发挥着至关重要的作用,但国有企业在经济中(尤其是在部分行业中)的垄断性和集中性也带来诸多问题。因此,对于印度国有经济而言,其发展路径的方向确定和具体规划整体都围绕"国有企业提升绩效"这一核心展开。

2. "国企私有化"进程缓慢

由于印度国内经济市场缺乏竞争,垄断市场导致许多国有企业效率低下、亏损严重,长期需要政府提供补助,这大大增加了印度政府的负担。与此同时,新冠疫情的肆虐使得本就债台高筑的印度政府面临更大的压力。为了弥补财政缺口,印度政府目前启动了涵盖航空和能源等行业的国有企业股权的私有化进程。然而目前该进程推进得十分缓慢,一方面,是由于印度国有企业的工会影响力较大,国企

私有化改革很有可能损害职员的利益,这使得国企工会成为推进"国企私有化"进程的较大阻力。另一方面,印度内部关于国企如何改革的分歧非常大。印度国企改革涉及大量职员利益,也成了不同势力争取民意的重要话题。印度社会各方势力的争议也成为"国企私有化"的掣肘力量之一。

3. 与国内政治生态关系紧密

印度国内政治生态对国有经济发展路径的影响是动态而复杂的。举例而言,印度当局正计划出售一些国有企业,然而,现任印度政府的对立派——国大党力图树立"重视民生"的形象,一直强调国企在提供公共服务上发挥重要作用,担忧私有化会损害民众利益,因此反对将国企股权全部卖掉。因此,印度国内政治力量的不同使得国有经济的发展路径面临较大可能的不确定性——甚至有可能发生因政局更替而前后路径完全相反的情况。

第二节　印度国有经济发展现状

一、 印度国有经济规模及结构布局

从二战结束到 1990 年年底,印度的中央国有企业数量从最初的 5 家发展到 246 家,数量翻了将近 50 倍。20 世纪 80 年代,印度国有企业占总投资的比重长期稳定在 40% 左右,1989 年所有部门的国有企业产值占当年 GDP 的 25%(见图 7-1)。

根据印度《经济调查报告》中的数据测算(印度央企自 2011 年起保持着相对稳定的 6% 年收入增长率),受 2020 年疫情影响前的印度中央国有企业的年收入为 276 485 亿卢比(2019 年印度的 GDP 为 201.08 万亿卢比)。

从静态的角度来看,根据印度公共企业部的报告,2018 年,印度国有企业仍占据着全国煤炭生产的 83%,原油生产的 71%,天然气生产的 83%,电力生产的 54%,钢铁生产的 17%,电信服务的 11% 和化肥生产的 20%。

从动态的角度而言,考虑到印度政府几乎垄断了国内金融行业,因此,印度国内银行信贷总额的行业配置可以显示出一定的印度国有经济在布局结构上的动态变化与调整。2021 年,印度银行信贷总额的行业配置显示,在石油、煤炭产品和核燃料、化工、水逆、基础设施等方面,印度银行信贷总额行业配置均获得了不少于

图 7-1　印度国有企业在国内投资中的占比

资料来源：环亚经济数据库，世界银行官方报告，经济合作与发展组织产品市场调控指标，麦迪森项目数据库，由作者计算。

15%的同比增长率。

二、 印度国有经济的特征

1. 关键领域垄断程度和集中度高

印度政府在 20 世纪 90 年代对垄断行业进行了改革，使得印度垄断性行业的分布有所减少，但在一些关键的领域和行业，仍然处于被少数企业(基本属于国有控股企业)垄断的状态。其中，军工、煤炭、矿物、铁路运输、能源、金融等关键领域的垄断属性尤为明显。虽然在对这些行业的改革中，降低了行业的进入壁垒，允许非国有经济的进入，但由于这些行业具有技术密集度高、规模经济等特点，因此，这些行业本身具有很强的自然垄断性，这进一步加强了国有经济在关键领域的垄断与集中程度。

2. 国有独资或直接控股属性明显

在印度的主要行业内部，都具有国有独资或者控股的特征。印度国有企业分为部属企业、公营企业、国有公司三种形式。在垄断行业内部，国有企业的影响程度不仅体现在垄断行业内部国有企业的数量上，也体现在政府对行业内国有企业的控制程度上，一般来说，政府的持股比例基本大于 50%。印度部分垄断行业国有企业的政府持股比例见表 7-1。

表 7-1 印度部分垄断行业国有企业的政府持股比例

行 业	企业集团	国有股权比例
煤炭	印度煤炭有限公司	中央政府持股 100%
	辛格雷尼煤矿有限公司	地方政府持股 51% 中央政府持股 49%
钢铁	印度钢铁管理有限公司	中央政府持股 100%
	维萨卡帕特南钢铁有限公司	中央政府持股 100%
	印度国营矿山公司	中央政府持股 80%
	库德雷穆克铁矿石公司	地方政府持股 100%
石油和天然气	印度天然气有限公司	中央政府持股 57%
	印度石油股份有限公司	中央政府持股 79%
	印度石油天然气公司	中央政府持股 70%
	巴拉特石油有限公司	中央政府持股 55%
石油和天然气	印度斯坦石油有限公司	中央政府持股 80%
	印度石油有限公司	中央政府持股 68%
电力	印度国家电力公司	中央政府持股 75%
	印度电网有限公司	中央政府持股 58%
	电力财务有限公司	中央政府持股 74%
电信	巴拉特桑查尔尼甘有限公司	中央政府持股 100%
	麦哈耶哥电信公司	中央政府持股 56%
	印度电话设备公司	中央政府持股 90%
	印度电信咨询公司	中央政府持股 100%

数据来源：印度煤炭部门、钢铁部门、石油和天然气等部门 2013—2014 年年报。

3. 腐败现象严重

印度的腐败问题由来已久,这与其国有经济与政治间的紧密联系有关。同时,在印度垄断行业内部,腐败现象更加明显。腐败行为不仅会增加企业的行政风险和财务风险,破坏商业结构,影响运营效率,阻碍企业的发展,也会使得垄断行业内国企的收入进一步增加。这是由于在印度垄断行业中,国有企业处于主导位置,非国有企业为了谋求市场份额和生存环境,不得不向国有企业进行一些贿赂行为,这些行为使得行业内国企的高管和一些员工的收入进一步提高。即使印度国有企业在 20 世纪 90 年代经过改革的洗礼,这种根深蒂固的经济活动仍在继续。由于贿赂等腐败行为的存在,使得印度垄断行业内部国有企业员工的灰色收入大大增加,从而在收入总额上超过非国有企业员工。印度一些垄断性国有企业人员的工资性收入较低,但由于其数量过剩,贪污、受贿等行为成为额外收入的主要来源。

第三节　印度国有经济治理情况

一、印度国有经济的外部治理

1. 国家政策支持

独立之初的印度,由于资本短缺、资源匮乏、国民经济缺乏自给性等一系列问题,时任政府实行了国有经济和私营经济并存的混合模式。这种模式的主要特点是强调政府对经济计划的主导作用,强调通过"进口替代"优先发展重工业和基础工业,重视发展国有企业,限制私营企业,排斥外资。在上述思想的指导下,印度政府为了确保重工业和基础工业的优先发展,对国有企业采取了一系列的扶植政策和产业政策支持。

就宏观的国家政策而言,印度政府在整个国家的投资分配上对国有企业采取政策倾斜,在"二五"计划(1956—1961 年)到"六五"计划(1980—1985 年)的各个 5 年计划中,国有部门的投资比重始终高于私营部门。具体而言,印度对国有经济的外部政策支持主要可以分为三大类。

(1) 接管外国或私营企业,推行国有化,增强国有企业实力。

(2) 划定公、私企业经营范围,增强国营企业的垄断地位。

(3) 限制私营企业的竞争,加大对国有企业投资。

2. 产业政策支持

产业政策是指与产业有关的一切国家法令和政策。印度对国有经济在产业方面的支持政策包括但不限于以下几个方面。

(1)《工业(发展与管制)法》(1951 年制定)。印度政府于 1951 年制定了《工业(发展与管制)法》,规定属于该法第一表的 163 类工业,凡建立新企业、扩大生产线、制造新产品,以及迁移厂址等必须向中央政府申请许可证,必要时政府可以对工厂的厂址、规模等提出条件。印度政府有权对出现生产、资金以及股份等问题的企业进行调查并提出解决方案,或接管经营不善的企业。该法还授权印度政府对工业品的价格、产量以及分配渠道等做出规定。印度小企业不受此法约束,而对有垄断性的大私人资本又另立垄断和限制性贸易行为法,约束其资产膨胀和垄断力。印度政府通过这些政策法令,采取严格的许可证制,对私营工业的发展进行限制,力图使其对国有企业是补充而不是竞争。

(2)《工业政策决议》(1956 年颁布)。1956 年,印度政府颁布了《工业政策决议》,把工业分为三大类。第一类专门由公营部门拥有和经营,包括重工业、基础工业、主要矿产、国防工业以及重要的公用服务设施,共 17 种;第二类包括 12 种,主要是第一类以外的矿产、机械工业、化学工业、药品生产等,原则上也应由国有企业经营,但私营企业可以起补充作用;第一、第二类以外的均为第三类,主要是消费品和轻工业品,完全向私营企业开放。

(3)《银行法》(1969 年颁布,金融领域)。1969 年 7 月,印度政府颁布了《银行法》,将占印度存款总额 56%、贷款总额 52%的 14 家大型私营银行收归国有,使国有银行控制了印度存款总额的 83%和贷款总额的 84%。接着,政府又宣布将石油工业企业全部国有化。1971 年 5 月,政府接管了 64 家主要私营保险公司的经营权,并于第二年全部收归国有。

上述措施的实施,对印度国有企业的发展起到了积极的促进作用。一方面,这些措施使印度国有企业得到了较快的发展。1972—1980 年,印度政府还先后接管了两家大型私营钢铁厂、印度 1/3 的纺织厂和 6 家私营商业银行。经过近 20 年的努力,印度国有企业经营范围涉及矿业、制造业、交通、金融和贸易等重要行业,渗透于整个国民经济体系中。到 1990 年年底,印度中央直属企业由 1951 年的 5 家发展到 244 家,而邦级国有企业则由 20 世纪 50 年代末的 51 家增加到 1990 年年底的 843 家。印度政府对国有企业的累计投资也相应地由 1951 年的 2.9 亿卢比上升到 1991 年 3 月的 19 474 亿卢比。另一方面,这些措施使印度国有部门在国民经济中处于"制高点"地位。到 90 年代初,印度国有经济在许多领域占有统治地位,甚至是垄断地位。在矿业、公用事业、铁路、邮电、金融等部门,国有部门所占比重已达 90%以上,有些甚至高达 100%。在一些轻工业产品中也占有一定的比重,如手表占 66%,主要药品占 59%以上。在第三产业中,银行和保险占 90%以上、海运占 53%、空运达 100%。

3. 创新激励

2014 年前后,印度经济的多重问题逐渐暴露,经济面临更深层次的结构性挑战。莫迪上台后,改变了经济政策重点,更强调对原有短板即制造业的扶持,工业化重新成为经济发展目标。2014年,莫迪推出"印度制造"(Make in India)计划,确立了汽车、航空、化工、国防军工、电子设备、制药等二十五大产业,宣布到2025年要将制造业占GDP的比重提升至25%,推动印度成为全球制造业中心。

在此基础上,印度掀起"自给印度"运动,强调"自力更生、自给自足"。莫迪本人在讲话中多次号召民众"购买国货""以印度产品取代进口",并推出"为本土产品发声"(Vocal for Local)计划,主张对外贸易重新回到"只有国内没有的或国内不能制造的工业品才能进口"路线上。在替代性高的服务业部门,如手机应用程序领域,政府以"维护国家安全"等名义封杀数百款中国背景的手机应用,为印度本土应用程序腾出巨大的市场空间。

同时,在吸引外资方面,莫迪政府一方面积极改善营商环境;另一方面,以"蓬勃广大的国内市场"为最大卖点,围绕本国重点发展制造业产业,制定相应产业政策,诱使外资进入,加速打造完整的制造业产业链和供应链。

以"印度制造"的重点产业手机和电子元件行业为例,莫迪政府采取"进入印度市场"为筹码,推出"阶段制造业促进项目"(PMP)以及配套的"生产关联奖励计划"(PLI)、"电子元件和半导体制造业促进计划"(SPECS)和"改进型电子制造业集群计划"(EMC 2.0)等一系列激励投资措施。其中,PMP以渐进性差额关税来推动手机及配件厂商在印度投资生产。根据此政策,不愿在印度投资建厂的手机品牌只能缴纳超额关税作为进场费;同时,PLI对实行本土化生产、提升印度产能的企业提供4%~6%的奖励措施,SPECS为已确定的电子商品清单(包括电子元件、半导体/显示器制造单元等产品和用于制造上述产品的资本货物)提供25%的资本支出财政奖励,EMC 2.0计划则为创建高质量的基础设施和通用设施的电子制造商提供财务激励。莫迪政府采取奖惩结合的方式,推动外资在印度投资建厂,打通手机制造上下游产业,在短期内培育出完整的产业链。

除此之外,印度对大资本、大企业提供优惠政策支持。莫迪在古吉拉特邦执政时就给予大企业和大资本各种政策优惠,包括提供廉价土地、免除对工业企业污染许可手续、为大企业和大项目提供财税补贴等,其创立的"古吉拉特模式"本质上是优先向大企业、大项目倾斜的政商关系模式。当选总理后,莫迪延续了这一政策倾向。例如,其"数字印度"计划帮助信实集团电信服务子公司Jio快速扩张;政府的公私部门伙伴关系评估委员会也不顾经济事务部和国家转型委员会的反对,将数份机场私有化合同交予阿达尼集团。

二、 印度国有经济的内部治理

1. 公司治理机制

（1）国有企业的组织形式。国有资产的微观组织是国有企业，而国有企业作为组织经营和管理国有资产的基层组织，它可以采取多种组织形式。在印度，国有企业最初采用部属企业的形式，即企业在所属部的指导、监督和管理下，从事生产经营活动。在这种组织形式下，主管部对国有企业控制得很严，国有企业基本上不具备完成一定的商业目标所必需的独立性和灵活性。为克服这一缺陷，印度的国有企业又采用了国有公司和公营公司这两种组织形式。印度国有企业采用公司这种组织形式比部属企业这种形式更具有优越性。它在一定程度上实现了企业所有权和经营权的分离，可以避免或减少政府和国会对企业内部管理的直接控制和干预，政府或部长的权力被限制在制定政策等宏观管理层面，总经理和各部门经理可以在财务、采购、预算、人事等方面相对独立地履行自己的管理职能。因此，这种公司组织形式在印度的国有企业中得到了广泛的应用。

印度公营公司是按照一定的法律程序建立，并拥有一定权利和职能的企业组织形式。印度在实行国有化或在开辟新的经济活动领域的过程中，对国有企业大多采用公营公司这一组织形式，如新建的国家雇员保险公司、印度储备银行、印度工业金融公司等国有企业就采用公营公司这一组织形式。印度帝国银行（现称印度国家银行）、印度人寿保险公司、中央货栈公司等企业国有化之后也采用了公营公司这种组织形式。

印度公营公司是一种将政府管理和商业自由控制合理结合起来的组织形式。它具有以下一些特点：①公营公司归国家所有，是具有法人资格的独立经济实体，拥有一定的权利和责任。在很大程度上，它可以享受国会对其内部管理调查的豁免权，但在基本政策的实施和企业实绩评估等方面则必须接受政府的监督。②公营公司的资金由政府提供，一般没有股东。即使在特殊情况下有股东，这些股东也没有股息收入，没有选举或任命董事会的权力。③除了用于资本投资和补偿亏损的政府拨款外，公营公司还可以独立进行资金筹措。其收入与国家预算分开，它可以向财政部或其他公营部门筹措资金，一般不需要采用政府部门资金支出的预算形式、审计程序及会计规则。④公营公司的经营活动以为公众服务为目的，一般来讲,国家不强求盈利。⑤公营公司的雇员除政府部门委派的代表外,一般都不是公职人员,公司可以招聘雇员。

在印度,公营公司拥有法律所赋予的经营自主权。但是,实际上政府部门总是设法将这种自主权减小到最低程度,政府始终持有对公营公司发布指令的权力,特别是部长拥有任免公司董事会成员的权力。因此,公营公司常常不得不放弃相当大的自主权,从而妨碍了公司经营决策的及时性和灵活性。印度公营公司一般被限制在政府职能范围内的领域,如电力工程发展银行、客运和货运等。

(2)"自愿退休计划"。由于印度国有企业改革前长期经济效益和效率低下,缺乏竞争活力,造成国有企业机构臃肿。印度政府在1988年10月宣布实施"自愿退休计划",以期望缩减企业职工,提高经济效益。

"自愿退休计划"的主要内容是,凡工龄满10年或年龄达到40岁的职工均可申请退休,而且退休后每月可领取一定的退休金。但是,当时"自愿退休计划"实施的主要对象是能负担退休金的盈利企业,而亏损或倒闭企业的工人是通过1992年世界银行资助的国民复兴基金来获得生活保障和再就业培训的。因此,截至1998年3月底,仅有227 113人选择自愿退休,占242家国有企业职工总数的10%。2000年5月,印度政府为了更有效优化企业人员过剩和保护亏损企业工人利益,修订了"自愿退休计划"。新的"自愿退休计划"允许国有企业通过政府担保和利息补贴从银行贷款来实施"自愿退休计划"。同时,对于银行不愿提供贷款的不盈利和亏损企业,政府将在财政预算上给予帮助,保证"自愿退休计划"的实施。新计划实施以后,选择"自愿退休计划"的工人迅速增加,到2001年年底,大约有70万名工人选择了该计划。

(3)"员工共同基金"计划。印度政府为了进一步提高企业的经济效益,完善员工与企业之间的关系,建立企业自身发展动力的内部机制,在1998年引入了"员工共同基金"计划。该基金的管理者由企业董事会任命,但业务上独立运行,主要投资于企业发行的股票、债券和其他金融证券。企业正式员工可以自愿投资于基金,并获得相应金额的受益人凭证,但其每年的投资金额不能超过其年薪的1/6。基金管理者每年将根据员工持有的受益人凭证金额和期限按一定比例分配纯利润。推行"员工共同基金"计划使得企业员工共同投资、共担风险、共享利润,以此激励员工努力工作,提高生产效率。

2. 董事会职能与构成

(1)董事会的类型。印度国有企业的董事会可以分为以下两种类型:①职能型董事会。这种类型的董事会成员是由负责如生产、贸易、人事、金融等部门的专职人员组成,有利于迅速做出决策和执行决策,维护企业利益。它一般适用于煤炭、钢铁、化肥等行业中经营过程较复杂的大型国有企业。②政策和职能型董事会(混合型董事会)。这种类型的董事会成员由一些负责专门管理职能和一些没有经营业务的人员组成,即一般由政府官员、私营企业家和金融、技术等方面的专家组成。它汲取了职能型董事会和政策型董事会的优点,克服了它们的不足,具有很大的灵活性,适用于商业、制造业和公用服务业。

(2)董事会的职能。印度国有企业的董事会一般拥有以下职能:①制定和修订长期的经营政策和经营目标,保证企业经营目标与社会目标相一致,有权根据企业的具体情况设计企业的组织机构和任免企业的高级管理人员。②详细了解企业的经营状况,检查各项政策的有效性,审核有关企业的经营实绩报告,协助政府部门检查和监督企业的经营活动。③审批主要的财务事项,包括资本投向、流动资金分配、资金筹措和准备基金管理等方面。在政府政策许可的范围内,它可以自主地筹集外部资金和分配企业的内部资金。④监督企业提供的商品和劳务的质量及价格。⑤注意保护环境,防止环境污染。

由于董事会在金融、财务、价格政策等方面接受政府的指导和控制,加上董事会成员本身与政府部门之间的内在联系,因此,董事会所拥有的权力和职能也受到限制。

(3)印度国有企业董事会的专业化。随着印度国有企业改革的不断深化,国有企业逐渐由计划经济走向市场经济,经营自主权不断扩大,企业董事会的快速、正确决策也越来越关系到企业的生存与发展。但是,在长期的计划体制下,董事会成员多数为政府官员,业务水平低,阻碍了企业的健康发展。因此,提高企业董事会专业化水平也逐渐成为国企改革的重要领域之一。

为了进一步加强董事会专业化水平,印度国有企业部颁布了董事会成员构成的指导原则。该原则要求相关领域专家应以兼职、非官方董事的身份加入董事会,并且该类董事不应少于董事会成员的1/3。同时,指导原则强调董事会中政府官员董事的人数不应超过2人。除了上述规定,指导原则还规定董事会成员中的职能董事人数应达到50%。很明显,新的董事会有利于企业做出快速、准确的决策。一方面,过半数的职能董事有利于迅速做出决策和执行决策;另一方面,一定数量的非官方、专家董事能够通过外部标准来衡量职能董事所设定的决策目标,并且提出有建设意义的管理性咨询意见。

第四节 印度国有经济代表性部门（企业）分析

一、印度代表性部门分析

1. 能源部门

印度的能源部门具有国有经济高度垄断的特点。在印度煤炭行业中,仅印度煤炭有限公司(CIL)的总产出就占国内煤炭总产出的82%,几乎控制了全国的整个行业;而在印度石油和天然气行业中,印度石油和天然气有限公司(ONGC)和印度石油公司(IOCL)这两家企业的石油产量占行业内总产量的80%以上;在印度的电力行业,印度国家电网公司(PGCL)经营约82 355千米的电路电气输电线路和传输约50%的电力。

2. 金融部门

印度政府在20世纪40—50年代接收殖民者政府原有中央银行,对体量最大的私营银行实行国有化(现印度国家银行),对人寿保险业全部实行国有化。1956年,印度寿险业被国有化,而到1973年,印度保险业被国有部门兼并。1969年7月,印度政府颁布《银行法》,将占印度存款总额56%、贷款总额52%的14家大型私营银行收归国有,使国有银行控制了印度存款总额的83%和贷款总额的84%。

综上,20世纪60—80年代,在经济衰退的背景下,印度政府先后接收20家私营银行(国有化),并最终在80年代使全国91%的银行业务掌握在国家手中。

二、代表性企业分析：印度煤炭有限公司（Coal India Limited, CIL）

印度是世界上发展最快的国家之一,是世界人口第二大国,是世界第五大经济体,也是世界第二大煤炭生产国和消费国。印度煤炭资源丰富,根据最新的《BP世界能源统计年鉴》(2020年),截至2019年年底,印度已探明的煤炭资源量包括：无烟煤和褐煤1 008.58亿吨、次烟煤和褐煤50.73亿吨,总计1 059.31亿吨,约占全球煤炭总资源量的9.9%,居世界第5位,但印度石油、天然气资源较为短缺。2019年,煤炭在能源消费中所占份额为54.7%,这意味着多年来印度以煤炭为主的能源消费结构短期内不会发生改变。

在印度煤炭工业生产中,国有煤炭公司占据绝对优势。2018—2019年度,国有煤炭公司的煤炭产量占印度当年总产量的91.9%,其中印度煤炭有限公司(CIL)的煤炭产量为60 689万吨,占总产量的83.1%;辛格雷尼煤矿有限公司(SCCL)生产煤炭6 440万吨,占总产量的8.8%;其他国有煤炭公司煤炭产量合计908万吨,占总产量的1.24%;国内私人煤炭公司共生产煤炭4 988万吨,仅为该年度印度煤炭总产量的6.83%。可见印度煤炭供给高度集中,主要来自印度煤炭有限公司和辛格雷尼煤矿有限公司,根据近6年煤炭产量数据,这2家煤炭公司的煤炭产量平均占印度煤炭总产量的90%以上,其中印度煤炭有限公司占80%以上,在国内煤炭供给中具有垄断地位,如图7-2所示。

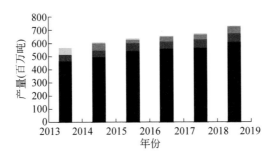

图 7-2　印度煤炭公司的产量占比

资料来源:印度2020年《经济调查报告》。

印度煤炭公司(CIL)是印度国有控股煤炭开采公司,总部设在印度西孟加拉邦加尔各答,是世界上最大的煤炭生产公司。印度煤炭公司于1973年作为印度煤炭权威机构成立。1975年,它在印度不同地区拥有4个附属煤炭企业和1个附属煤炭计划及设计院。1985年,它又增加两个附属企业。1992年,它又获得3个国内附属煤炭企业和1个国际附属煤炭企业。2010年,印度煤炭公司的公开股飙升了15.28倍,筹集了创纪录的24 000亿卢比。目前,印度煤炭公司90%归印度政府所有,10%归公众所有。根据印度国有企业部数据,2019年,印度的主要国有企业包括10家Maharatnas类国有企业(具有全球竞争力的知名企业)和14家Navratnas类国有企业(具有竞争优势的公共部门企业)。印度煤炭公司属于具有全球竞争力的知名企业。

第五节　印度国有经济绩效分析

一、印度国有经济功能定位

印度设立国有企业的初衷是以举国之力重点建设对国计民生具有关键意义的行业,同时为国家经济增长和就业稳定提供支持。尽管印度已经进行了大规模的私有化改革,但国有企业仍然在印度的工业增长和经济发展中发挥着独特且重要的作用。

目前,印度的国有控股企业(CPSEs)主要承担着商业责任和社会责任的双重目标,其设立主要是为了促进经济增长、卓越经营、协调区域发展和履行社会义务。国有控股企业需要确保合理的投资回报,将公共部门发展作为自力更生的经济增长工具,同时作为国家福利的延伸部门,企业还通过企业社会责任活动来履行社会义务,尤其是健康、教育和技能发展领域,为减少失业,消除城乡、地区和阶级差距以及技术落后等贡献力量。

二、印度国有经济微观效率

根据印度公共企业部《公共企业年度调查报告 2019—2020》统计,2019—2020财年,印度的国有控股企业[①]从 2011—2012 财年的 260 家增至 366 家。其中 58 家为上市国有控股企业,市值为 8.2 万亿卢比,占市场总市值的 7.2%。下面重点分析印度的 366 家国有控股企业的微观绩效(见表 7-2)。

表 7-2　各年度国有控股企业的数量　　　　　　　　单位:家

详细信息	2016—2017 年	2017—2018 年	2018—2019 年	2019—2020 年
消费品安全实体总数	331	339	348	366
运营消费品安全实体数量	255	249	249	256
在建消费品安全企业	74	81	86	96
CPSE 处于关闭/液化状态	2	9	13	14
列出的消费品安全委员会数量	50	52	56	58

---

① 《公共企业调查》主要涵盖政府持有 50% 以上股权的政府公司及其子公司。

1. 营业收入

2019—2020 财年，366 家国有控股企业①的营业总收入为 24.6 万亿卢比，近 10 年增长了 98.4%（2009—2010 财年为 12.4 万亿卢比），相较于 2018—2019 财年（25.4 万亿卢比）下降了 3.3%，下降主要是由于石油、原油、其他矿产和金属的同源企业②收入有所下降。从行业来看，制造业、加工和发电行业的份额最高（67.4%），其次是服务业（22.4%）、采矿和勘探业（10.1%）。从同源企业层面来看，营业收入主要来源于五大集团，即石油（炼油和营销）、贸易和营销、发电、运输和物流服务以及原油，在 2019—2020 财年的总收入中贡献了 78%（见图 7-3）。

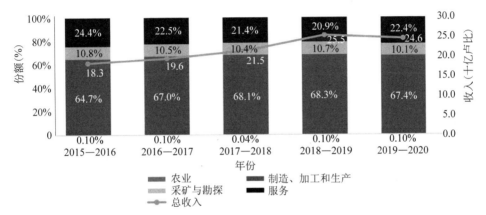

图 7-3 2015—2019 年印度国有控股企业的营业收入总额及行业分布

资料来源：印度 2020 年《经济调查报告》。

2. 净利润

在报告收入的 256 家国有控股企业中，171 家盈利国有控股企业的净利润在 2019—2020 财年为 13 811.2 亿卢比，较 2018—2019 财年（179 家国有控股企业盈利 17 428.6 亿卢比）下降了 20.8%。在盈利国有控股企业中，利润高度集中在前几家企业中，前 5 名国有控股企业占净利润总额的 38%。印度石油天然气公司（ONGC）、印度煤炭公司（Coal India）和电网公司（Power Grid Corporation）在 2019—2020 财年的利润总额中创造了最多的利润，分别占 9.8%、8.2% 和 7.8% 的份额。

---

① 其中只有 256 家国有控股企业报告了营业收入。

② 按企业的主营业务将四大行业（农业，采矿与勘探，制造、加工与发电，服务业）的国有控股企业进一步细分，称之为同源企业集团。

84家亏损国有控股企业的净亏损在2019—2020财年为4 481.7亿卢比,较2018—2019财年(69家国有控股企业净亏损3 162亿卢比)增加了41.7%。亏损额也主要集中在两家国有控股企业,即巴拉特桑查尔尼甘有限公司(电信)和印度航空,占总亏损的53%(见图7-4)。

图7-4 2015—2019年印度国有控股企业的净利润和净亏损及行业分布

资料来源:印度2020年《经济调查报告》。

从行业来看,服务业的盈利情况较去年有所改善,其余部门的净利润均有所下降。

3. 增加值

2019—2020财年,国有控股企业的总增加值为5.3万亿卢比。采矿和勘探类国有控股企业贡献值最大(1.82万亿卢比),其次是制造业、加工业和发电业、服务业和农业。从增加值构成来看,薪资和工资所占比例最高(见图7-5)。

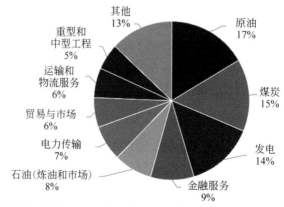

图7-5 2019—2020财年印度国有控股企业的增加值分布

资料来源:印度2020年《经济调查报告》。

4. 利润率

从 2019—2020 财年国有控股企业的利润率水平来看,不同领域的国有控股企业营业利润率相差较大,介于－62.9%(电信和信息技术)和 63.9%(电力传输)之间。在竞争有限的行业或提供独特服务的国有控股企业具有明显的竞争优势,其利润率往往更高(见图 7-6)。

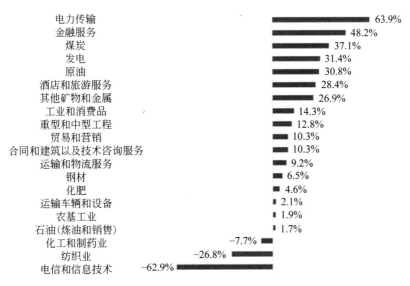

图 7-6　2019—2020 财年印度不同领域国有控股企业的营业利润率

资料来源:印度 2020 年《经济调查报告》。

5. 政府投资

政府对国有控股企业的投资主要由长期贷款驱动,从 2015—2016 财年的 11.6 万亿卢比增长至 2019—2020 财年的 21.6 万亿卢比。在行业中,服务业的投资最高,占 2019—2020 财年未偿金融投资的 66%,其次是制造业、加工业和发电业(25%)以及采矿与勘探业(5%)。在同源企业集团中,金融服务占未偿金融投资的42%,其次是发电占 15%,贸易和营销占 10%,输电占 7%。

此外,根据印度最高审计机关 2021 年的报告[1],2019—2020 年,中央政府对部分国有控股企业投资实投资本超过 200 亿卢比,主要集中在交通运输行业和金融行业,其中最高的是交通运输行业的印度国家公路管理局[2](见表 7-3)。

---

[1]　统计了 607 家国有控股企业的财务业绩。

[2]　被视为零利润。

表 7-3　2019—2020 财年印度政府投资超过 200 亿卢比的国有控股企业名单

单位：千万卢比

消费品安全实体名称	部门名称	数　　量
法定公司		
印度国家公路局	道路运输与公司	25 381
政府公司		
印度基础设施金融有限公司	金融	5 798
国家高速铁路股份有限公司	铁路	5 100
专用货运走廊有限公司	铁路	3 308
印度铁路金融有限公司	铁路	2 500
国民保险有限公司	金融	2 400
高等教育融资机构	金融	2 100

6. 上市国有控股企业

截至 2020 年 3 月 31 日，58 家上市政府公司[①]（包括 6 家子公司）的股票总市值为 839.97 亿卢比（股权投资为 881.94 亿卢比），相较上年同期下降了 601.46 亿卢比（41.73%）。市值最高的前三大行业是石油和天然气（314 073 亿卢比）、电力（236 525 亿卢比）和煤炭（92 379 亿卢比）。市值最高的国有控股企业也主要是能源类企业。从控制部门来看，城市发展部的股票市值跌幅最大（75.34%），其次是重工业和公营企业部（70.22%）和工商部（59.42%）。截至 2020 年 3 月 31 日，52 家上市政府公司（不包括 6 家子公司）的股票市值为 787.52 亿卢比，其中中央政府持有的股票市值为 475.42 亿卢比（见表 7-4）。

表 7-4　2019—2020 财年印度市值最高的国有控股企业

单位：千万卢比

序　　号	国有控股企业名称	市　　值
1	印度煤炭有限公司	86 278
2	石油天然气股份有限公司	85 923
3	NTPC 有限公司	83 312

---

① 不包括股票未进行交易的公司。

序　号	国有控股企业名称	市　值
4	印度电网公司有限公司	83 182
5	印度石油有限公司	76 867
6	巴拉特石油有限公司	68 559
7	印度天然气有限公司	34 676
8	印度斯坦石油有限公司	28 975
9	印度国营矿山公司	24 495
10	电力财务有限公司	24 328

三、 印度国有经济社会绩效

国有控股企业除了对国家经济产出直接的贡献,同时在积极履行着社会责任,具体表现为直接或间接创造就业、推动政府战略议程、为中小微企业创造增长机会以及推动技术进步和创新等。

根据印度 2013 年《公司法》第 135 节的规定,所有盈利企业,包括国有控股企业,当其净资产超过 50 亿卢比,或营业额为 10 亿卢比或净利润为 50 亿卢比时,必须至少花费公司前 3 年平均净利润(税前利润)的 2% 用于企业社会责任(CRS)相关活动。2019—2020 财年,国有控股企业的企业社会责任支出共 508.8 亿卢比,比去年支出总额增长 31%。在企业社会责任活动上花费最多的前 3 个同源企业集团是石油(炼油和营销)、原油和发电。这 3 项合计占企业社会责任活动支出总额的 52%。

国有控股企业对中央财政的贡献是政府发展融资的重要来源。国有控股企业通过消费税、所得税、关税、股息、中央政府贷款利息等在 2019—2020 财年为中央财政贡献了 37 642.5 亿卢比,相较上年下降了 0.5%。石油(炼油和营销)类企业一直是中央财政的主要贡献者。

农业及相关部门的国有控股企业在就业、收入和确保国家粮食安全方面发挥着至关重要的作用,雇用了超过一半的工作人口,2019—2020 财年的增加值占印度总产值的 18%。制造业被视为印度经济转型的重要支柱之一,不仅是创造就业机会的关键部门,而且对印度 GDP、就业和商品出口贡献很大,其表现对于印度实现成为一个强劲经济体的目标至关重要。印度政府已经采取了一系列措施来加强该行业,包括"印度制造"倡议和与生产挂钩的激励计划。在过去 10 年中,服务业一直是印度经济增长的最大贡献者,并将在未来几年继续发展。印度公共企业在抗击新冠疫情方面发挥了积极作用。

从就业来看,截至 2019—2020 财年,国有控股企业共雇用了 1 473 810 人,相较上一财年减少了 150 304 人(9%)。煤炭、石油(炼油和营销)、钢铁和重中型工程等同源集团是最主要的就业来源。

国有控股企业积极响应国家发展战略。Atmanirbhar Bharat 意为"自力更生的印度"政策,是一项追求高效、有竞争力和弹性、自我维持和自我创造的政策。国有控股企业采取了一系列措施来响应,包括政策改革、战略伙伴关系、行政行动、业务调整和能力建设,目标是在保持效率、竞争力的同时,逐步实现业务的可持续性。它主要有五个方面。

(1)增强地方能力以支持政府更大战略目标:弥合知识与能力差距,帮助当地企业发展并满足未来需求,创造就业机会。

(2)促进国有控股企业之间的合作,探索协同效应:在采购/运营、技术、资本投资或能力建设方面的合作。

(3)为国内企业/中小微企业提供更多参与的平台:印度大量的企业都属于中小型企业,其对印度经济的活力和创造就业机会发挥着重要作用。为了扶持中小企业发展,国有控股企业在向中小企业采购、制定行业标准等方面做出了努力。

(4)合理化进口依赖,确保长期可持续性:发展当地能力以替代进口。

(5)开发本土技术并促进向国有控股企业的技术转让:减少技术上的依赖。

在研发方面,尤其是电力、石油、国防、采矿和钢铁行业的国有控股企业,长期以来一直在印度的研发活动中发挥着主导作用。为了更好地实现研究成果的商业化,印度成立了国家研究发展公司(NRDC),负责评价国家研发机构产生的技术、专有技术、专利和工艺,促进研究成果和发明的商业化和开发,帮助个别企业和机构获得商业用途的知识产权/专利。

第六节　对国有经济发展的启示

一、　国有企业的产业布局

(1)应动态调整国有经济占比。自独立以来,国有控股企业在印度的工业增长和经济发展中发挥着独特的作用,国有控股企业的产业布局也发生了较大的变化。从设立初始,印度在工业、金融等行业进行了大规模国有化,对私营企业的投资和经营行为进行了限制。这一阶段印度建立了基本完备的工业体系。然而,随着经济发展和政府能力的变化,印度没有及时调整国有经济布局,导致了印度经济结构失衡,国企的大面积亏损对国家财政也造成了沉重负担。随之,大规模的私有化改革增强了国有企业的竞争和盈利能力,提高了经济的整体运行效率。因此,国有经济布局应当结合国家经济和制度发展形势,进行动态调整,作为经济干预手段其中的一种而服务于经济发展大局。

（2）国有资本重点投资于具有高度外部性、基础性、战略性重要地位的行业。经过 30 年的改革,印度的国有经济占比大幅下降,在国内总投资中的占比从 20 世纪 80 年代末的 40％下降到了如今的 11％。但国有控股企业至今仍在印度具有高度外部性、基础性、战略性重要地位的行业领域发挥着重要作用,一些行业仍未开放市场竞争,如国防、原子能等。

（3）私有化过程一定要充分考虑社会效益。当前印度经济所面临的基础设施薄弱、工业比重不断下降等发展瓶颈,也在一定程度上与印度政府减少通过国有企业进行的投资有一定关系。

二、 国家的产业政策

对印度经济转型的重要支柱和稳定社会发展的关键行业,印度政府采取了一系列措施来加强行业发展。如对制造业,印度政府采取了"印度制造"倡议和与生产挂钩的激励（PLI）计划等政策,激励汽车零部件行业、国家先进化学电池储能项目发展,以合理化进口依赖,确保其发展的长期可持续性。同时,印度政府也采取了财政补贴的方式激励相关产业发展,如 FAME 计划[（混合动力和）电动汽车的快速应用和生产计划],激励国内电动和混合动力汽车发展,在降低对原油依存的同时,争取印度在某些汽车技术领域的全球领导地位。

三、 国家推动创新的方式

印度正计划进一步深入参与全球价值链体系,要在供应链中建立起科技创新研发和品牌的顶端地位。印度中央政府一直对信息、生物和材料三大领域实施扶持计划,确保高新技术产业的迅速发展。加大政府投入力度,为信息技术的发展创造良好的金融环境,设立软件和信息技术工业风险基金;为软件企业提供信贷支持;免除环境许可证制度,对经济落后地区的信息技术教育提供补贴;放宽国际融资机构收购国内软件企业的相关限制。诸多政策的实施,使印度整个高新技术产业的资源配置得到提升,成为印度经济发展的主要动力。

此外,印度重工业和商业部在 2021 年建立了研发技术创新平台,致力于将印度的所有技术资源和相关行业整合到一个平台上,以启动和促进识别印度工业面临的技术问题,并以系统的方式提供解决方案,从而促进初创企业和印度创新的天使投资。目前一共有 6 个平台,这些平台将专注于开发具有全球竞争力的印度制造技术。

四、 国有企业的公司治理

印度政府给予了国有控股企业适当的自治权,并且在对国企考核时纳入了多元指标,值得借鉴学习。

印度政府给予了国有控股企业董事会适当的自治权。印度政府根据公司规模、业绩和盈利能力等定量指标和定性指标,将国有控股企业分为 3 类,即马哈拉特纳、纳夫拉特纳和米尼拉特纳。在资本支出、设立合资企业、人力资源政策的制定以及从国内、国际市场筹集资金等方面向国有控股企业董事会进行不同程度的权力下放,以支持企业成为全球巨头(见图 7-7)。

"谅解备忘录"是印度政府与国有控股企业管理层之间的协商协议,"谅解备忘录"的目的是评估国有控股企业的年度绩效并提高其绩效水平,目标的制定和评估由不同委员会执行。"谅解备忘录"提供了两类参数,即强制性和可选性,权重相等。强制性指标包括 3 个财务绩效参数,即营业收入、营业利润和投资回报率。可选性指标取决于国有控股企业运行的部门。所有参数必须是智能的(具体的、可测量的、可实现的、以结果为导向的和有形的)和客观可核实的。国有控股企业承诺实现"谅解备忘录"中设定的目标,在年底根据选定的参数对国有控股企业的绩效进行评估。最终给出"优秀""非常好""良好""一般"和"差"5 个绩效评级。"谅解备忘录"的范围几乎涵盖印度所有国有控股企业(控股公司及其子公司)。因此,控股公司与其行政部门签署"谅解备忘录",而子公司与其各自的控股公司签署"谅解备忘录"。

米尼拉特纳-II	米尼拉特纳-I	纳夫拉特纳	马哈拉特纳

资格标准

- 过去 3 年应连续盈利正净资产
- 正净资产

董事会的权力：

- 资本支出用于新项目现代化和设备采购，最多为 250 亿卢比，或其净值的 50%（以较低者为准）
- 授权进行股权投资，在印度设立合资公司和子公司，在任何项目中最多不超过 250 亿卢比，或最多不超过 CPSEs 净资产的 15%（合资公司和子公司所有投资的总限额为 30%）

资格标准

- 过去 3 年应连续盈利
- 3 年中至少有一年的税前利润达到 3 亿卢比或以上
- 正净资产

董事会的权力：

- 用于新项目和现代化建设的资本支出。购买设备最多 500 亿卢比，或等于其净资产（以较低者为准）
- 有权进行股权投资，在印度建立合资企业和子公司，最高可在任何项目中投资 500 亿卢比，或最高可达 CPSEs 净值的 15%（合资公司和子公司所有投资的总限额为 30%）

资格标准

- 在过去 5 年中的 3 年中，Miniratna category-1 status. schedule CPSE. 的MOU评级为"优秀"或"非常好"
- 在过去 5 年中至少有 3 项优秀服务记录

董事会的权力：

- 在没有任何货币上限的情况下承担资本支出
- 单个项目的投资决策最高可达 10 亿卢比
- 创建低于理事会级别的职位至 E6 级别的员额
- 从国内资本市场和国际市场发债
- 通过购买或其他安排获得技术和专门知识
- 进入合资企业的权利与战路联盟
- 于合资公司/子公司的股权投资 100 亿卢比，相当于一个项目净资产的 15%，或者相当于 CPSEs 净资产的 30%

资格标准

- 拥有纳夫拉特纳身份
- 在印度证券交易所上市，并有最低要求。SEBI规定的持股比例
- 年平均营业额至少 25 亿卢比，净资产为 1.5 万亿卢比，净利润为 500 亿卢比（过去 3 年）
- 重要的全球存在/国际业务

董事会的权力：

- 在没有任何货币上限的情况下承担资本支出
- 建立技术合资企业或战略联盟
- 通过购买或其他安排获得技术和专门知识
- 组织结构调整效果
- 制订和实施与人事和人力资源管理有关的计划
- 从国内资本市场和国际市场发债
- 董事会拥有并购权利
- CMD获授权批准国际商务旅行团
- 控股公司有权转让资产、发行新股和剥离股权
- 单个项目的投资决策高达 500 亿卢比
- 创建低于董事会级别的职位至 E9 级别

图 7-7　米尼拉特纳、纳夫拉特纳和马哈拉特纳国有控股企业自治权的具体内容

第八章
印度尼西亚

第一节　印度尼西亚国有经济演变历程

一、 印度尼西亚国有经济发展历程

1. 国有企业扩张期: 1945—1988 年

1945 年独立以前,印度尼西亚作为荷兰殖民体系的一部分,是世界上经济最落后的经济体之一。1945 年独立时,印度尼西亚经济发展水平极低,且具有非常浓厚的殖民地经济色彩。当时印度尼西亚全国人口中约有 70％以上是农业人口,然而农业在国民生产中所占比重仅仅略超过 5％;当时印度尼西亚的工业基础十分薄弱,除了西方人所控制的石油、橡胶加工等工业外,印度尼西亚人所拥有的只是一些微不足道的轻纺工业。这些企业不仅数量少,而且规模也很小。

1945 年独立后,印度尼西亚国家资本开始逐步发展。印度尼西亚国家资本的主要组成部分是国营经济或国有企业,其中,国有企业有相当一部分是从殖民政府或其他外国资本手中继承的,即没收日、德、意资本企业的资产,接管荷印殖民地政府的资产,赎买一些外资企业,把荷资企业收归国有。在早期的国有经济中,一部分是涉及国家安全、国防与国计民生的公共福利事业,如医疗卫生、保健设施、军工企业等;另一部分是私人资本无力经营或不愿经营的,而由国家直接投资以及接受外国贷款或援助兴办的基础性产业,如航空、电力、炼油、公共交通、电信、港口机场等。国有企业的范围主要集中在公用工业、交通运输业、对外贸易、大种植园、重要矿产部门以及棉纺织等领域。尤其是苏加诺执政时期,通过大规模的国有化运动,印度尼西亚政府建立了大批国营企业,截至 1963 年 5 月,国营企业已增至 1 120

家,包括工业、矿业、农业、林业、牧业、金融、保险、交通运输和公用事业等。

值得一提的是,经过独立后一系列经济国有化措施,印度尼西亚的国营经济比重逐渐发展至东南亚国家中最高水平。1958年,国家资本仅有13.7亿美元,到1979年便增至337.37亿美元,在资本总额中占60.8%;在1969—1984年的3个5年计划期间,国家资本在实际投资总额中占了69.4%。

2. 国有企业改革期: 1988年至今

从1967年到1993年,这一时期印度尼西亚开始实施第一个25年规划,其经济发展取得了长足的进步,综合国力也有明显增强。然而,印度尼西亚经济也逐渐暴露出一些弊端,其中最明显的就是较为单一的经济结构——印度尼西亚经济过分依赖石油工业。这首先与其独立前的经济历史有关。

从20世纪初到独立的20多年间,印度尼西亚的石油勘探取得了一系列成果。皇家荷兰壳牌集团的印度尼西亚子公司BPM于20世纪20—30年代把勘探重点放在苏门答腊岛,先后于1928年发现利曼油田,1929年发现兰台油田,1934年发现曼克查亚油田,1937年发现塔兰格—齐马尔油田,1941年发现坦朱格—基加油田。这期间发现的最大油田是1929年所勘探到的兰台油田,位于苏门答腊岛的中部。1940年,BPM在苏门答腊岛各油田的原油产量约为100万吨。由此可见,外来资本的勘探与开发为未来的石油工业打下了坚实的基础。

二战时期,由于遭到日军侵略,印度尼西亚的石油工业受到极大破坏,原油产量大幅度下跌,从战前的900万吨跌至1945年的103万吨。随着战争的结束,印度尼西亚宣告独立,并于1945年9月颁布新宪法,计划发展自己的石油工业,随后宣布将成立国家石油公司。1951年1月,印度尼西亚石油矿产公司成立后,政府决定成立国家采矿委员会,研究和修订石油工业政策,草拟石油法,并推迟授予外国石油公司新的租借地。1956年,印度尼西亚政府又接手北苏门答腊岛的原壳牌公司资产,并将其改名为"印度尼西亚国家石油公司",但由于战争的破坏,其下属炼油厂的管线大都损坏,该公司成立后的首要任务就是恢复重建。

苏加诺政府十分重视石油问题,利用原油出口换取外汇,并用于购买新设备。苏加诺政府首创了产量分成对外合作协议,使得石油工业取得一定的发展。根据数据显示,到1954年,印度尼西亚的石油产品输出总价值达到了2 589.2百万印度尼西亚盾,占其国内输出总值的26.2%,并在接下来的年份中都取得了稳步增长。到1958年,其石油输出总值已达到3 191百万印度尼西亚盾,占国内输出总值的

37%。印度尼西亚政府利用换取来的外汇购买了一系列原油开发和运输设备,到1965年,国家石油公司已拥有总吨位高达70 000吨的十几条油轮,再加上租用的油轮,国家石油公司得以拥有适应"千岛之国"需求的强大石油运输能力以及原油开采的新设备。1961年,印度尼西亚国家石油公司所属的油田增加为9个,到1965年,其年产水平达到24.54百万吨。除此之外,苏加诺政府还在1961年成立了国家石油天然气矿产公司,并收购了原壳牌公司在中爪哇岛的原有炼油厂和油田设施。1962年,印度尼西亚正式加入石油输出国组织即欧佩克(OPEC)。

独立后,长期依赖石油工业使得印度尼西亚经济结构较为单一,抵御外部冲击的能力较弱。20世纪80年代末,石油价格暴跌,印度尼西亚经济遇到了严重的困难。同时,印度尼西亚国有经济具有高度垄断性,直接导致市场竞争不足,效率低下,亏损严重。在此"内忧外患"之际,印度尼西亚政府决定大幅度改革国有企业。1988年10月和1989年6月,政府先后颁布了两项法令,宣布根据国有企业的盈利能力、流动资金以及偿债能力等经营状况,对国有企业进行评估分类,并采取相应的措施,依照不同的类型进行不同的改革,主要有:改变其法律地位,实行管理承包;分解成子公司;出售股票以及股票重新分配;联合或兼并;建立合资合营企业,用私营企业的管理经验来改造国有企业;停业清算和出售等。

1996年3月,印度尼西亚政府再次宣布对国有企业进行新的改革,选取具有不同特点的16家企业作为改革试点,将它们改组为14家新型企业,待条件成熟时再将它们改为股份制企业,公开挂牌上市,并放开管制,使国有企业在管理方面拥有更多的自主权;对那些经过调整仍然亏损严重的国有企业,则尽快清盘或卖给私人企业。

2000年以后,印度尼西亚政府的国企改革除了调整国有企业的产权结构、实行国有企业私有化外,还积极鼓励扶植私营经济的发展。印度尼西亚政府希望经过一系列国有企业内部经营机制的调整和股份制改造,使国有企业最终逐步走向市场。

到20世纪90年代初,印度尼西亚共有国营企业200多家。根据印度尼西亚财政部资料,到1991年年底,印度尼西亚各类国有企业有205家,总资产为1 096亿美元,是1957年印度尼西亚政府接管荷资企业总资产12.5亿美元的90倍,发展相当迅速。1997年金融危机前,印度尼西亚有159家国有企业,被称为印度尼西亚经济的"骨干"。到2003年年末,印度尼西亚国有企业的数量下降到140家左右,2005 年的国企数量为 158 家,总资产为 1 310 万亿印度尼西亚盾,与 14 年前相差不大,说明国企的发展速度正逐步减缓。

目前,印度尼西亚国企的改革仍在进行中。印度尼西亚国企部长埃里克·托希尔(Erick Thohir)于 2022 年 3 月 23 日在雅加达出席国有企业通信和可持续发展峰会活动后表示,到 2045 年,估计印度尼西亚将踏进经济最盛时期,甚至将位居全球五大经济国,国内生产总值将达到 7 万亿美元。而"这一切当然不是平白而来的,而是要齐心合力并竭尽全力来实现上述指标,其方法就是要极限发挥国企的作用,加速推动国家经济政策的方向"。他强调说:"国营企业是我国三分之一的经济实力……国企作为政府的左膀右臂,必须能全力发挥所有现有的经济潜力,别让我国的巨大商机,任由其他民族独自享用。"具体而言,在为 2045 年印度尼西亚经济增长奠定基础方面,国有企业可以在 4 个关键领域发挥重要作用,分别是自然资源下游化、挖掘数字经济潜力、实现专业和透明的国有企业、开发人力资源。

二、 印度尼西亚国有经济发展路径及原因分析

印度尼西亚的国有企业存在着比较明显的经营效率低、服务质量差、长期亏损等问题,这不仅加重了财政负担,也不利于行业发展和参与国际竞争的需要。进入 20 世纪 90 年代,随着印度尼西亚对外开放的深入,长期由政府扶持和保护的国有企业面临激烈的国际竞争而难以为继,政府对国有企业的改革和调整势在必行。尤其是在全球私有化浪潮的影响下,印度尼西亚政府先后对国有企业进行了改革,改革使得印度尼西亚国有经济发展路径日渐清晰:改革的目标是促进竞争,打破垄断引入竞争,刺激私人资本和外商投资,降低管理成本,提高经济效益,同时缓解政府对国有企业进行财政补贴的财政压力。印度尼西亚国有经济的改革路径大致有以下几条。

1. 批准通过《国有企业法》,加强对国有企业的监督管理

印度尼西亚国会 2003 年 6 月批准通过了《国有企业法》。新《国有企业法》要求国有企业必须设立监事会、内部监事会及审计委员会,监事会代表国家利益监管企业运行,董事会必须尊重监事会意见。国有企业的运作形式只能是有限责任公司,或非完全利润导向的公司,处于竞争性领域的有限责任制国企可逐步实行私有化。新《国有企业法》还规定了私有化委员会成员由经济统筹部、财政部及相关行业主管部组成。新《国有企业法》的通过,既加强了对国有企业的监管,又避免了政

府部门或官员对企业的不必要干预,有利于国有企业发展。

2. 制定明确的国有企业改革规划

苏西诺内阁推出了 2005—2009 年国企改革总规划,对 158 家国企进行结构性改革。为提高业绩,政府把 158 家国企分类合并成金融业、农园业、服务业、能源业、电信业、媒体业、战略性工业、矿业和建筑业等十大类国企。到 2009 年,通过出售、合并或成立控股公司等办法,印度尼西亚国营企业总数由 158 家减少为 85 家,2015 年进一步减少为 50 家,到 2020 年将只剩下 25 家国营企业。在未削减之前,国企部把分为十大类的 158 家国企划分为 3 组:第一组为事关国计民生的大型国有企业,按照 1945 年基本宪法第 33 条的规定,此类国企必须继续维持;第二组属于效益欠佳的国有企业,却担负着为公众服务的职能,因此决定让它们继续运转,如印度尼西亚火车公司、印度尼西亚国家航空公司(鹰航、鸽航)和公共汽车公司等;第三组是已实行私有化,且由私人企业管理而不受政府控制的国企,政府计划对其大力整顿,使数量大幅度削减。在具体步骤上,拟将 54 家此类国企合并组成 21 家企业集团,38 家并入 10 家控股公司,其余 66 家保留现状照常经营,未纳入改革计划,因为它们属于政府机关企业或公用企业。

3. 国有企业私有化,以提高经营效率

2004 年苏西诺民选政府上台后,印度尼西亚国企部长宣布将重视 100 多家国有企业。对于那些经营不善的国有企业,印度尼西亚政府决定将其私有化。2003 年新《国有企业法》通过后,印度尼西亚随即成立了直属总统的,由印度尼西亚经济统筹部长领衔,包括国营企业部等相关部门参与的私有化特别委员会,计划将涉及海运、出版等行业在内的 200 多家国营企业拍卖,实行私有化改造。2007 年 8 月,印度尼西亚政府公开出售第三大国有银行 BNI 30% 的股份;同年 9 月,一家经营高速公路的国有公司和一家国有建筑公司的股份也被出售。按照政府计划,包括鹰航在内的 15 家国有企业将逐步被私有化。

为了提升企业的竞争力及释放出不良资产,印度尼西亚政府原计划 2008 年把 44 家国营企业民营化,其中包括 10 家 2007 年已宣布但尚未完成民营化的国营企业。印度尼西亚国企部(BUMN)2009 年计划通过向公众出售股份形式把国营电力公司(PLN)的子公司,即印度尼西亚电力公司(Indonesia Power)和爪哇巴厘发电站(PJB)及印度尼西亚鹰航公司(PT Garuda Indonesia/GIA)进行民营化。印度尼西亚电力公司和爪哇巴厘发电站可能出售 30% 的股票,以期获得 10 万亿印度尼

西亚盾,参与二期1万兆瓦电力发电站建设项目。印度尼西亚政府还计划通过首发方式(IPO)在证券市场出售喀拉喀托钢铁公司20%的股份,筹集资金4亿美元建设新工厂。2010年,印度尼西亚国企部定下指标,将对10~15家国企实施私有化。印度尼西亚国企部准备在2011年把7家国营企业私有化,准备私有化的国企包括经营保险、水泥、银行和建筑工程等行业的企业。

印度尼西亚私有化改革遭遇诸多阻力。既得利益集团千方百计抵制私有化和其他取消管制的改革措施,加上私有化涉及的一个重要问题是公司固定资产难以估值,因此,尽管政府每年开展向私人投资者出售股票以提高国有企业业绩和为政府筹集急需资金的计划,但在各种政治势力的抵制和强大压力下,私有化计划的实施大打折扣,私有化进程不断被推迟。2005年,原定民营化收入为1万亿印度尼西亚盾(约1.1亿美元),但未达成目标。2006年的目标为3.2万亿印度尼西亚盾(约3.5亿美元),实际收入为2.09万亿印度尼西亚盾(约2.3亿美元)。印度尼西亚政府原计划2007年通过出售国有企业股份获得4.3万亿印度尼西亚盾(约4.8亿美元)的收入,以弥补财政赤字,但实际收入则为3.12万亿印度尼西亚盾(约3.2亿美元)。印度尼西亚政府曾表示,2008年将出售28家国营企业的股票,从而筹集1.5万亿印度尼西亚盾(约1.65亿美元)资金用于填补政府预算赤字,但结果也不甚理想。2010年,国企部原计划对10~15家国企实施私有化,但到12月底,政府只出售了1家企业的少数股权,筹集了1.15亿美元的收入。印度尼西亚已缩减了国有企业2011年的上市计划,反映了投资者对印度尼西亚市场的投资欲望已经减小,而且2011年2月印度尼西亚国家航空公司Garuda令人失望的上市表现也引发了担忧。政府此前曾计划在2011年推动多达10家国有企业上市。印度尼西亚国有企业副部长Pandu Djajanto表示:"我已经与议会商讨,并考虑仅让1家国有企业在2011年上市,这显得现实得多。"

4. 引进国外战略投资者参与国有企业改造

作为印度尼西亚钢铁行业的龙头国企——喀拉喀托钢铁公司,位于印度尼西亚爪哇岛芝拉贡(Cilegon),年产250万吨。该厂急需进行现代化改造和新建一座高炉以充分利用当地铁矿石资源。为此,喀拉喀托钢铁公司制订了一项长期扩建计划,总投资为5亿~10亿美元。印度尼西亚和中国的钢铁企业非常愿意与喀拉喀托钢铁公司建立合资企业,但是合资的条件包括控制该公司50%以上的股份。此前,喀拉喀托钢铁宣布计划与亚洲国家的钢铁企业——如印度埃萨钢铁公司、伊斯帕特工业公司和中国宝钢、南钢建立战略联盟关系。印度尼西亚国营飞机制造公司——努桑塔拉飞机制造工业公司(PT Dirgantara Indonesia-DI)和泗水造船厂两家国营企业都强调要克服 2008 年全球金融危机的影响,提高经济效益,自谋出路发展。努桑塔拉飞机公司正在同国际上一些大的飞机公司洽谈合作,引进外资,以解决公司资金不足的问题。该公司首先致力于国内的服务和修理行业,在为国内市场服务的同时努力打入国际市场,为美国的波音 737 和波音 767、F-46 战斗机和西班牙飞机公司制造零部件。泗水造船厂正在同美国通用电气公司、日本三菱公司洽谈合资的问题。

外资已大量进入印度尼西亚国有企业,参与国有企业的投资与改造。到 2009 年 4 月 30 日,外资在印度尼西亚 14 家上市国企的投资金额总计为 137.35 万亿印度尼西亚盾,占 14 家公司的股份平均为 30.78%。外资控股比例不断提高,如外资在国营电信公司(Telkom)的股份占 39.52%,成为外资控股比例最大的印度尼西亚国企;其次为锦石水泥公司(Semen Cresik),外资股份占 39.21%;再次,这一占比数字在印度尼西亚人民银行(BRI)中为 35.39%,国营天然气公司(PGN)为 32.52%,国营煤炭公司为 16.1%,国营锡矿公司为 13.53%。另外,多种金属公司 11.75%、Adhi Karya 公司 11.1%、Indofarma 公司 6.06%、高速道公司(Jasa Marga) 4.23%、印度尼西亚国家银行(BNI) 4.02%、Wijaya Karya 公司 1.1%、Kimia Farma 公司 0.4% 的股份均为外资占有。

5. 对国有企业直接注资,帮助企业渡过经济难关

因高油价、巴厘岛恐怖爆炸案、同业竞争冲击、旧合约飞机租金高等压力,两家国营航空公司——鹰航和鸽航面临诸多的营运难题,直接导致财务状况陷入捉襟见肘的窘境。2004 年,鹰航公司的亏损额为 8 110 亿印度尼西亚盾;2005 年蒙受的亏损额仍达 6 740 亿印度尼西亚盾。鹰航资产总额也逐渐下降,2001 年总资产达 10.1 万亿印度尼西亚盾,2005 年降低至 7.8 万亿印度尼西亚盾。政府不得不于 2006 年和 2007 年为鹰航和鸽航分别注入 1 万亿印度尼西亚盾和 4 500 亿印度尼西亚盾资金,使鹰航和鸽航能起死回生,重新振作起来。2009 年,政府向 PAL 造船公司注资 4 500 亿印度尼西亚盾,向瓦斯基塔·卡尔雅公司注资 4 750 亿印度尼西亚盾,向亚齐牛皮纸公司注资 1 250 亿印度尼西亚盾,以及向努山达拉衣物工业公司注资 250 亿印度尼西亚盾。印度尼西亚政府 2010 年年初承诺,将帮助国营飞机制造公司 PT Dirgantara Indonesia(DI)重组 1.76 万亿印度尼西亚盾(约 1.882

亿美元)的债务,以便改进国营飞机制造公司的现金流,使其能从银行获得贷款,恢复正常的生产与经营活动。到 2010 年 3 月底,印度尼西亚政府向印度尼西亚资产管理公司(PPA)提供财政拨款 2.5 万亿印度尼西亚盾,以备向经营困难的国企直接注资。此外,印度尼西亚国营电力公司业务涉及全国家庭用电和工业用电,触及民生建设和工业发展两大领域。为了让国营电力公司更有效地提高电力生产与电力供应,印度尼西亚政府 2011 年以 20 万亿印度尼西亚盾的国家资金对其进行注资。2011 年,鸽航仍需 6 000 亿印度尼西亚盾资金,鸽航将获得资产管理公司注资 5 700 亿印度尼西亚盾,以满足 2011 年公司所需资金。

6. 优化国有企业结构,减轻国家财政负担

印度尼西亚政府正在整顿处理的 5 家"重病"的国营企业,包括:雅加达航务公司(Djakarta Lloyd)、服装工业公司(Industri Sandang)、国营影片生产公司(PFN)、国营气候调查公司(SUP)和巴拉米达(PragiaParamitra)公司。这些国企或因为负债累累,或由于业绩和资产总额都达不到"国企"所必须具备的条件,印度尼西亚政府正准备将这 5 家企业清盘或停止营业。此外,鸽航公司(Merpati Nusantara)、瓦吉达公司(WaskitaKarya)、亚齐造纸厂(Kertas Kraft Aceh)、国营玻璃公司(Gelas)、努山达拉服装公司(Sandang Nusantara)、印度尼西亚造船公司(PAL)等 9 家国企也正在接受国家资产管理公司的整顿。

第二节　印度尼西亚国有经济发展现状

一、 印度尼西亚国有经济规模及结构布局

印度尼西亚的国家资本规模在东盟国家中是最大的,国有经济在印度尼西亚经济中起着举足轻重的作用。根据印度尼西亚著名华人企业家李文正在其著作《在危机中觅生机》中的论述,印度尼西亚国营企业控制着本国 50% 的经济,包括所有国计民生的主要部门与行业。印度尼西亚国营企业事务部(BUMN)负责管理本国的国有企业,其下属企业每年大约对国内生产总值的贡献率为 58%。在梅加瓦蒂时代,印度尼西亚国营企业属于中央一级的有 188 家,资产超过 1 000 万亿印度尼西亚盾,掌控了 55% 的国家经济活动,如果加上 1997—1998 年金融危机期间国家银行重组机构接管的大财团和对私人银行进行注资,国家经营的企业实际上

控制了 80％以上的经济命脉。而据印度尼西亚国企部近年的资料,到 2010 年为止,印度尼西亚 GDP 总量的 40％由国企创造;2010 年,141 家国企上缴税利共计 120 万亿印度尼西亚盾(约 135 亿美元),占印度尼西亚政府财政收入的 18％。

目前在印度尼西亚经济的各个领域均有大型国有企业,大致可以分为七大类。

第一类,包括银行业、保险业和劳务业在内的 20 家国企。全国第一大银行曼迪利银行(Bank Mandiri)、全国第二大银行印度尼西亚人民银行(BRI)和全国第四大银行印度尼西亚国家银行(BNI)以及国家储蓄银行(BTN)、印度尼西亚最大保险公司——印度尼西亚保险服务公司(Asuransi Jasa Indonesia)、劳工福利保险公司(Jamsostek)、公务员保险公司(Taspen)、国有互惠基金公司(Danareksa)等。

第二类,包括公用事务、机场、港口和高速公路等部门在内的 13 家国企。在民航领域,有全国最大的两家民航企业——鹰航公司(PT. Garuda Indonesia,又称嘉鲁达航空公司)和鸽航(PT. Merpati Nu-santra Airlines,又称默帕蒂群岛航空公司),以及雅加达航务公司(Djakarta Lloyd)等;港口有印度尼西亚国家航运第一、第二、第三公司(Pelindol,2 and 3)等;机场有国营第一、第二机场管理公司(Angkasa Pura 1 and 2)等;铁路有印度尼西亚国家铁路公司(Kereta Ap)、国营公路服务公司(Jasa Marga)等。

第三类,包括农业、林业、农园业和肥料业等在内的 24 家国企。如粮食储备公司(Bulo);种植园部门有第三、第四、第五国营农园公司(the Prkebumn Nusanta 3,4 and5)、斯里威查雅化肥厂(Sriwidjaja)、东加里曼丹化肥厂(Puphk Kaltim)等。

第四类,包括矿业、能源和电信在内的 10 家国企。在矿业部门,有综合矿业公司(Aneka Tam-bang Antam)、国营煤矿公司(Tambang Batubara Bukit Asam)以及国营锡矿公司 Timah 等;在能源产业,有国营石油公司(Pertamina)、国营天然气公司(PGN)以及国家电力公司(PLN)等;在通信部门,有国营电信公司 Telkom 等。

第五类,包括战略性工业、钢铁业等在内的 10 家国企。如印度尼西亚国营飞机制造公司(PT Dir-gantara Indonesia-DI)、印度尼西亚造船公司(PAL)、PT IKI 及 PT Dok Bahari 造船厂、喀拉喀托钢铁公司(Krakatau Steel)等。

第六类,包括建筑业和水泥业在内的 11 家国企。如活跃于国内外的大建筑公司 Wijaya Karya(WIKA)、PT Total BangunPersada 和 AdhiKarya 等;水泥业的龙头企业锦石水泥(Semen Gresik)和巴图拉贾(Baturaja)水泥厂等。

第七类,包括医药业、工业区、旅游业、商业、造纸业、印刷业、渔业和纺织业等在内的 52 家国企。如亚齐造纸厂(Kertas Kraft Aceh)、努山达拉服装公司(Sandang Nusantara)、国营化学医药公司(KimiaFarma)、印多药品公司(Indo Farma)等;商业方面有国营瓦斯基塔·卡尔雅公司、苏科芬多公司等;国营印刷公司(PT Balai Pustaka)、国营玻璃公司(PE IndustriGelas)、格达贸易公司(KertaNiaga)、雅加达工业园、雅加达工业房地产、棉兰、三宝垄、锡江与泗水工业园、印度尼西亚国际商检公司(Sucofindo)、印度尼西亚检验公司(PT Surveyor Indonesia)等。

2021 年,据印度尼西亚政府估计,印度尼西亚目前有 108 家国有企业,共有800 家公司和子公司。大多数国有企业,包括银行业的国有企业,由国有企业部(MSOE)管理,仅有几家隶属财政部。一些战略性的独立机构直接对总统负责。其中包括 Lembaga Benjamin Simpanan〔LPS,AAA(idn)/Stable〕,即印度尼西亚存款保险公司,该公司在法律上拥有强大的支持框架。MSOE 下的国有企业越来越多地受到国有企业整合的影响。

截至 2021 年 9 月,在印度尼西亚国有企业合并资产构成中,金融服务类资产占总国有资产的 47.1%,能源类资产占总国有资产的 27.5%,基础设施类占5.09%,保险类占 4.8%,电信类占 2.6%,旅游类占 2.5%,其余(包括矿业、物流业、食品种植、林业、制造业等)占 10.41%。同时,印度尼西亚国有企业的综合收入为1 613 万亿印度尼西亚盾,同比增长 14%;2021 年前 9 个月的净利润也从去年同期亏损 5 万亿印度尼西亚盾增长到盈利 61 万亿印度尼西亚盾。

二、 印度尼西亚国有经济的特征

印度尼西亚政府在战后国有企业的发展政策上采取了政治干预和扶持的手段,促成国有企业在短期内快速成长,为整个国民经济发展提供必需的物质基础。但是,政府过多的行政干预也导致国有企业中官僚主义作风严重,束缚了国有企业经营自主权,造成企业经营效率低,阻碍经济的进一步发展。总体而言,印度尼西亚的国有经济大致有以下三点特征。

1. 高度垄断性

和许多发展中国家一样,印度尼西亚政府通过国有经济实现了对整个经济生活的干预,国家资本控制着国家经济命脉或重要的经济部门,因而,国有经济具有高度的垄断性。一方面,这种垄断性在反对外国垄断资本、维护国家经济主权的斗争中,以及在保障社会经济的稳定运行方面发挥了积极作用。但是,另一方面,这种垄断性也产生了许多负面作用,其中最直接的就是限制了市场竞争。由于国有企业的垄断地位带有"自然性垄断"和"政策性垄断"的性质,政府限制民营企业进入某些投资领域,国有企业可以享受特殊政策和优惠贷款,使有企业生存在一个充满保护的经营环境中,从而限制了私人企业和国营企业之间的自由竞争。如在苏加诺时期建立的喀拉喀托钢铁公司,是作为民族经济的支柱。喀拉喀托钢铁公司长期获得政府在原材料供应和市场销售方面的便利和保护,以致成为印度尼西亚唯一的大型钢铁工业企业。长期垄断经营的结果是,喀拉喀托钢铁公司已不具效率,政府必须对其进行整顿,以提高效率和向前发展。

1964年12月,印度尼西亚国营电力公司(PLN)成立,这是印度尼西亚第一个真正属于自己国家的电力公司,PLN的建立揭开了印度尼西亚电力发展崭新的一页,也是印度尼西亚电力迈入新发展阶段的标志。从PLN成立到1992年印度尼西亚第一次进行电力行业改革的近30年间,PLN一直是印度尼西亚唯一的电力供应者,也是电力行业的掌权者。电力行业属于典型的自然垄断行业,虽然印度尼西亚自1992年起便允许私有企业介入供电,但是国营电力公司的绝对垄断地位始终没有改变。由于国企效率低下,亏损严重,加大了政府财政负担。国营电力公司亏损一直由国家财政补贴,尽管印度尼西亚政府自2002年起允许PLN每季平均上调电价6%,之后PLN多次提高电价但仍不能达到收支平衡。印度尼西亚是东南亚的缺电大国,目前印度尼西亚全国45%的家庭用不上电。随着经济的好转,电力需求将进一步增长,印度尼西亚电力供应不足的情况会更加突出。

2. 管理体制问题较大

印度尼西亚国营企业中的人浮于事、官僚主义作风等现象都较为严重。印度尼西亚在实行国有化以及创办和经营国有企业的过程中,缺乏具备一定素质的经济领导者和管理者。被委派去管理国有企业的官员,或者根本不懂经济工作,不懂经济发展规律,缺乏必要的经济管理知识和生产技能,或者官僚思想严重。所以,国有资产规模庞大,国有经济比重居高,国有企业数量众多,且长期在政府的种种保护下运行,企业员工冗余,社会负担重。印度尼西亚国企在僵化的规则和制度下经营,特别是受制于政府的一些官僚机构,国企的经营和创新受到严重的阻碍。来自政府内部、政党、个人以及特定团体的利益集团把国有企业当成了自己的"摇钱树"，纷纷把手伸向国有大企业，这些国企在日常运营和进行投资行为决策时都在很大程度上受到来自政府或某些政党等外部势力的左右。过多的违背市场规则的行政干预，使印度尼西亚国企高成本、低效益、服务质量差三大问题长期得不到解决。

3. 经营状况带来的负面效应大

根据印度尼西亚财政部发布的一份有关国有企业财务状况的审计报告，在1998—2002 年间，4 家大型国有企业共给国家造成了 17.092 万亿印度尼西亚盾（约 20 亿美元）的亏损。这 4 家公司分别是印度尼西亚航空公司（鹰航），亏损7.253 万亿印度尼西亚盾（约 8.43 亿美元）；印度尼西亚火车公司，亏损 2.599 万亿印度尼西亚盾（约 3.022 亿美元）；室利佛逝化肥公司，亏损 5.130 万亿印度尼西亚盾（约 5.965 亿美元）；国家公务员保险储蓄公司，亏损 2.110 万亿印度尼西亚盾（约2.453 亿美元）。另据印度尼西亚政府有关资料统计，2004 年年底，在印度尼西亚政府控制的 158 家国有企业中有 127 家盈利，共盈利 29.6 万亿印度尼西亚盾，其余31 家亏损，亏损额达到 6.081 万亿印度尼西亚盾。印度尼西亚国有企业总资产收益率只有 2.5%，资产净值收益率为 6.1%，均处于较低水平。2005 年年底，158 家国有企业中只有 22 家国有企业绩效较佳，120 家国企业绩平平，其余 27 家亏损严重。

尤其值得关注的是，对国民经济发展和国计民生有重大影响的 3 家国企亏损特别大。亏损最大的是国营电力公司（PLN），亏损额达到 6 819 万亿印度尼西亚盾；其次是国有嘉鲁达航空公司（鹰航），亏损 5 600 亿印度尼西亚盾；然后是国有互惠基金公司（Danareksa），亏损 2 285 亿印度尼西亚盾。此外，印度尼西亚国营飞机制造公司 2006 年净盈利额为 470 亿印度尼西亚盾，之后由于负债累累，营业额不断下降而处于亏损中，2007 年亏损达 240 亿印度尼西亚盾，2008 年亏损上升到1 090 亿印度尼西亚盾。由于国营企业亏损面大，造成的国家财政赤字 2006 年为40 万亿印度尼西亚盾，2007 年为 40.5 万亿印度尼西亚盾（约 44 亿美元）。2008 年年底，国营企业的债务总额达 1 412 万亿印度尼西亚盾，包括短期债务 1 039 万亿印度尼西亚盾和长期债务 373 万亿印度尼西亚盾。国有企业的这种经营状况给印度尼西亚经济的发展带来很大的副作用，国家财政每年需为国有企业提供大量补贴，使政府不堪重负。

第三节　印度尼西亚国有经济治理情况

一、印度尼西亚国有经济的外部治理

1. 采用 PPP 模式

印度尼西亚在基础设施建设方面发展滞后,需要政府让各种利益相关者参与,例如,私营部门、社区和非政府组织(NGO)等,找到解决问题的办法。由于并非所有的发展活动都需要由政府来进行,各方面的参与在协助政府方面可发挥重要作用,特别是在提供人力资源和财政技能方面,私营方面的参与很大程度上可以提高经济效益。这种有私人参与的合作形式被称为公私伙伴关系(PPP)。

印度尼西亚基础设施 PPP 模式是由印度尼西亚政府决定的,旨在通过相关政府承包代理与企业实体(私营部门)之间的协议(合同)进行开发与融资的基础设施项目。2010 年,印度尼西亚政府"78 号总统令"中写道,"通过基础设施担保实施的政府与企业实体合作项目的基础设施保障";2015 年,印度尼西亚政府"38 号总统令"明确了政府与企业实体在基础设施供给方面的合作。

在政府授予后,私营部门负责设计、施工、项目融资以及运营等工作。印度尼西亚国家发展规划部、财政部、经济统筹部、基础设施建设加速政策委员会(KPPI) 4 个部门负责制定 PPP 政策。这促使印度尼西亚政府参与进 PPP 模式中。

涉及 PPP 项目的发展实施,需要考虑积极和消极的两个方面影响。一方面,不合适的 PPP 项目无疑会带来成本的增加,同时,由于政府和私人部门并存,国家政治局势极大程度上会影响 PPP 项目过程——如项目执行延误、项目活动选择的偏差、政策更改,以及政府在实施活动过程中失去控制等。另一方面,PPP 项目使得政府和私人之间的风险分担、成本节约及服务等水平提高,以及在更广泛的经济利益方面的乘数效应增加,如创造就业、降低犯罪率、增加收入等。私人部门的参与提供了资金和专业知识,这至少能帮助政府作为一个执行者更好地发挥作用。但是,值得说明的是,政府和私营部门之间的关系必须是一种互利的关系,必须在一段时间内受合同约束。私营部门的参与是为了从发展中获得利润,因此,私营部门的利益不应损害发展,而这很大程度上需要政府的监督和利用约定的时限进行限制。

PPP 模式是解决印度尼西亚基础设施发展问题的一种选择。然而,现实层面上,由于法规重叠,私人投资困难重重,官僚程序复杂,空间规划领域和领域秩序不

佳,PPP 模式在印度尼西亚的应用较少。

2. 有限优惠计划（Limited Concessions Scheme，LCS）框架

长期以来,印度尼西亚在基础设施方面投资不足,导致基础设施缺口估计达 1.5 万亿美元。印度尼西亚政府估计,2020—2024 年期间需要 4 770 亿美元,相当于该国 GDP 的 6.1%,才能满足该国的基础设施投资需求。公共基金不能提供所有必要的资源。同时,私营部门将需要提供所需投资的 40% 左右,国有企业将贡献另外 20%。基础设施方面,印度尼西亚国企主导着该国的关键行业,包括电力、交通和供水等。然而,它们的生产力低下,融入区域和全球价值链的能力有限。印度尼西亚国企利润占 GDP 的比例自 2009 年以来一直持平,因而私营部门一直不愿参与。为了改善其广大地区之间的连通性并支持经济增长,印度尼西亚比以往任何时候都需要更多的基础设施融资。为此,印度尼西亚政府在基础设施领域引入了新的有限特许权计划(LCS)框架。

LCS 是一种资产回收模式,利用公共部门资产通过特许权获得私人融资。作为现有公私合作(PPP)计划的替代方案,该框架于 2020 年被提出——总统第 32/2020 号法规(简称"PR 32/2020")通过了"有限使用权融资基础设施的有限特许经营计划"(LCS)。通过该规定,印度尼西亚私营部门(包括有限责任公司和外国商业实体)将被允许以国有货物(BMN)或国有企业资产(SOE Assets)的形式管理和运营现有的基础设施资产。这些资产包括各种类型的基础设施,即运输(海港、机场、铁路和公交站)、收费公路、水资源、污水和废物管理系统、电信、发电厂、可再生能源、石油和天然气(LCS 资产)。

为了符合 LCS 资产所需达到的资格,基础设施应已运行至少两年,资产的剩余寿命应至少有 10 年。LCS 资产将被列入一长串名单,并由 KPPIP 公布(KPPIP 是政府为加速印度尼西亚优先基础设施项目的发展而设立的一个特设委员会)。

这一融资方案有望成为基础设施发展项目的另一种新的融资来源。使用 LCS 模型,印度尼西亚政府可以"回收"现有的运营基础设施资产,利用来自私营部门的新预付资金,为其他资产的新开发或升级提供资金。作为回报,私营部门将获得特许经营 LCS 资产一段时间,以确保其投资回报。

对投资有兴趣的私营机构可参加由负责每项资产的有关认可机构组织的预审投标。投标将基于预付款的预估价值,由国家对 BMN 进行评估或由合格的资产评估公司对国有企业资产进行评估。

获得特许的私营部门应在 LCS 协议执行后 6 个月内转让前期费用。资产转让后,私营部门应完全负责资产的运营和维护,包括支付与资产相关的适用税收。预计私营部门将提高运营效率,同时保持服务和资产性能。

这一计划将提升印度尼西亚政府为国有企业设计资产回收框架的能力,包括为试点基础设施项目的推出制定国家级指导方针和实施法规。这将使印度尼西亚政府能够通过使用现有国企资产筹集资金。它还将促进长期本币融资,并将鼓励私营部门参与基础设施部门。

"在新冠疫情后的经济形势下,改革国有企业和将私人投资引入现有资产将是动员私人投资的主要方法之一,也是刺激经济的一个关键方法。"世界银行基础设施融资高级专家 Jeff Delmon 这样说道。

3. 大力推动国有企业数字化

印度尼西亚政府正计划大力推动国有企业数字化,旨在提高国有企业效率,并通过此类国企和银行为初创企业提供风险投资,从而提振初创经济。印度尼西亚有 100 多家国有企业,它们在该国几乎所有主要行业都有巨大的影响力,包括自然资源、化工、建筑、运输、种植园和金融等。但这种影响力让它们得以维持许多低效的做法,这是印度尼西亚国有企业部长埃里克·托希尔(Erick Thohir)自上任以来一直渴望纠正的问题。

印度尼西亚国企部目前计划指导 3 家风险投资机构以投资那些有潜力辅助国有企业数字化的初创企业。据两位知情人士透露,它们分别是国有电信公司(Telekomunikasi Indonesia)的风投部门 MDI Ventures、印度尼西亚国民银行(Bank Rakyat Indonesia)的风投部门 BRI Ventures 和曼迪利银行(Bank Mandiri)的风投部门 Mandiri Capital Indonesia。

他们认为,这对各方都是有利的:铁道部可以推进其提高国企效率的计划,而初创企业将获得国企中利润丰厚的客户,帮助推动它们的业务。稳定的收入来源将意味着更高的估值,如果风险投资专家决定在后期退出,他们将有机会获得良好的投资回报。已经在这 3 家风险投资提供商投资组合中的初创企业也将成为国企数字化努力的一部分。

国际咨询公司科尔尼(AT Kearney)2021 年在一份报告中表示:"与当地和全球的数字领导者相比,印度尼西亚国有企业的数字成熟度相对较低。"报告还说:"未来 4—5 年,对这些实体的年度数字投资需要增加两倍,以确保它们能够赶上发达的东盟经济体。"

MDI Ventures 在 2021 年 8 月早些时候宣布,将用 5 亿美元的基金"以支持印度尼西亚国有企业的数字转型议程"。该公司在一份声明中表示:"新基金将用于扩大 Telkom 集团的现有议程,但有几个关键任务的更新。首先,MDI Ventures 将利用该基金投资印度尼西亚公司。然后,它将寻求将其投资组合纳入不仅仅一家国有母公司,而是全国所有的国有企业。"

首席执行官唐纳德·威哈德贾当时也发表了一份声明,称国有企业"知道他们需要比以往任何时候都更深刻地拥抱数字商业模式",以保持在市场上的强大地位,"通过按照政府的大胆指令分配这一基金,并与当地技术创新者合作,印度尼西亚的国有企业将处于理想地位,为未来几代人繁荣发展打下基础"。

二、 印度尼西亚国有经济的内部治理

1. 公司治理机制

国有资产的微观组织是国有企业,而国有企业作为组织经营和管理国有资产的基层组织,它可以采取多种组织形式。

印度尼西亚国有企业的历史可以追溯到荷兰殖民时期。殖民地政府建立了如铁路、典当、印刷、盐和碳酸钠及海运等公共企业,这些企业依下列两项法律进行经营活动,即 1864 年建立的印度尼西亚《财富法》,这项法律控制殖民政府的金融与财政活动;1927 年建立的印度尼西亚《企业法》,该项法律规定诸如电力、出版、饮料领域的企业活动。1945 年印度尼西亚独立后,把这两项法律规定范围内的所有殖民政府企业都转归印度尼西亚新政府掌管,印度尼西亚政府为这些企业的国有化制定了新的法律依据,即 1945 年《宪法》的第 33 条条款。这一条款规定:①国民经济按协作方式组织;②关系国计民生的重要生产部门必须由国家控制;③土地、水、自然资源必须由国家控制并以最有利于人民的方式加以开采。为了与"有指导的经济"政策相适应,对国有企业的管理进行了改革。其一,颁布法令使得所有中央政府掌管的公共企业都统一为一种形式,即"国有企业"(Pernsahahaan Negara,PN),以便形成一体便于管理;其二,这些国有企业必须在有关部门的直接监督下经营。从那时起,国有企业就与它们各自的上级部门紧密联系在一起,以便与上级部门的计划协调一致;其三,不允许私人渗入国有企业中,以保证国家对国有企业的控制权;其四,政府委派军政官员和公务人员管理国有企业;其五,政府通

过在各部门建立统一管理局直接参与国有企业的管理。这样,在印度尼西亚国有企业内部形成了双重管理,即统一管理局不仅负责国有企业的经营条件,而且参与国有企业的日常管理,而后者也在董事会的管理之下。可想而知,与苏加诺政府"有指导的经济"政策相一致,这时期印度尼西亚政府对国有企业的控制相当严格。

1966年随着苏哈托上台执政,印度尼西亚从"旧秩序"时期进入"新秩序"时期,开始实行开放的经济政策,减少干预和扩大市场的调节作用。印度尼西亚政府1969年8月1日颁布的第9号法令,对国有企业进行重组,由PN一种形式变为3种形式,即官营企业(Perusahaan Jawatan)、公用企业(Perusahaan Umun)、股份公司(Perusahaan Perseroan),并赋予它们各自不同的法律地位和作用。

官营企业是政府的某个部门机构,企业的经营成本和年度损益都构成国家的财政预算,其职员是公务人员,经营领域主要在公共设施和服务方面,这类官营企业的任务是追求社会效益。最初由印度尼西亚《公司法》(IBM)管辖之列的现转归官营企业(Perjan)之列,并附属于各自的部门。

公用企业继续遵守1960年的"第19号法令",企业资本全部由政府所有,不发行股票,它们是独立的法人实体,自负盈亏,但必须向政府呈报每年的财务状况,其经营活动由一位技术部长监督,其职员不是公务人员,经营目标是社会效益和商业效益兼顾,它们比官营企业有更多的自主权。这类企业有国家公共汽车公司、铁路运输公司(1990年由官营企业转变为公用企业)、航空和海运公司、国家住房建设公司、电力和天然气公司等。

股份公司是根据印度尼西亚《公司法》建立的国营股份有限公司,它们具有有限公司的法人地位,其股份部分或全部由国家所有,其经营范围在官营企业和公用企业经营范围之外,经营目标是追求商业利润。这类公司最初是依印度尼西亚《商业法》建立的有限公司,1960年"第19号法令"把它变成PN,1969年"第9号法令"再把它还原为有限责任公司形式,仍遵循《商业法》。国营股份有限公司由董事会执行管理,但董事会的活动必须在监督局的控制之下。股份公司的经营方式类似于私人企业。

这样,通过1969年的改革,印度尼西亚政府对国有企业的形式、经营活动和目标进行了清楚的划分,即官营企业追求社会效益,股份公司追求商业利润,公用企业介于两者之间。它们与政府的关系也不同,政府对官营企业的控制最紧,对公用企业的控制其次,对股份公司的控制几乎近似于与私人企业的关系。

此外,印度尼西亚还有一些国有企业不属上述 3 种类型,它们有自己独立而特别的法律规定,如国营石油公司和国家银行。1968 年,印度尼西亚政府将原先分管石油生产和销售的两家国营公司合二为一,组成"国营石油公司",根据《国营石油公司法》(1971 年第 8 号法令)成立了政府高级委员会,负责制定"国营石油公司"的总方针、总政策,并由其批准公司的各项措施、预算、信贷、合资企业的建立和子公司的设立等项事宜。印度尼西亚总统有权任免该委员会的成员,并对所有决议有最后的审批权。国营石油公司实行经理负责制,设总经理和 5 个经理,分别负责石油、天然气的开采和生产、提炼及化工,国内销售,运输,以及财政、行政 5 个方面的工作。国营石油公司的活动不仅在石油、天然气行业,还扩大到造船业、种植业、交通运输、公路建设、旅游、教育、医院等行业,被人们称为"国中之国"。

但是,1969 年,印度尼西亚国有企业的重组政策在实践过程中并没有始终如一地进行贯彻。特别是到了 1973—1982 年石油繁荣时期,国家加强了对经济的控制,政府并没有真正做到有区别地对待 3 种不同的国有企业。如股份公司,根据其法律地位必须是追求利润同时享有相当的决策权,但实际上往往被社会、政治等因素所影响。一些股份公司的目标更多的是注重国家的发展,而不是商业目标。在这一时期,印度尼西亚国有企业成为政府"伸长的手",是实现国家经济发展目标最直接和有力的工具。

2. 董事会的职能与构成

根据印度尼西亚《公司法》的规定,除了日常运营管理外,董事会还有如下权利和义务:①召集股东大会,执行股东大会决议;②若公司的财务报表、年度报告存在错误、虚假,由董事会(包括监事会)共同承担任何一方蒙受的损失;③制定并保存股东大会记录和董事会记录;④制定利润分配方案,报股东大会批准;⑤公司可进行中期股息分派,经监事会事先批准后由董事会决策;⑥编制的年度经营计划及制定的年度预算,根据章程规定须经监事会或股东大会批准,若经股东大会批准,须先经监事会批准;⑦若因董事会或个别董事的履职过失或疏忽导致公司破产,董事会全体成员(包括公司破产前 5 年内任职的董事)将共同承担除公司资产抵扣以外的负债(见图 8-1)。

在印度尼西亚,由于董事会集决策与执行于一身的特性,存在着一定的治理风险,因此作为监督机构的监事会,其权力相对于我国公司的监事会要大得多:董事会为履行特定法律行为要经监事会同意;在特定时期的特定条件下,可由监事会对公司进行管理,并拥有与董事会同等的权力与义务。

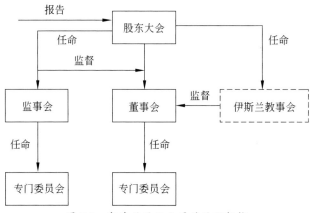

图 8-1　印度尼西亚公司的治理架构

注：图实框表示必设机构、虚框表示选设机构。

应特别注意的是,对于印度尼西亚的国有企业而言,印度尼西亚国会于 2003 年 6 月批准通过了《国有企业法》。印度尼西亚新《国有企业法》要求国有企业必须设立监事会、内部监事会及审计委员会,监事会代表国家利益监管企业运行,董事会必须尊重监事会意见。国有企业的运作形式只能是有限责任公司,或非完全利润导向的公司,处于竞争性领域的有限责任制国企可逐步实行私有化。印度尼西亚新《国有企业法》还规定了私有化委员会成员由经济统筹部、财政部及相关行业主管部组成。

第四节　印度尼西亚国有经济代表性部门（企业）分析

一、印度尼西亚代表性部门分析

1. 金融部门

正如上文中所提到的,金融服务类资产占印度尼西亚国有总资产的 47.1%,从集群分布来看,银行业集群对国有企业资本化贡献最大,总计 1 007 万亿印度尼西亚盾。在本身占比较重的情况下,为了提升效率,印度尼西亚金融部门的国有企业仍在不断调整重组。2021 年 2 月,印度尼西亚开始实施合并伊斯兰教国有银行的企业行动,即银行联合会(Bank Syariah Mandiri)、BRI Syariah 和 BNI Syariah,现在成为印度尼西亚银行联合会(BSI)/(BRIS)。截至 2021 年 9 月,印度尼西亚伊斯兰教国有银行合并的公司行为使得 BRI Syariah 的总市值从合并前的 27 万亿印度尼西亚盾增加到 83 万亿印度尼西亚盾。这与 Himbara 伊斯兰教银行解除价值持有、重新调整 Himbara 银行集群的核心业务,以及 2019—2024 年印度尼西亚伊斯兰教经济和金融总体计划(MEKSI)的战略相一致。在市场份额方面,2021 年 9 月,印度尼西亚国有企业股票市值占总市值的比例略有下降,降低至 28％,这主要是由于技术领域的资本市场活动增加所导致的。根据印度尼西亚 2021 年的政府报告,2021 年第三季度金融服务集群收入的增长包括利息收入和收费收入,与信贷增长的改善保持一致。Himbara 保持盈利能力,各银行净息差(NIM)比率同比上升,与净利润同比增长 46％ 相一致。

2. 能源部门

印度尼西亚是东南亚人口最多的国家和世界第四人口大国,仅次于中国、印度和美国。之前,作为石油输出国组织(OPEC)的一员,印度尼西亚是石油净出口国,努力吸引投资以满足日益增长的国内能源消费需求,但由于基础设施不足和复杂的监管环境,效果并不理想。虽然面临上述挑战,但它仍是 2012 年全球煤炭最大出口国(以重量计算)和 2013 年液态天然气第四大出口国。印度尼西亚在努力完成能源出口任务并通过国际市场赚取外汇的同时,也在尽力满足国内需求。

在这样的环境下,能源行业对于印度尼西亚经济发展而言十分重要,加之能源部门自身较高的自然垄断性,印度尼西亚国有经济在其中发挥着稳固的主导作用。根据政府报告,印度尼西亚国有石油公司帕塔米纳(Pertamina)整合了所有供应企业,2012 年约占国内原油产量的 17％,成为第二大石油生产商,紧随其后的是托塔尔和康菲,分列第三名和第四名。除了上游业务,帕塔米纳还经营着印度尼西亚几乎所有的精炼厂,同时进口原油及其他产品,供应国内市场。帕塔米纳在零售市场上的垄断角色于 2004 年结束,但是直到 2010 年前期,该公司仍然是补贴燃料的唯一分销商。帕塔米纳必须平衡其双重角色,一方面,作为一家公司需实现自我需求以提高出口收益;另一方面,作为国有石油公司还需满足国内消费需求。印度尼西亚能源和矿产资源部负责与有意向的石油公司签署产量分成合同。印度尼西亚 2001 年石油和天然气法案重新调整了印度尼西亚上游石油和天然气部门,将上游的监管角色从帕塔米纳转交给油气上游工业管理局(一家国有法定机构,负责管理和执行产量分成合同)。虽然帕塔米纳仍然是全资国有,但 2001 年的法案仍将它定为有限责任公司。

印度尼西亚油气上游工业管理局于 2001 年石油和天然气法案通过后成立。2012 年 11 月,印度尼西亚宪法法院认为上游监管者——油气上游工业管理局是违反《宪法》的,因为该监管者限制了国家为全民福利最大限度地扩大自然资源管理的优势,因此勒令其解散。能源和矿产资源部通过特殊工作小组 SKK MigaS 暂时接过了监管职能,将运行到政府修改 2001 年版法案为止。特别工作小组负责管理和执行产量分成合同,决定政府持有油气的供应商,提高油气产量,满足国内需求。印度尼西亚总统全权负责制定油气监管政策,国会有监督和同意权。2013 年,特殊工作小组内的腐败案件及其前任主席被捕之后,该机构失去了在本国市场销售油气的权利。印度尼西亚政府将国内市场专有销售权转给了国有帕塔米纳公司。

印度尼西亚能源类资产占总国有资产的 27.5%,但在最新的收入增长中位列国有经济部门首位。对于细分领域而言,石油和天然气集群 2021 年第三季度的收入增长了 16%,与能源消耗的增长保持一致。但是,商品价格的上涨也造成了收入成本增加 26%,收入的增长高于成本的增长。因此,净利润为 10 万亿印度尼西亚盾,而去年同期净亏损为 6 万亿印度尼西亚盾(见图 8-2)。

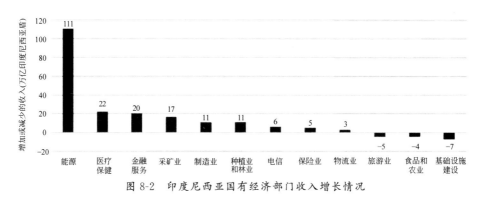

图 8-2　印度尼西亚国有经济部门收入增长情况

资料来源:《印度尼西亚的国有企业改革》(亚行治理论坛资料,2021)。

二、 代表性企业分析:印度尼西亚国有石油公司

印度尼西亚国家石油公司是印度尼西亚一家国有石油和天然气公司,总部位于雅加达。根据印度尼西亚政府 1968 年"第 28 号法令"的规定,该公司于 1968 年 8 月由国家天然气开发公司(Pertamin,1961 年成立)和国家石油开发公司(Permina,1957 年成立)合并而成。截至 2013 年,该公司是印度尼西亚第二大原

油生产商,仅次于雪佛龙太平洋印度尼西亚公司。2013年,印度尼西亚国家石油公司首次登上《财富》世界500强,排名为第122位,是唯一一家上榜的印度尼西亚企业。根据2020年《财富》榜单,印度尼西亚国家石油公司是印度尼西亚最大的公司。

作为国家权益的代表,印度尼西亚国有石油公司为国家利益服务,其具有以下主要职能:①向国家提供资金;②保证本国的油气供应、能源安全;③承担一定的社会责任;④负责本国油气资源的勘探、开采,发展本国油气工业,开拓国外业务;⑤代表国家同外国石油公司谈判、签订油气合同;⑥在合资(合营)企业中参与分配、经营和管理;⑦对国内油气市场进行监督和调控,为政府决策提供意见。

随着东南亚各国对油气需求的上升,为保证能源安全,各国的国家石油公司功能有了较大的变化。首先表现为国家石油公司对国内油气市场的主导。2016年,印度尼西亚国家石油公司在印度尼西亚的市场份额为43.5%。根据美国《石油情报周刊》(PIW)2016年11月公布的"2016年世界50家最大的石油公司"综合排名,印度尼西亚国家石油公司排名第27位。

为增进国家能源安全,印度尼西亚国家石油公司逐步将业务拓展到更大的范围。根据公司章程,该公司的业务包括:①油气勘探;②油气开采;③勘探、开发地热,地热发电,生产电能;④石油燃料、特种燃料、非燃油、液化天然气、液化气等产品或半成品的生产;⑤生物燃料的生产、供应、加工、运输等业务;⑥石油、燃油、气体燃料和其他产品的运输,包括管道运输;⑦石油、燃料及其他产品的储存;⑧石油、石油燃料、气体燃料,包括电能的销售、进出口等;⑨新能源和可再生能源的开发、生产和商业运营活动。

可以看出,为应对能源供需变化,印度尼西亚国家石油公司由传统的油气业务,扩展到电能、生物燃料、新能源和可再生能源的开发和生产上。这使得印度尼西亚国家石油公司变成了一个综合的能源供应商,这也代表了国家石油公司以后发展的一个方向。

第五节　印度尼西亚国有经济绩效分析

一、 印度尼西亚国有经济功能定位

印度尼西亚的国有企业发挥着经济"加速器"和社会"稳定器"的双重重要

作用。

从印度尼西亚的国有经济分布以及近年来的转型可以看出,印度尼西亚国有企业在实现经济价值和提供公共服务方面发挥着战略作用。印度尼西亚国企部下的国企涉及的主要产业集群有矿产和煤炭工业、金融服务业、保险和养老基金服务、食品化肥行业、制造业、基础设施服务、旅游和支持服务、物流服务、PPA & Danareksa、能源、石油和天然气行业、种植和林业、健康产业等。印度尼西亚的一部分国有企业涉及国家安全、国防与国计民生的公共福利事业,如医疗卫生、保健设施、军工企业等,还有一部分国有企业布局于工业化需要和改善社会基础设施以及外部性较大导致私人资本投资不足的基础性产业。此外,印度尼西亚正在积极展开国有企业的转型重组工作。印度尼西亚国企部长艾瑞克表示,为实现印度尼西亚"2045愿景",国有企业将在4个关键领域发挥重要作用,分别是自然资源下游化、挖掘数字经济潜力、实现专业和透明的国有企业、开发人力资源,以加速推动国家经济政策的实施。

印度尼西亚的国企部专门负责处理与国企相关的政府事务,为印度尼西亚的国有企业提供指导,肩负着与中国国资委相近的职责,具体履行以下职能:①制定和确立有关建立战略性商业举措、加强竞争力和协同效应、加强绩效、创造可持续增长、重组、业务发展以及增长国企商业基础设施能力的政策;②协调和执行以上政策;③在国企部内协调任务的执行、指导和提供行政支持;④管理国有资产;⑤监督国企部内的任务执行情况。

二、 印度尼西亚国有经济微观效率

为了提高国企的绩效和附加值,优化国企对印度尼西亚经济的贡献,印度尼西亚国企部一直在努力进行国企改革使国企投资组合更高效。近年来,印度尼西亚国企绩效有着较大的改善。

1. 规模

从规模来看,截至2021年9月,印度尼西亚国有企业合并资产价值总计8 767万亿印度尼西亚盾,增长了455万亿印度尼西亚盾。贡献主要来源于金融机构的政府债券投资扩张和银行信贷增长、营运资本资产增长带来的流动资产增长、采矿产业集群投资增加带来的非流动资产增长。

印度尼西亚国有资本的集中度较高。截至2021年9月,在国有资本的"总盘子"中,印度尼西亚近半的国有资产集中于金融服务业,占据国有资本的47.1%,其次是能源业(27.5%)、基础设施建设(6%)。从企业角度来看,印度尼西亚市场份额最大的前5家国企的资产规模贡献了国有总资本的78%,92%的国有资本集中在了前十大国企中。其中资产规模最大的企业为曼迪利银行Bank Mandirl(占国有资本的18.7%)、人民银行BRI(18.5%)、国家电力PLN(18.3%)。

从国企数量来看,由于印度尼西亚大量的国有企业业务和价值链存在相互重叠,国有企业子公司的核心业务与母公司不一致,印度尼西亚在大规模进行国有企业重组转型。在重组转型下,印度尼西亚国有企业数量不断减少(见图8-3)。

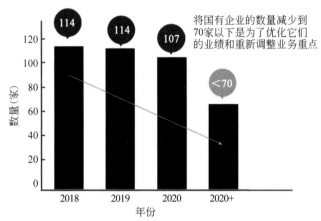

图8-3　印度尼西亚国有企业数量变化

资料来源:《印度尼西亚的国有企业改革》(亚行治理论坛资料.2021)。

2. 收益情况

从收益情况来看,印度尼西亚2021年前三个季度国有企业实现收入1 613万亿印度尼西亚盾,较上年同期增长了14%,其中能源产业集群(同比增长16%)、医疗产业集群(同比增长244%)、金融服务业集群(同比增长7%)和矿业集群(同比增长36%)增幅最大(见图8-4)。

由于收入增长和营业利润率提高,印度尼西亚2021年前三个季度国有企业相较上年同期而言,扭亏为盈,从亏损5万亿印度尼西亚盾增长至盈利61万亿印度尼西亚盾,其中金融、电信、能源和采矿业4个产业集群贡献最大(见图8-5)。

2021年,印度尼西亚国有企业净利润大幅增长。据美国CNN新闻网印度尼西亚站2022年5月10日报道,得益于近期一系列提升经营效率的改革措施,2021年,印度尼西亚国有企业的净利润实现同比增长592%,达90万亿印度尼西亚盾

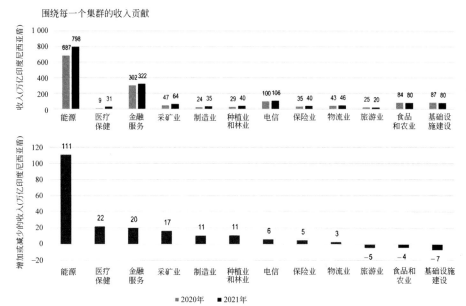

图 8-4　印度尼西亚产业集群的收入及增长情况

资料来源：《印尼国有企业改革摘要（2021）》。

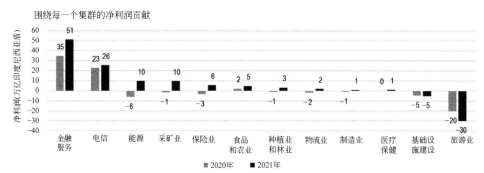

图 8-5　印度尼西亚产业集群的净利润水平

资料来源：《印尼国有企业改革摘要（2021）》。

（约 62 亿美元）。而 2020 年印度尼西亚国有企业的净利润仅为 13 万亿印度尼西亚盾。

3. 市场资本化程度

印度尼西亚国有企业对资本市场做出了巨大贡献。2019 年,印度尼西亚 29家上市国企(16 家国企及 13 家子公司)贡献了印度尼西亚证券交易所总市值的24.8％(共 671 家企业)。有 4 家国企进入市值前十的上市企业名单。

从市场资本化程度来看,截至 2021 年 9 月,印度尼西亚共有 35 家上市国有企业,在 IDX 上市的总市值为 1 774 万亿印度尼西亚盾,雇用员工 300 694 人。从产业集群来看,银行对国有企业资本化的贡献最大,市值为 1 007 万亿印度尼西亚盾(见图 8-6)。市值最大的前 5 家国有企业是印度尼西亚人民银行(475 万亿印度尼西亚盾)、电信公司(365 万亿印度尼西亚盾)、曼迪利银行(287 万亿印度尼西亚盾)、印度尼西亚国家银行(100 万亿印度尼西亚盾)和印度尼西亚伊斯兰教法银行(82 万亿印度尼西亚盾),总资本为 1 312 万亿印度尼西亚盾。

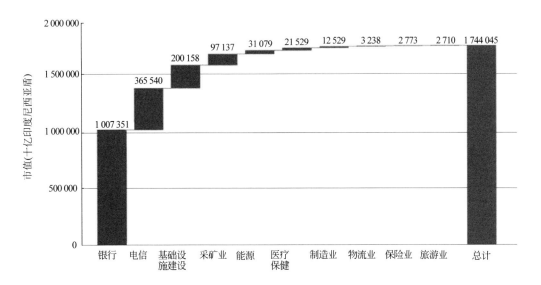

图 8-6　印度尼西亚产业集群的资本化规模情况

资料来源:《印尼国有企业改革摘要(2021)》。

4. 产业集群经营情况

印度尼西亚金融服务业 2021 年前三季度的收入较上年同期增长 7%,盈利能力由于每家银行的净息差比率同比增长而保持不变,净利润同比增长 46%。

印度尼西亚能源、石油和天然气产业集群 2021 年前三季度收入增长 16%,与能源消费的增长一致。然而,商品价格的上涨也导致了成本增加 26%,净利润从上年同期的净亏损 6 万亿印度尼西亚盾扩大至净亏损 10 万亿印度尼西亚盾。印度尼西亚国家石油公司是印度尼西亚唯一的"世界 500 强"企业。

印度尼西亚基础设施建设集群是受新冠疫情影响最严重的产业集群之一,仍然在继续前一年的财务重组,财务复苏计划是该集群的优先事项。2021 年前三季度收入 80 万亿印度尼西亚盾,较上年同期下降 8%,净利润亏损 5 万亿印度尼西亚盾。

印度尼西亚保险和养老基金集群也在继续其财务重组,2021年前三季度,保费收入较上年同期增长了17%,实现净利润6万亿印度尼西亚盾。

印度尼西亚旅游业集群2021年前三季度未取得积极的业绩。受新冠疫情影响,国内旅游业尚未恢复,旅游业集群的收入较上年同期下降20%,亏损额也从20万亿印度尼西亚盾扩大至30万亿印度尼西亚盾。

印度尼西亚电信和媒体集群表现始终良好,2021年前三季度收入较前一时期增长6%,净利润也增长了13%。

印度尼西亚物流集群的经营业绩开始逐渐从新冠疫情的影响中恢复,随着佩林多港口货物运输量的增加,2021年前三季度,该集群的净利润为2万亿印度尼西亚盾,而去年同期亏损2万亿印度尼西亚盾。

印度尼西亚能源产业集群2021年前三季度收入增长了36%。印度尼西亚国有煤炭公司得益于煤炭销量(较同期增长13%)和销售价格(较同期增长34%)的上涨,净销售额增长了51%。集群净利润为10万亿印度尼西亚盾,与去年亏损相比有所增长。

印度尼西亚粮食农业和化肥集群2021年前三季度表现积极,尽管收入较上年同期减少2%,但收入成本效率提高,因此净利润从2万亿印度尼西亚盾增至5万亿印度尼西亚盾。

印度尼西亚种植园和林业产业集群的净利润表现显著上升,主要是因为销售额的增长和效率提高带来的息税前利润率提高,2021年前三季度集群净利润为3万亿印度尼西亚盾,较上年同期增加了4万亿印度尼西亚盾。

印度尼西亚制造业集群由于产量和钢材价格的上涨,收入增长了46%,制造业集群的净利润有所提高。因此,2021第三季度净利润比前一年增加了2万亿印度尼西亚盾,达到1万亿印度尼西亚盾。然而,应注意的是,制造业集群仍处于重组过程中,旨在降低融资债务与投资资本的比率。

三、 印度尼西亚国有经济社会绩效

尽管财务绩效指标是衡量企业经营业务的主要指标,但国有企业的特殊地位表明其不仅追求利润,还在公共服务发展方面发挥着"代理人"的作用。

从财政贡献来看,2019年,印度尼西亚国有企业的纳税和股息贡献有所增加。

国企以税收的形式为国家贡献了 284 万亿印度尼西亚盾,相较上年增加 15.92%,非税收收入贡献了 50 万亿印度尼西亚盾。

从就业贡献来看,2017 年,印度尼西亚的国有企业雇用了 0.7% 的就业人口。

印度尼西亚国有企业在积极参与国家优先项目、成为促进公平发展和积极改善国民经济的商业活动的先驱中发挥着战略作用。为了促进公平的经济增长,国有企业积极发展收费公路和铁路等基础设施,提高人员和货物的流动性与可及性,降低物流成本,促进区域发展和经济增长,如跨爪哇收费公路、雅加达万隆快速列车等。印度尼西亚电信基础设施及电力供应也是印度尼西亚经济发展的重要基础设施,印度尼西亚拥有数千个岛屿,需要广泛、强大的电信基础设施以满足信息技术需要。印度尼西亚国企主要承担着私人资本不愿投入的偏远地区电信基础设施建设任务。

印度尼西亚国有企业作为政府的代理人,在实现国防安全、粮食安全等方面也承担着重任。印度尼西亚最大的铁路应用和安全系统提供商 PT Len Industri(印度尼西亚国防公司)的一项重要业务是生产国防电子产品,如为印度尼西亚空军开发战术数据通信系统并建造基站。为了维护粮食安全和稳定供给,印度尼西亚政府部署了两家国有企业。这两家国企中一家按照政府指示,生产和分配补贴肥料;另一家主要负责稳定价格,合理从上游到下游供应各种食品。

第六节　对国有经济发展的启示

一、　国有企业的产业布局

国有企业应当合理布局,适时退出不具竞争优势的行业。目前印度尼西亚经济的各大领域均有大型国有企业,印度尼西亚大量的国有企业业务和价值链存在相互重叠,国有企业子公司的核心业务与母公司不一致的情况也大量存在。部分国企因经营状况较差,也给印度尼西亚财政带来较大负担。在印度尼西亚国企发展路线规划中,印度尼西亚国企部为国企转型设计了优先方向,即可持续能源、物流和贸易、旅游和文化、可持续农业和种植业、卫生服务、海洋经济、互联互通、基建和住房、采矿、制造、战略国防、重工业和造船、通信和数字产业、金融服务和银行业、草根经济等 15 个领域。其中,又以能发挥协同效应、带动下游产业发展、扩大本地产品使用、增加产品附加值的基建、能源、金融等领域作为改革的重中之重。

二、 国家的产业政策

对于印度尼西亚经济转型的重要支柱和稳定社会发展的关键行业,印度尼西亚政府采取了一系列措施来加强行业发展。

在基建领域放宽对外国投资者的限制,鼓励资本流入。根据印度尼西亚政府发布的《2020—2024 年国家中期发展计划》,本届政府将基础设施作为优先发展项目。由于印度尼西亚继续存在严重的基础设施赤字,而且鉴于未来 10 年的经济和人口增长,这种情况只会扩大,政府将不得不更多地依赖私人资本来支持超出其财政预算的这些发展。政府已将其"负面投资清单"替换为"新投资清单",并已于2021 年 3 月 4 日对几个关键基础设施领域放开外资所有权,出台一系列优惠政策吸引资本流入。

中国国企可以适当加大对印度尼西亚的投资。印度尼西亚一直在多个产业领域放宽对外国投资者的限制,为投资者创造安全良好的投资环境以吸引外国投资者。丰富的自然资源和强劲的数字经济增长赋予了印度尼西亚较大的投资潜力。印度尼西亚各类矿产资源丰富,也是镍矿等各类矿产的全球主要生产国之一,但几十年来只是出口附加值不高的原料。印度尼西亚总统佐科 2019 年宣布将禁止出口镍矿(不锈钢和锂离子电池的关键组成部分),希望促使外国公司投资,增加矿产品出口增加值。

为了发展绿色经济,降低对进口石油的依赖,成为东南亚地区的电动汽车制造中心,印度尼西亚成立了印度尼西亚电池公司 IBC(印度尼西亚国家石油Pertamina、国家电力 PLN、矿业公司 MIND ID 和 ANTAM 各持股 25%),发展绿色经济,为新型和创新商业模式奠定基础。印度尼西亚的综合电动车行业具有强大潜力,利用印度尼西亚上游矿产资源的强大优势[①],印度尼西亚电池公司拥有着巨大的生产和销售市场。初期,其重点是制造电池、电动汽车、储能系统的业务。IBC 是印度尼西亚国企应对未来挑战的一个突破口,不仅可以为可持续发展的交通解决方案提供支持,而且能加强本国的能源安全,提高矿产品的附加值。

三、 国有企业的公司治理

国有企业应当积极参与市场竞争。向陷入困境的国企注入国有资本是印度尼

---

① 根据美国地质调查局的数据,印度尼西亚是世界上最大的镍生产国,储量约为 2 100 万吨。

西亚总统意图放弃的保护措施之一。政府过多的行政干预束缚了国企的经营自主权,使得许多国企缺乏参与市场竞争的勇气,不愿承担风险,生产效率低下,严重依赖政府的支持,成为国家沉重的财政负担。2020 年,印度尼西亚财政部向各大国企注资 75.94 万亿印度尼西亚盾(约 54 亿美元),其中 56.28 万亿印度尼西亚盾为国家参与投资(注资增加持股权 PMN),19.66 万亿印度尼西亚盾为国家经济复苏—政府投资计划(IP-PEN)框架下的贷款。政府计划通过在 2022 年支付 72 万亿印度尼西亚盾(约 51.27 亿美元)以帮助负债累累的国有企业或精简国企正在执行的政府项目。

印度尼西亚总统认为,最快适应市场竞争、提高国企效率的方式是寻找合适的国际合作伙伴,目前外资已大量进入印度尼西亚国有企业,参与国有企业的投资与改造,如中印高铁合资公司等。同时印度尼西亚也在积极发挥国企的协同效应,开展"合纵连横",重组转型实现国企的合并和精简成为近年来印度尼西亚进行国企改革的重点方向,主要通过合并价值链或商业模式相似的小型国有企业,以及建立 Danareksa-PPA 来扩大非集群国有企业的规模,精简和巩固公司结构(见图 8-7)。此外,由于印度尼西亚国企承担着基础设施建设等政府项目,这些项目往往是国企负债或绩效不佳的原因,如果政府强烈要求国企提高绩效,那么必须允许国企拒绝一些财务上不可行的政府项目。

33% 保留发展	33% 整合及合并	33% 由Danareksa-PPA管理
·市场份额高 ·市场吸引力高 ·绩效好 ·高度管制 ·有系统性风险	·市场份额低 ·市场吸引力高 ·绩效普通 ·整合中有系统性风险	·市场份额低 ·市场吸引力低 ·绩效好/差 ·需要重组

图 8-7　印度尼西亚国企重组

人才资源瓶颈是国企发展的"拦路虎"之一,优化人力资本管理是印度尼西亚国企部近年来积极开展的一项国企转型计划。目前,印度尼西亚国企存在人力配置和人力资本的限制,缺乏有竞争力的薪酬标准,人力资本管理缺乏标准一致的考核制度。印度尼西亚国有企业人力资本转型与整合的政策旨在加快缩小国有企业之间的差距,通过共享经济实现成本效益,提高国有企业培养高素质人才的能力,通过集成平台提高人员分析能力,加强国有企业人才的合作与协同,增强竞争力。

致　谢

　　本书是国务院国资委国际局的研究课题"国有经济国别研究"的研究成果,感谢国资委国际局邓为琼处长的指导。感谢清华大学中国现代国有企业研究院博士后郭彦男、万钟,清华大学经济管理学院王馨裕、张皓然、霍铮、朱文杭等同学先后参与本课题的研究并在写作过程中做了诸多工作。感谢清华大学出版社责任编辑的支持和督促,以及为本书出版所做的工作。

薛　健　周丽莎